中公文庫

ルネサンスの歴史（上）

黄金世紀のイタリア

I・モンタネッリ
R・ジェルヴァーゾ
藤沢道郎　訳

中央公論新社

目次

下巻　目次

序

この『黄金世紀のイタリア』は、『自治都市のイタリア』の続編であり、『ギリシア人の歴史』、『ローマの歴史』、『暗黒世紀のイタリア』と続いて来たわれわれの文明の歴史の、第五巻にあたるものである。このシリーズはもともと、少なくとも著者の意図では、「ミノスとソロン」から始まって「デ・ガスペリとモロ」まで続くはずのものであった。

本書では、フリードリヒ二世の死（一二五〇年）からアメリカ発見（一四九二年）までの時期を取り扱っている。それは光輝に充ちた時代であり、おそらくわが国の過去の中でもっとも輝かしい時代だったと言えよう。だがそれはまた、その後に続く時代の悲惨を準備した時代でもあったのである。だから私たちは、イタリアの偉大さを作り出したものが、いったいどういうわけでそのままイタリアの衰亡を促進することになったのかを究明しようと努めた。従って、イタリア諸小国の事件や、それらの複雑な外交や小競合いなどを、いちいち追いかけようとはしなかった。そういったことにこだわっていれば、小年代記の水準をまず越えることはできないし、悪くするとゴシップ集に堕してしまう。それよりも、方がよいと思ったのである。そうした大きな舞台の上で、イタリア人のエネルギーが爆発したのである。だが残念ながらかれらは、国民国家建設の課題には思いを至さなかった。

私たちは、前もって用意した図式をあてはめようとはしなかった。私たちはただ、ありきたりの「神話」や通説のきまり文句に影響されぬよう注意しながら、事実がもたらす教訓を受け入れ、記録しただけである。一部の事実や人物を偏重している、という批判がまたまた出て来るだろう。そして私たちは、その種の批判の余地のない歴史書などこの世にないと、またまた答えることにしよう。本書の語り口が公式のアカデミックな歴史学の基準を十分尊重していない、と非難する人もまたまた出て来るだろう。私たちがそれを尊重しないのは、もともとそんなものを尊重する気がこちらにないからだ、と答えることにしよう。公式のアカデミックな歴史学は今までつねに厖大な大衆をわが国の歴史から閉め出して来たから、大衆は私たちの本を読んで初めて自分たちの歴史の意識に目ざめるのである。私たちはそうした大衆を対象にしている。その目標がどれほど達成されたかは、このシリーズの販売部数によって明らかである。どの巻も十万部を越え、中には（例えば『ローマの歴史』のように）二十万部を越したものもある。一つの作品の価値は、もちろん、売れ行きだけでは決められない。だが、作品の収めた効果は、発行部数で分るのである。

この本の続篇は『反宗教改革のイタリア』、すなわち十六世紀の歴史である。これを来年のクリスマスまでに仕上げられるかどうか。反宗教改革はわが国の命運を決した事件であった。つまり、それによって国民国家としてのイタリアは、流産してしまったのである。このキリスト教の良心の雄大なドラマを描き出すに当って、ヴァティカン公会議によって導入された新しい雰囲気が、大きな助けとなった。それによって、異端か正統かという陳腐な軸にこだわることなく、純粋明快に歴史として取り扱えるようになったからである。私たちはこの仕事にすでに一年を費やしているが、完成までにはたぶんあと二年はかかると思う。

ここまで私たちの仕事につきあって下さった読者に、心から感謝の意を表したい。私たちはそうした読者に向けて書いて来たが、逆に言えば、そうした読者こそがこの仕事の主役であるとも言える。もし読者が私たちを見捨てていたなら、私たちも書くのを止めていたろうからである。

一九六七年十月

I・M
R・G

ルネサンスの歴史（上）

黄金世紀のイタリア

1　ルネサンスとヒューマニズム

ヴァザーリの名著『美術家列伝』のなかで、十四世紀初から十六世紀末までの時代が、初めてルネサンスという名で呼ばれた。時代区分については今も意見が分れており、始まりがもっと遅いとか、終りがもっと早いのだとか、やかましいことだが、そんな面倒な議論よりは、ルネサンスという言葉の定義についての議論の方がおもしろいようだ。ルネサンスという異常な歴史現象がどうしてイタリアに生じたかという問題に、からんでくるからである。

ヴァザーリがルネサンス、すなわち「再生」と言ったのは、古典文化の復活という意味である。ゴート、ロンゴバルド、フランク等蛮族のもとに雌伏した中世千年ののち、ようやくラテン文化がよみがえり、怨みを晴らしたというのが、かれの考えであった。

ローマ帝国の版図のうちで、ゲルマン諸族を最初に同化し得た地域は、イタリアだった。蛮族は人種隔離政策をとったが、それでもローマ文明に浸透されずにはいなかった。蛮族の侵入がイタリアでは他の諸国ほど雪崩的でなかったし、またイタリアにはローマ文明が他のどこよりも深く根づいていたこともあるが、何よりもまずローマが、帝国首都の地位こそすでにコンスタンティノープルに譲っていたとはいえ、依然カトリック世界の首都であり続けていたという事実が大きい。ゲルマン諸族は、キリスト教に改宗するにつれて、ローマ文化とのつながりを強めざるを得なかった。神に祈り、教皇の言葉を聞くためには、ラテン語を知らねばならぬ。ラテン語を知るにつれて、ローマの法と社会組織の優秀さが分り、ラテン系の法律家や官僚を重用するようになる。古典文化に対抗すべき独自の文化遺産としては、サガの叙事詩やファイダの法典のような原始的なものしかなかったから、しだいに古典文化に心酔するようになるのは当然だった。

だが、古典文化の復活というだけではルネサンスの意義は尽せないのであって、古典復興はヒューマニズム（人文主義）と呼ばれるルネサンスの一側面に過ぎず、この側面の代表者がペトラルカなのである。長い中世のあいだに古典は散佚し、辛うじて残った写本類は主としてベネディクト派の修道院に保存され、時には奇特な修道士がそれを筆写した。これら古文献を必死に探索し、一心に研究した本の虫たちを、ヒューマニスト（人文学者）という。古文献はイタリアにもっとも多かったから、当然ヒューマニズムもイタリアに興った。

古典復活がルネサンスの重要な要素であることを否定する人はない。ルネサンス・イタリアの文章家はキケロを、詩人はヴェルギリウスを、建築家はヴィトルヴィウスを範とした。だがかれらは古典の模倣に終始したのではない。そこに何か新しいものを付け加えたからこそ、ルネサンスはギリシア文化の黄金時代以後かつてない天才の大爆発となったのだ。そしてここには、古典復活以外の要素がはたらいたのである。

まず第一に、都市の復興である。ゲルマン諸族は人種隔離政策をとってみずから孤立し、都市生活を営まなかった。田舎の城塞に住み、一定の生活様式を保ったが、それは文明ではない。「文明」という語は「都市」という語から派生したものだ。ローマやアテナイは都市だったから文明があった。マケドニアには都市がなく、農耕牧畜の生活しかなかったから、文明はなく、ただ軍隊的生活様式があっただけである。

中世の長い農村生活ののち、西欧で初めて都市が社会の主役として復活したのはイタリアだった。この国は完全に封建化しなかったから、完全に農村化することもなく、都市は人口激減、はなはだしく衰微したが消滅には至らず、従ってゼロから再出発する必要もなかった。その上に、地理的環境に恵まれていたから、イタリアの諸都市は西欧文明の前衛として脚光を浴びることになる。

当時、地中海は物心両面での世界交易の中心路をなしていた。ラテン・ゲルマンの西欧、ギリシア・ビザンチンの東欧、それにアラブ・イスラム世界が、地中海上で相接し、時に衝突もあったが、平和な交流の生じる機会の方がずっと多かった。この時代には、産業面でも知識面でも、あきらかに東風が西風を圧していた。絹織物、絨緞、香料だけでなく、紡績の技術や染色の化学も東から入ってきたし、幾何、代数、アリストテレス論理学なども東方からもたらされた。久しく忘れ去っていたこれらすべてのものが、イタリアの諸港に集まり、そこから各地に伝わったのである。

むろん交易は富をもたらす。そして富は、文化の十分条件ではないとしても、少なくとも必要条件ではある。

中世にはイタリア唯一の大産業はカトリック教会だった。西欧キリスト教世界のすべての「布施」はローマに集まり、そこから半島全域にひろまった。農村化した他の諸国では物々交換が支配的になり、貨幣は久しく流通面から姿を消していたが、イタリアには多少の「資本主義」が残っていて、貨幣の流通量はひどく減っていたとはいえ、消滅してはいなかった。

今やその貨幣の流れが勢いを強め、その水源も教会だけではない。まず海運業である。ジェノヴァ、ヴェネツィア両市は、優秀な船団と船員を擁し、暴風雨や海賊の危険をのりこえて巨利を収めた。かれらの船団がイタリアに原料と製品をもたらし、商工業を振興する。こうして資本が蓄積されなければルネサンスもあり得ない。ジョットやアルノルフォがみごとな仕事をやりとげられたのは、フィレンツェの実業家が金を払ってくれたおかげである。

商業、工業、銀行業が繁栄するにつれて、この世はすべて金しだいという風潮が強まり、この面から立身出世の道が開ける。これがルネサンスを準備した第二の社会的要因である。中世はピラミッド型の閉鎖的身分社会であった。政治経済の両面で衰えが目につくとはいえ、貴族階級はまだこのピラミッドの頂部を占めている。新興富豪が社会の階段を駆け上る道は、芸術保護以外になかった。十字軍に馳せ参じて勲功をたてられなかったから、聖堂を建立し美しく飾ることで功名を立てようというわけだ。ルネサンスは、新興ブルジョアジーのこの俗物根性（スノビズム）に多くを負っている。特に、ルネサンスの世俗化には大きく貢献した。従来は美術家に報酬を支払うのは教会だけだったから、宗教美術しか存在しなかった。ブルジョアジーが作品制作を注文するようになると、宗教以外のテーマも扱えることになり、聖職者の検閲なしに制作できるようになった。

だが、ルネサンスがほかならぬこのイタリアでもっとも華麗に開花した理由は、ほかにあるのだ。十三世紀に西欧文化の頂点に立っていたのは、イタリアでなくてフランスだった。プロヴァンス語はイタリア語よりずっと早く言語的に完成しており、詩の領域ではプロヴァンスの「吟遊詩人（トロヴァドゥール）」たちが詩法を定めて全欧に範を垂れていたし、哲学の分野でもアヴェロイス主義、すなわちイスラム世界経由のアリストテレス的合理主義への道を開いたのは、フランス人アベラールだった。しかし、フランスの文化的優位は長続きしなかった。国のエネルギーが民族統一、国民国家建設の大事業に吸収されたからだ。国の勢力が結集され、歴代の王はこの大事業に全精力を傾けねばならなかった。この時代のフランスのエリートの闘技場は軍、官界、外交畑であって、文学でも芸術でも学問でもなかった。

それにひきかえイタリアでは、カトリック教会が分裂支配を望んでいたから、統一国家は目標にすらならなかった。イタリア人は、最初は自治都市国家（コムーネ）、ついでは小専制君主国家（プリンチパート）の群雄割拠に甘んじていた。この狭い社会組織のなかで、イタリアのエリートたちは、他に目を向けることがなかったから、芸術家として非常に早く成熟した。フィレンツェ、ヴェネツィア、ミラノは、古代アテナイのように、わずか二世紀の間に半野蛮から最高の文化へと駆け上ったのだが、これも市壁の中の狭い空間で活動したからなのである。フランス、スペイン、イギリスが、将軍、提督、大臣を育成している時、イタリアは芸術家を輩出し、輸出さえしたのだ。

こういうわけで、本書の語る歴史は、事件よりもむしろ人物に主眼を置くことになる。国家統一がないときには国史もまたない。イタリア・ルネサンス史は列伝体でしか書きようがない。ただしそれは、超一流の巨人たちの列伝である。

2　大帝の遺産

一二五〇年、神聖ローマ皇帝フリードリヒ二世は、南伊プリアの小邑フィオレンティーノで死の床にある。おそらく失意が胸を嚙んでいたであろう。享年五十六。

イタリアはアンコーナの近くの町、イエージの軍営で誕生したフリードリヒは、イタリア人ではない。父方はドイツのホーエンシュタウフェン王家、母方はシチリアを征服したノルマン王家であるが、早く父母を失い、パレルモで育ったから、すっかりシチリア人になりきっていた。シチリア島はそのころ栄光の絶頂にあり、ギリシア、アラブ、ユダヤ、フェニキアを混合した国際的文明の中心舞台である。だが、神聖ローマ帝国、すなわち現在のドイツの皇帝だったフリードリヒは、この気に入りの島にゆっくり腰を落ちつけてはいられなかった。

ドイツは、諸王、諸侯、諸司教が割拠してせめぎあい、混沌の状況にあった。だれか一人が抜きんでようとすれば皆して足を引っぱり、皇帝が実権を握ろうとすれば、この時ばかりは一致団結して抵抗する。フリードリヒ大帝はドイツに秩序を立てるのを諦めていたが、軍事的に不可能だったのではなく、帝自身がいつも言っていたように、イタリア以外の土地に住みたくなかったからである。粗暴なドイツの同胞のもとへ帰りたがらず、たまに帰ってくるのはもっぱら紛争を終らせるためで、必要とあらば金で和平をあがない、それから急いでアルプスを南へ下るのであった。かれの目はイタリアのみに注がれ、かれの心臓はイタリアのためにのみ鼓動した。このイタリアを統一国家にまとめ上げることこそ、大帝の生涯の夢であった。

長子コンラートにドイツを委せ、自分は他の二子、マンフレディとエンツィオを伴ってイタリア各地を転戦したのも、この夢を実現するためだったが、これは海を干すにも似た難事業である。降伏した敵は機会さえあればすぐに寝返り、ローマ教皇は皇帝を破門しただけで飽きたりず、あらん限りの呪詛を浴びせかけ、あまつさえドイツの諸侯を使嗾してつぎつぎに反乱を起させる。皇帝晩年の五年間は、休むひまない戦闘の連続である。皇帝に与する者は、だれであれ教皇から破門され、公式に地獄行きを宣告されたし、逆に教皇に味方すれば、皇帝軍に摑まって拷問、目をえぐられ手足を折られるのを覚悟しなければならなかった。

だがこの凄惨な死闘も今や終りつつある。皇子エンツィオは捕われてボローニャの塔に幽閉され、生きて再びそこを出ることはない。もう一人の皇子マンフレディはサラセン軍団を率いて連戦連勝を続けているが、敵は諸市の城壁に籠って守りを固め、どこにも拠点を得られずにいる。

いったいどこで間違ったのかと、瀕死の大帝は自問したに違いない。かれは半島南部とシチリア島を合わせた両シチリア王国を直接統治し、堅固な法制、世俗の裁判、秩序だった行政、安定した通貨、網目なす道路、有能な警察、強力な軍隊を育て上げた。この国でそんなことができたのは、後にも先にもかれ一人である。帝は外交家としても将軍としても偉大で、戦えば必ず勝った。それなのに、生涯を賭けた事業は失敗したのだ。いったいどこで間違ったのか……。

だが、失敗の原因はしごく簡単である。イタリアをまともな国に仕上げようというのがもともと無理な話だったのである。イタリアへの愛に欺かれ、フリードリヒ大帝はおのが夢の対象を選びそこなった。他の国を選んでいたらもう少し何とかなったろう。教皇庁をかかえ込んでいる以上、イタリアが統一国家になる可能性はなかったと言うべきである。

カトリック教会は、自己の権力を守るため、イタリアを分裂させておく必要があった。そのためには、世俗権力を互いにたたかわせて相互に牽制させねばならぬ。以夷制夷は教会のお家芸である。古くはビザンチン帝国と同盟してゴート族に対抗、ついでロンゴバルド族を手なずけてビザンチンに対抗し、一転すると再びビザンチンと組んでロンゴバルド族を牽制し、その上フランク族を引き入れてロンゴバルド族を駆逐し、イタリア半島に決定的な覇権をうち立てさせなかった。ここ二、三世紀のあいだは、皇帝権に対抗するために自治諸市を抱き込んで、互いに争わせていた。こうしてイタリアの自治都市は、国家統一を阻む癌となった。どの都市国家も独立心に燃えており、ひとつの国民的体制に融合するには、個別利害のしがらみが強すぎた。

フリードリヒにもようやくこのへんの事情が分り始めていたらしく、病床につく前すでに戦闘を中止していた。しかも戦況が有利に展開していた時にである。皇子マンフレディと皇婿エッツェリーノは、北伊戦線でかなりの戦果を挙げていたし、フランス王ルイ九世は十字軍に参加してイスラムの捕虜となり、皇帝の救援を必要としていたから、教皇にたいしてしきりに皇帝との和睦を勧めていた。しかるに皇帝は、軍に動員をかけるでもなく、外交工作に出るでもなく、この好機を見送って、司祭を呼び、おのが罪の赦免を乞うた。死のまぎわに宿敵に魂を委ねたのである。敗北を認めた証拠ではないか。

だが大帝は大きな遺産を残した。かれの創出した国家体制は、やがて全イタリアに普及することになる。

両シチリア王国の中央権力確立のため、フリードリヒ大帝は封建領主の特権と都市の自治権を粉砕した。皇帝が国家を一身に体現し、他はすべてひとしなみに扱われた。知事、官吏、裁判官は皇帝によって任免され、皇帝にたいして直接に責任を負う。帝はまた、土地登記制度を発明し、臣民の財産を把握し、正確に課税した。経済を計画化して生産、消費、物価を統制し、家柄や身分にとらわれず個人の才能と実力を重視して、新エリート官僚層を育成した。宮廷は学者、文化人、法律家から成り、のちのルネサンス型専制君主たちは、競ってこれを模倣する。遺憾ながらかれらは、フリードリヒ二世の残忍性と独裁欲をも模倣し、外国人傭兵団にたよる悪癖をも引き写した。大帝はルチェーラにサラセン人居住区をつくり、この生簀から傭兵をとり出して、自己の軍隊の中核とした。十四世紀イタリアの君主たちはこれを真似て、ドイツ、イギリス、スイス、ハンガリアから兵士を傭い入れ、自国の防衛を外人部隊にまかせた。

こうしてイタリアの軍事的頽廃が始まり、その悪影響は現代にも及んでいる。イタリア人はしだいに武器から遠ざかり、厭戦的になり、傭兵を重宝がるようになる。だが傭兵軍団は、傭い主の意図いかんにかかわらず、いたるところに掠奪暴行の嵐をまき起し、時には傭い主を殺害してその国を奪うことさえある。

しかし、ホーエンシュタウフェン王家の冒険は、大帝の死をもって終ったわけではなかった。

フランスに逃れていた教皇イノケンティウス四世は、皇帝死すの報せを受けて、勝敗決したと思い込み、ただちにイタリアにもどり、ナポリに腰をすえて、両シチリア王国を教皇領に編入すべく工作を進め、北伊の自治諸市に支持を求めた。カトリック教会の名において マンフレディ、エッツェリーノと戦っていたこれら自治都市だが、教会の利益のためにおのれの自治権を侵害されるのは、まっぴらごめんと考えていた。皇帝や国王の中央権力に敵対する時には教会を支持したが、教皇が勝手な言い分を押し付けてくれば、たちまちかれらは教会に抵抗したのである。

　父のあとを継いで神聖ローマ皇帝となったコンラート四世は、ドイツ兵を率いてアルプスを越え南へ突進、たちまちシチリア王国を奪回した。亡父の宮殿に居を定めたが、やがてマラリアにかかって急逝。弟のマンフレディが統帥権を引き継ぎ、内部矛盾を抱えた教皇派（グェルフ）の軍勢を一蹴した。敗戦のショックで病に倒れた教皇イノケンティウスは、再起できずそのまま世を去った。新教皇アレクサンデル四世は、反帝十字軍を布告、北伊に孤立していたエッツェリーノ軍はたちまち敵の大軍に囲まれ、善戦するも衆寡敵せず、壊滅した。

　蒼白く痩せたエッツェリーノはヴェローナ小貴族の出だが、フリードリヒ大帝の庶出の娘を妻とし、皇婿の扱いを受けていた。テロルの苦行者とも言うべく、修道服のような粗衣をまとい、粗食に甘んじ、闘争と権力のみを生き甲斐とし、城塞と牢獄以外の建築には目もくれず、刑吏と獄吏を寵愛した。ヴィチェンツァ、パドヴァ、フェルトレ、ベルーノにたくさんの城と牢を建て、拷問に立ち会って表情を変えない。新式の責め苦をつぎつぎに考案し、拷問改良の天才である。血はかれの心を冷たい喜悦で充たし、それが自分の血であっても同様の喜びを感じたようだ。

満身創痍で敵に捕われると、医師も司祭も食事も拒絶し、傷口に巻かれた繃帯を我が手でむしり取り、かつて敵たちにしたように、我と我が身を瀉血と飢餓にさいなみつつ、時間をかけて死んだ。弟アリベルゴはこの兄に心酔していたので、一族郎党の拷問処刑に立ち会って眉ひとつ動かさず、自分も鉄鋏で肉を裂きちぎる拷問を受けたのち、馬に繋がれ地上を引き摺られて息絶える。

しかし、サラセン傭兵団とドイツ兵団を率いたマンフレディはなお健在である。皇帝派(ギベリン)の全勢力がかれの周囲に結集、教皇派(グエルフ)の頭目フィレンツェの圧迫に耐え兼ねていたトスカーナ地方の諸市も、皇子に味方した。一二六〇年、両軍はモンタペルティに激突、教皇を戴くフィレンツェ軍は、買収に応じると見せかけたシエナの計略に欺かれ、さらに自軍の部将ボッカ・デリ・アバティが敵に寝返ったため完敗、以後六年間マンフレディは亡父帝の王国で安泰である。

時の教皇ウルバヌス四世は、イタリア分裂の続くかぎりホーエンシュタウフェン王家の覇業は成功せぬと見て、夷をもって夷を制するカトリック教会のお家芸を発揮、フランス軍をイタリアに引き入れようと計った。フランス王ルイ九世に両シチリア王国の王冠を進呈するというのである。ルイはフランスのことだけで手いっぱいなのにと、さっぱり気が進まなかったが、信仰心の厚い王のこととて教皇の機嫌を損ねるのもいやだったから、弟のシャルル・ダンジュー(アンジュー家のシャルル)を自分の代りに推挙した。

シャルルは三万の大軍を率いてイタリアに向う。マンフレディの兵力はその半分にもたりないが、敢然と挑戦に応じ、一二六六年、ベネヴェントで決戦の幕は切って落された。戦況不利に陥るや、皇子は敵の密集陣に単騎斬り込み、勇戦奮闘、武器を握ったまま壮烈な戦死を遂げる。誇り高くロマンティックな戦士マンフレディにふさわしい華麗な死は、まさしく中世騎士道最後の花であった。

二年後、皇帝コンラートの遺児コンラディンが、父の遺業を継いで再び祖父帝の王国を奪回すべく、兵を率いてアルプスを越える。この時皇子は弱冠十五歳、麾下（きか）の軍勢わずか数千。シャルル・ダンジューはこれをタリアコッツォに迎撃、やすやすと殲滅。「我が父なる教皇猊下（げいか）」とシャルルはクレメンス四世に書き送った。「息子の獲物を御高覧あれ。それがし、かくも多数の敵を殺し尽しましたぞ……」。少年皇子は捕われ、鎖につないでナポリに送られ、メルカート広場で斬首。

アンジュー王国の歴史はこの少年殺しから始まる。

3　シチリアの晩鐘

シャルル・ダンジューには、フリードリヒ大帝の望んで果し得なかったイタリア統一の事業を成就する機会が、充分に与えられていた。当時のイタリアで、中央政府、官僚組織、国軍機構といった統一国家の骨格を有するのは、両シチリア王国だけで、その首都パレルモはイタリアでもっとも人口稠密(ちゅうみつ)、もっとも活気にみちた町だった。一方、シャルルは皇帝冠を得るために精力を費やしたり、故国の治安に心をわずらわしたりする必要がなく、フランス王ルイ九世の地位は安泰で、弟シャルルを力強く支えていたし、ローマ教皇庁はフランス系枢機卿の支配下にあり、教皇もかれらのうちから選ばれた。シャルルは、ヨーロッパのどの君主よりも厚い教会の信任を受けていた。

ドイツはますます混乱をきわめていたし、北イタリアの諸都市はホーエンシュタウフェン王家に烈しく敵対してきたのだから、当然シャルルに好意を寄せていた。ミラノはシャルルを領主と仰ぐことに決め、代官派遣を要請、トリーノ、ブレッシア、ピアチェンツァの諸市も急いでその例にならった。フィレンツェはかれを大法官(ポデスタ)に任じ、ローマはかれを元老院議員に推した。

だがシャルルは一介の武弁に過ぎず、勇猛ではあっても政治にうとい。イタリアの現実から目をそむけてギリシアやトルコの征伐を夢み、内政は拙劣で民衆の不満はつのるばかりである。

フランス人の教皇クレメンス四世が没し、ヴィテルボで後継教皇の選挙会が開かれたが、陰謀と逡巡に明け暮れ、三年たっても結論が出なかった。業(ごう)を煮やしたヴィテルボ市民は、会議場の屋根をはずし、早くしないと石つぶてが降りますよと脅しつけたほどだ。しかし、列強の思惑が複雑にからむこの選挙闘争は、ついに候補間の暴力沙汰に発展し、アンジュー王家のトスカーナ代官ギイ・モンフォールがイギリスの候補者ヘンリーをミサのさなかに刺し殺し、髪をつかんで広場に屍体を引き摺りまわすという騒ぎになった。

これはまったくひどすぎる。そこで、イタリア系の枢機卿が団結して、ピアチェンツァの司教テバルド・ヴィスコンティを推し、首尾よく教皇に当選させた。聖地にいた新教皇はすぐローマに帰り、グレゴリウス十世と名のって即位する。パリとナポリの両面からの圧力に抗し切れなければ教皇はフランスの傀儡(かいらい)になってしまう。対抗策はただひとつ、皇帝党(ギベリン)を政治の舞台に復活させることである。かれらはこのあいだまでカトリック教会に反抗して戦い、打ちのめされた連中ではあるが、味方が勝ちすぎてイタリアの絶対支配権を握りそうになれば敗れた敵と同盟する。これが聖庁外交の常套手段である。

教皇は、サルッツォ、モンフェルラートの両小国に、アンジュー王国との同盟破棄を勧告する一方、皇帝党（ギベリン）のオットーネ・ヴィスコンティをミラノ大司教に任じ、フィレンツェに対しては、教皇党（グエルフ）が勝利を決定づけることを防ぐために、皇帝党（ギベリン）との和解を提唱する。さらに、コンラート四世死後空位となっていた皇帝の座をフランスが狙っていると見ると、先手を打って工作を進め、ハプスブルグ家のルドルフを帝位につけた。

しかし、辣腕のグレゴリウス十世が一二七六年に病没、その後四人の教皇があいついで短命に終ると、フランスにチャンスが廻ってきた。一二八〇年、シャルル・ダンジューの手兵に守られてフランス系枢機卿が優位をとりもどし、シモン・ドブリが教皇に選ばれてマルティヌス四世と称する。

こうして、イタリア統一支配の好機が再びアンジュー王家にめぐってきたわけだが、両シチリア王国はもはや昔日の面影をとどめていない。財政は破綻、行政は混乱、道路は荒廃、田園は窮乏し、パレルモの情況は爆発寸前、シャルルが首都をナポリに移したことも、市民の憤懣をつのらせていた。反乱予防のため、警察はパレルモの町を戒厳令状態に置き、晩鐘が鳴るといっさいの集会を禁じ、通行人を訊問し、身体検査をおこなうことにした。

一二八二年三月末日、折しも復活祭で、パレルモの広場や教会堂は人出でにぎわっていた。晩鐘が鳴り始めると、ドゥエというフランスの一士官が、好色のせいかそれとも職務に忠実だったためか、婦人にも身体検査をおこなうと称し、夫婦連れで歩いていた若い人妻のお尻にさわった。シチリア男の誇りを傷つけられた夫は怒って短刀を抜き、一撃のもとにその士官を斬り殺す。群衆はたちまちこの殺人者の肩を持ち、「死ね、死ね」と叫んでアンジュー王家の兵士たちに襲いかかった。一晩中人間狩りが続き、反乱は全シチリアに拡大、フランス人と見るとすぐ殺した。虐殺をまぬかれた少数のフランス人は、船で海上に逃れた。

これが有名なシチリア晩鐘の乱で、歴史家はこれをイタリア愛国主義の爆発だと言っている。たしかにアンジュー王家の悪政はひどかったから、民衆が怒ったのは当然だが、愛国心などは何の関係もなかった。

反乱者たちはシチリア独立の後見人になっていただきたいと教皇に請願したが、マルティヌス四世はフランス人だから、フランスの国策に反することは思いもよらない。逆に反乱鎮圧に積極的に賛成、シャルルの艦隊は兵を満載してシチリアに向かう。その数は歩兵九万、騎兵二万四千と、シチリア年代記が伝えているが、もとより荒唐無稽で、これだけの軍勢があれば全ヨーロッパを征服できたであろう。ヴィラーニの年代記はずっと正確で、総数五千、その一割がフィレンツェ人であるという。当時としてはこれでも大軍である。

艦隊はメッシーナに上陸しようとしたが、ルッジェーロ・ディ・ラウリア率いる市民兵が果敢に抵抗、作戦は最初から難渋をきわめた。この間に、教会を当てにできぬと知った反乱指導部は、アラゴン王国のペドロ一世をシチリア王に推戴し、その援助を乞う。

イベリア半島の一角を占めるアラゴン王家は、地中海進出の野望に燃えており、折もよし、アルジェリア遠征の準備をととのえていたから、ペドロ大王の艦隊は急拠方向を転じてシチリアに向い、主力はトラパニに上陸、別隊はひそかにメッシーナに廻り、背後よりアンジュー軍を急襲してこれを殲滅した。

シャルル・ダンジューはペドロ王とシチリア人を破門せよと教皇に要求、教皇はフランスの傀儡だから一も二もなく破門状を書いたが、破門された側はいっこうにこたえた様子が見えなかった。そこでシャルルは、齢七十を超えていたのに、封建騎士道の掟に従って紛争に決着をつけようと考え、ペドロ王に決闘を申し入れる。シャルルの頭の中では、今度の事件は二人の紳士のあいだの個人的な問題で、シチリアとその島民は賭の対象に過ぎなかったのである。決闘の場所は当時イングランド王領であったボルドー、日時は一二八三年六月十二日、介添の騎士は、双方九十九名と定められた。ヨーロッパ中が大騒ぎとなり、諸国の貴婦人までボルドーに詰めかける始末となった。

シャルルは時間通りに姿を現わしたが、ペドロは誓約に反して出て来なかった。騎士の風上にも置けぬ奴と罵られたペドロ王は公開状を発表。五月三十日以来ボルドーに身分をかくし変装して滞在していたと説明し、シャルルが三千以上の兵を結集してアラゴン国王を欺し討ちにしようとしているのを知ったと暴露した。それはまっかな偽り、とシャルルが言い返し、侃々諤々の論争となり、世論は二分、議論は数年間続き、教皇はアンジュー家を、ダンテはアラゴン王を支持した。このエピソードは、中世騎士道のモラルが地に落ちたことを示している。君主たちすらあまり騎士道に縛られなくなり、かれら相互の関係も、中世を通じて絶対視された騎士道の掟には必ずしも従わず、散文的かつ実際的な「国家理性」の法則にもとづくようになっていたのだ。

両者の論争は両国の戦争に発展し、一二八四年、アラゴン王国軍はナポリを奇襲して戦果を挙げたが、まもなく主役が二人とも世を去ってしまう。シャルル没後の新ナポリ王は足に障害を持つシャルル二世で、武将としてすら能力が疑われていた。ペドロ王には三人の息子があり、長子アルフォンソがアラゴン王国を、次子ハイメがシチリア王国を継ぐこととなった。アルフォンソはフランスと和平を望み、弟に諮らずに交渉して、シチリア返還を約した。むくれたハイメが抵抗の準備を進めていると、兄王が急逝、アラゴンの王冠は国法の定めるところにより弟のハイメの手に転がり込んできた。アラゴン王になって見ると、フランスとの和平が得策であると分ったので、故兄王の結んだ条約に批准したばかりか、シャルルの娘を王妃に迎える気にさえなった。

こう踏んだり蹴ったりではシチリア人がおさまらない。アラゴン王家の末弟フェデリーコにシチリア王冠を捧呈、ルッジェーロ・ディ・ラウリアに軍の指揮を委ねた。こうしてわけの分らぬ大騒ぎが始まった。フェデリーコは兄王ハイメから艦隊を借り受け、シチリア島に上陸して戴冠式の準備をしているうちに、乗って来た艦隊はナポリに向かって帆を揚げ、アンジュー軍に加わってしまう。カラブリア沖の海戦では、シチリア軍の総大将ルッジェーロ・ディ・ラウリアが敵船に跳び移り、そのまま敵艦隊を指揮して味方の艦隊に突撃し、オルランド岬でシチリア軍を壊滅させる。だれが敵でだれが味方かよく分らぬまに、六千人のシチリア兵が戦死した。だが陸上ではフェデリーコがアンジュー軍をうち敗る。

一三〇二年、やっと両軍の和議が成立し、一代限りという条件でフェデリーコのシチリア支配権が認められることになった。

4　イタリアの情勢

こうして、フリードリヒ大帝の王国は、アンジュー・ナポリ王国と、アラゴン・シチリア王国に分割された。この事実は、イタリア史にとって決定的であった。イタリアに皇帝権を再興しようとする試みに終止符が打たれたからだ。その後も何度か神聖ローマ皇帝がイタリアに攻め寄せるが、帝国復興はいつも掛声だけに終る。ドイツ人皇帝のイタリア支配は完全に終り、半島の覇権は一時フランス人の手に移る。

ここで、イタリア半島全体の情勢を観望して見よう。

十三世紀末のイタリアは救いようもなく分裂していたが、無数の小国のなかでいくつかが頭角をあらわし、周辺に勢威をひろげつつある。

ピエモンテ地方では、サヴォイア、モンフェルラート、サルッツォの三国が覇を競っているが、半島全体の形勢には影響がない。僻遠の地だったからだけでなく、ここには封建制度がしっかりと根づいていて、自治都市発展の余地がなかったからである。都市ブルジョアジーが民主的市政機構に拠って支配するのではなく、フランク系の小貴族が山塞に拠って支配するので、まだ騎士道の香りを強く留めている。ここではまだ、諸侯が同盟や縁組みを結び、一地区一城塞を奪い合い、戦い合い、裏切り合っているが、ティチーノ川の向うには、まったく異質の世界が開けている。すなわち自由な市民、自治都市の世界である。そこではすでに貴族支配が打倒され、農業・軍事的社会に代って、市民・商人的社会が作り出されていたのだ。

まず、肥沃なロンバルディーア平原の中心都市、ミラノの情勢を眺めよう。オットーネ・ヴィスコンティが大司教になったころ、ミラノはすでに充分な経済力を蓄え、強力な都市国家となっていた。ヴィスコンティ家はミラノ最高の名門で、大司教になったオットーネは非常な辣腕家であったから、市内の唯一の対抗者であったデラ・トルレを強引に逮捕投獄させたが、ミラノ市民はフィレンツェ市民ほど民主主義に執着しなかったので、大司教の権威の前に沈黙した。オットーネの甥に当るマッテオ・ヴィスコンティは、神聖ローマ皇帝代官とミラノ市民総代を兼ね、叔父の後押しを受けて、市の全権を握るに至る。十三世紀末から十四世紀初頭にかけて、マッテオは、ミラノでの自家の権力を強め、ミラノの権力をロンバルディーア全域に拡げるために全力を傾け、イタリア五強国の一にのし上った。

第二の強国はジェノヴァである。この町の年代記作者ヤコポ・ダ・ヴァラッツェは、いくぶん不機嫌な調子でこう述べている。「イタリアには数多くの都市があり、歴史家は昔からそれら諸都市について大いに論じてきたのに、かくも光輝ある我がジェノヴァについては、ほとんど何ひとつ書かれていない」。だがそれはジェノヴァ市民の責任であって、かれらが自分たちの事蹟についてほとんど何も書き残さなかったからである。分っているのは、昔オベルテンギ家という名門貴族が権勢を振るい、それがのちにスピノラ、エンブリアチ、カステッロ、ヴェントの四家に分岐した、ということくらいである。貴族は農村地主層の利害を代表していたが、水夫、漁夫、職人、商人ら都市民の利害を代弁していたのが大司教である。しかし、ジェノヴァでは、フィレンツェとは異なって、両者が烈しく対立するようなことはほとんどなかった。逆に、貴族と市民の両階級が合体して一個の「会社（コンパーニャ）」にまとまり、これがジェノヴァ市自治の基礎となったのである。その後、フィレンツェの「組合（アルテ）」が市政府を吸収したように、ジェノヴァの「会社（コンパーニャ）」も市の政治行政機構を吸収してしまう。だからジェノヴァの国制は、商人貴族的共和制だったと言える。ここでも、家柄や武勲より能率と合理性の方がものを言った。

　ジェノヴァ躍進の理由は、何よりもまずその地理的位置にある。港として絶好の入江の奥にあるだけでなく、町の背後を囲む山脈が、皇帝・教皇・自治都市の三つどもえの争闘からジェノヴァを切り離してくれている。内陸の複雑な争いに煩わされずにすんだから、アルプスと地中海のはざまのこの別天地で、ひたすら海洋帝国の建設に励めばよかったのである。

半島西岸でジェノヴァと対抗できたのはピサだけだった。このトスカーナの港町でも、ジェノヴァと同じように、貴族、海運業者、商人が共通の海上の利害によって融合して「会社(コンパーニャ)」を生み出し、この組織が町の実質上の支配者となっていた。古くはヴィスコンティ家が皇帝代官として支配していたのであるが、教皇党(グェルフ)のフィレンツェに対抗してピサを皇帝方につけておくことが必要だったから、皇帝ハインリヒ四世はピサの自治権を承認しかつ保証すると約束した。これ以後ピサは皇帝党(ギベリン)の牙城となる。

かつてピサは、ジェノヴァ、アマルフィと連合艦隊を組んで、シチリアからイタリア本土に来寇したアラブ軍を打ち破ったことがあり、以来百年余、ティレニア海の女王として君臨、コルシカ、サルデーニャ両島は植民地も同様、領事が駐留して行政に当っていた。だがピサには大きな弱点があった。ジェノヴァとは違って内陸の争闘に無関心ではいられず、海への出口を求めて虎視眈々たるフィレンツェやルッカに、絶えず備えなければならなかったからである。背後を気にしなければならぬ以上、海洋政策に専念することもできないから、結局は海陸両面から破局が訪れることになったのである。

一二八三年、ジェノヴァがピサに宣戦し、数十年来両国間に繰り返されてきた「冷戦」が「熱戦」に転化する。動機はコルシカ、サルデーニャ両島の権益争奪である。ピサ艦隊は七十二隻、指揮を委ねられたヴェネツィア人モロジーニは、敵の虚をついてラパッロ、ポルトフィーノの二港を急襲、さんざんに劫掠する。ジェノヴァ艦隊を率いるオベルト・

ドリアはピサ沖合数哩のメロリア島へ向かい、軍船の半数を岩陰に隠した。これに欺かれて敵の勢力を見くびったモロジーニ提督は猪突猛進して失敗、軍船二十三隻、兵数千人を失う。

痛手には違いないが致命的敗北ではなかった。だがちょうどこの時期に、ルッカとフィレンツェが牙をむいて襲いかかった。名目はイデオロギー的なもので、教皇党（グェルフ）の代表戦士としてピサの皇帝党（ギベリン）政権に懲罰を加えるというのだ。ピサ市民はあわてて政権交替に踏み切り、教皇党（グェルフ）に属するウゴリーノ伯に全権を委ね、うまく休戦に持ち込んだ。しかし一二八八年、シャルル・ダンジューが死に、教皇党（グェルフ）の天下に一抹の影がさしたと見るや、皇帝（ギベリン）党の大司教ルッジェーロ・デリ・ウバルディーニは、祖国の恩人であるはずのウゴリーノ伯を捕えて塔に閉じ込め、三人の子、三人の甥もろともに餓死させた。ダンテはのちにこの惨劇を『神曲』の中に歌い上げ、人口に膾炙（かいしゃ）させた。

フィレンツェ＝ルッカ連合軍との戦争は再開され、勝敗決せぬまま、一二九三年、和議に達したが、かつてアラブ艦隊を撃滅し、アマルフィの艦隊をも海底に葬り去った大海洋帝国の面影はすでにない。一説によれば、ピサ港に土砂が堆積して海底が浅くなったため、港として役に立たなくなったというが、これは謬説である。当時の船舶は吃水（きっすい）が浅く、アルノ川をかなり上流まで遡行（そこう）していたので、海底が多少浅くなったくらいで海港の価値が減じたとは思えない。海がピサを見捨てたのではない。陸上の問題に心を奪われ内紛に明け暮れたピサが、海を捨てたのだ。ピサは内攻的になり、学問と芸術の町になってしまう。ピサの栄光は商船団と艦隊から、大学と聖堂に移る。

ピサの脱落によって、十三世紀末イタリアの海洋強国は、ジェノヴァ、ヴェネツィアの二つだけである。この二都市は、スペイン、ポルトガル、オランダ、イギリスなどの海洋大帝国の運命を、二百年ばかり先取りしていた。もし両者が争わず、協調して活動していたら、イタリアを世界の大帝国に押し上げていたに違いないが、当時はイタリア民族という連帯意識がまったく存在していなかったのだから、これは空想に過ぎない。

ジェノヴァが山に囲まれていたとすれば、ヴェネツィアの背後は潟（ラグーナ）によって安全に守られていた。浅い潟の底の地形を熟知しているのはヴェネツィアの船乗りだけである。教皇対皇帝の紛争に巻き込まれずにすんだから、ヴェネツィア艦隊はダルマティア沿岸全域を制圧し、アルバニア、ギリシアにまで勢威を及ぼしていた。

十字軍に便乗し、みずからは一滴の血も流さずに、軍船の貸料でたんまり稼いだ上、掠奪のもっとも大きな分け前を手に入れたヴェネツィアは、東方貿易を独占し、商館と銀行を堅実に経営していればよかった。ヴェネツィアの貨幣はドゥカーティ、金とのつながりが強く価値が安定していて、フィレンツェの通貨フィオリーニと並んで最大の信用を誇っていた。安定した通貨と合理的な銀行体制がヴェネツィアの力の根源である。フィレンツェの銀行がヨーロッパ大陸を征服していた時、ヴェネツィアの銀行は東方へ伸張していた。

だがこんなうまい話をジェノヴァの商人が黙って見ているはずがない。急速に東方貿易に進出し始めたから、二大都市間の関係は険悪にならざるを得ない。金角湾やクリミア半島にはジェノヴァの司政官がいて、タルタル人、ロシア人、ペルシア人との貿易をつかさどり、ギリシア近海諸島とコンスタンティノープル周辺はヴェネツィアの影響下にある。どちらの艦隊も相手の商船を拿捕し、時には小部隊どうしの小ぜり合いもあったが、最初のうちは概して平和共存していたと言える。それが十三世紀末になると、大規模な戦闘が起るまでに緊迫していた。一二九八年、七十八隻のガレー船から成るランバ・ドリア提督指揮のジェノヴァ艦隊が、勇敢にもアドリア海に突入、アンドレア・ダンドロ提督の率いるヴェネツィア艦隊百隻に決戦を挑み、クルツォーラ島沖で敵船六十五隻を撃沈、一万五千の屍体が海上を漂った。ダンドロ提督は生けどりにされたが、捕虜として生きながらえることを潔しとせず、頭を帆柱に打ちつけて自決する。

だがヴェネツィアはピサとは違った。戦を放棄せず、再起を期す。

半島内陸の事件は、この両国の歴史にほとんど影響を及ぼさなかった。十四世紀初めには、ジェノヴァもヴェネツィアもまだイタリア政策を持っていない。両者は、イタリア以外ならどこででも、そしてイタリアのため以外なら何のためにでも、争い合ったのだ。

第四の強国は、トスカーナに覇を唱えるフィレンツェである。だが、教皇党対皇帝党の激烈な党派闘争によって、この町の内政はひどく混乱しており、その上、産業の発達と経済の成長にともなって、社会階級間の闘争もとみに激烈の度を加えていた。この階級闘争の勝利者は、商人と銀行家から成る大ブルジョアジーで、「アルテ」と呼ばれる同業組合に結集していた。

だがかつては、地主＝戦士である中世貴族階級が周辺農村に散在する城塞に拠って都市をも支配していたので、ブルジョア階級は激烈な解放闘争を長年にわたって続けなければならなかった。フィレンツェを包囲威嚇する貴族たちは、皇帝から封土と特権を与えられており、それゆえ熱烈に皇帝党（ギベリン）を支持したから、市民は最初から教皇党（グエルフ）の味方であった。組合旗（ゴンファローネ）のもとに結集したフィレンツェ市民は、周辺の城に住む貴族たちを各個撃破し、年に幾月かを市内に住むように強制した。かれらはしょっちゅう街道を荒らして交易を妨げていたから、市内に住まわせて統制しなければならなかったのである。貴族たちはやむなくこの条件を呑み、市内に移転してきたが、それと同時に政治熱と暴力性をも持ち込んだ。城のような館を建て、塔の高さを競い、武備を誇り、党派を作った。

だがかれらはイデオロギー面では分裂した。グイーディ伯など、皇帝党（ギベリン）に変らぬ忠誠を示す者も少なくはなかったが、多くの貴族は、この教皇党（グエルフ）天下の町で有効に政治に介入するには転向するほかはないと悟り、教皇党（グエルフ）に乗り替え、富豪たちと縁組みを結ぶようになった。フィレンツェの政府はいつも弱体だったから、両派はあらゆる武器を用いてすさまじくたたかい合った。最高の役職とされた大法官（ポデスタ）と民兵団長（カピターノ・デル・ポーポロ）は、法によって外国人でなければならぬと定められていたが、これは勝利した党が相手党に暴行を加えるのを防ぐためなのである。それでも、そうした私刑を妨げる力が国家になく、それどころか、国家そのものが強い方の党派の道具となるのが通例だったから、私刑は何度も生じた。

　政変のたびごとに、敗れた党のメンバーが処刑され追放される。一二六〇年、モンタペルティの戦で、皇帝党（ギベリン）軍が大勝した時も、フィレンツェでは大粛清が行なわれた。追放されていた皇帝党（ギベリン）の面々が大手を振って帰還し、それと入れ違いに教皇党（ゲルフ）の有力者たちが国外に亡命した。だが長続きはしなかった。数年後シャルル・ダンジューが南下して両シチリア王となり、マンフレディとコンラディンを二度の戦で倒してしまうと、フィレンツェの皇帝党（ギベリン）の息の根も停った。

　こうした内紛にもかかわらず、トスカーナにおけるフィレンツェの覇権は揺るがなかった。最強のライバル、ピサは、メロリア島沖の敗戦から立ち直れなかったし、モンタペルティの勝利ののちに輝いたシエナの星も、ホーエンシュタウフェン王家とともに地平に沈んだ。ルッカとピストイアは巧妙な外交で服属させたから、残るはアレッツォだけだ。この町は土地貴族最後の牙城で、大司教デリ・ウベルティーニを先頭に、全市が皇帝党（ギベリン）一色に染められていた。

　一二八九年のカンパルディーノの戦は、トスカーナでの両党最後の決戦となった。フィレンツェは教皇党（ゲルフ）軍の主力として、この戦闘に勝利を収め、これ以後はいっそう商工業と内紛に没頭できるようになった。

以上が十四世紀初頭のイタリアの大ざっぱな見取図である。ジェノヴァ、ミラノ、ヴェネツィア、フィレンツェ、ナポリの五極構造だが、ローマも教皇庁の所在地として特異な地位を占めており、教皇がここにいる限りは重要である。もっとも当時のローマは疫病菌に充ちたきたない町で、人口二、三万、それも大半は飢えた貧民で、古代の栄光を売り物にするレトリック以外は何も繁栄しなかった。

しかし、この分裂したイタリア、せめぎ合う小国のモザイクにも、共通の現象が一貫して進行していた。すなわち自治都市体制の危機である。この危機は、インクを川に流したように錯綜した模様を織りつつ進展するが、本質的には単純な現象である。

自治都市体制の危機の第一の、もっとも直接の動機は、この体制の基盤が主要な公職の選挙制だったことにある。あらゆる要職が公選によって定められ、選挙は党派争いによって左右されるから、フィレンツェの例は極端としても、どの都市国家でも治安が確立せず、市民生活の基礎がつねに脅かされていた。きりのない党争と暴力沙汰に疲れ果てた市民は、ある程度の専制なら我慢して、身の安全を計りたいと思うようになっていた。

第二の動機は、広汎な大衆が政治機構から除外されていたことである。フィレンツェのような民主的な都市でも、制度そのものはどんどん民主化され、革新的になったけれども、市民権をもって政治に参加できるのはたかだか五千人程度で、残りの六、七万人は無権利の「従属民」だったのである。

第三の動機は、経済成長とともに社会の経済構造が複雑化したことである。中世の都市は、職人の工房の、ほとんど閉じた環の中の小世界だった。都市は周辺農村に製品を、農村は都市に原料と食糧を提供していた。しかし、貨幣経済が発達し、その結果生産が拡大するにつれて、流通量も増大せざるを得ず、近辺の農村だけではとても間に合わなくなる。古い閉じた環は断たれ、自給自足経済の枠は粉砕され、大規模な市場が必要となる。自治都市諸国の連邦制の企図が失敗に終ったのちは、激烈な競争を勝ち抜いた都市が周辺諸市を「衛星国」化する以外に道はない。そしてこの目標を達するためには、官職選挙制にもとづく弱い政治体制よりも、強力な個人の手に権力を集中する方がずっと適切だと考えられたのである。

第四はイデオロギー的動機、すなわち教皇主義（グエルフ）の破産である。教皇主義（グエルフ）は、皇帝や貴族階級とたたかう時の、自治都市の旗印であった。フィレンツェが教皇党（グエルフ）に味方したのは、市民がカトリック教会に特に深く帰依（きえ）していたからではなく、皇帝や土地貴族に対してかれらの「組合旗（ゴンファローネ）」が攻撃をかける時、教会が祝福を与えたからだ。今やフリードリヒ大帝の血脈は絶え、皇帝は名誉職に過ぎず、皇帝派（ギベリン）の貴族層は解体したが、教皇主義（グエルフ）は自治都市革命の神話として残った。都市自治の確立はすべて教皇主義（グエルフ）の旗印のもとに行なわれたのだから、ちょうどフランス革命における自由平等友愛のスローガンと同じく、教皇主義（グエルフ）は自治都市の神聖な原理だったのである。

だが、シャルル・ダンジューが進攻するに及んでこの状況は一変する。アンジュー家の王は、ドイツの皇帝たちが望んで果さなかったイタリア統一の事業をやってのける虞れがある。半島全体を統一して世俗の中央権力をうちたてるという企図が、皇帝によって担われていた時、諸都市は教皇主義（グエルフ）のイデオロギーに拠ってこれに対抗し、カトリック教会の名において闘った。だがアンジュー王家はほかならぬその教会がイタリアに呼び入れたのだ。どうして教会の名において打倒できようか。教皇主義（グエルフ）のイデオロギーは矛盾を露呈し、自治都市体制は旗印がなくなり、思想的根拠を喪失したのである。

自治都市体制から独裁体制への移行は、十三世紀末にすでに始まっていた。ピエモンテからロンバルディーアにかけて二十余の都市が、自発的にモンフェルラート侯国に服属していたし、ヴィスコンティ家はすでにミラノの君主である。ヴェローナではデラ・スカーラ、トレヴィーゾではダ・カミーノ、ベルガモではコレオーニ、フェラーラではエステ、マントヴァとモデナではボナコルシ、パルマではコレッジョ、リミニではマラテスタ、フォルリではオルデラッフィの諸家が、それぞれ独裁支配を固めている。

自由な都市自治の時代は今や終りに近づいている。独裁君主たちの時代のあけぼのである。

5　ボニファティウス八世

十四世紀は豪華な祭典で始まった。すなわち聖年祭である。元来カトリックの暦にそんな祝祭はなかったので、十三世紀末に即位した教皇ボニファティウス八世の発案である。

聖年祭という大デモンストレーションは、まさに時機にかなっていた。教会は過去数十年のきびしい試練をうまく乗り切ったのだ。「最後の実力皇帝」フリードリヒ二世の死とともに、世俗権力に隷従させられる危険は去った。イノケンティウス三世が一一九八年に即位してからグレゴリウス十世が一二七六年に崩ずるまで、決断と実行にすぐれた教皇が続き、教皇庁の力と威信は大いに高まった。

その果実の収穫人として登場するボニファティウスはローマの人、名門カエターニ伯の子である。ニコラウス四世没後、枢機卿団の意見が一致せず、二年半も空位が続いた。こういう場合の通例で、結局はだれにも害にならない影の薄い人物を選出することで妥協が成り立つ。白羽の矢が立ったのは、スルモーナ近郊でおこないすましていた高徳の修道士ピエトロ・ダ・モローネである。

身に大任が降りかかったことを知ると、ピエトロは困って逃げ出そうとしたが、むりやりナポリまで連れて来られ、ケレスティヌス五世の名で即位するはめになった。ローマ教皇庁の陰謀の渦の中で、この聖人はなすすべを知らなかった。夜な夜な耳もとでささやく声が聞える。「予は汝のもとへ遣わされた天使。いと慈悲深き神に代って汝に命ず。ただちに教皇職を辞し、隠者の生活にもどれ」。

その声は実は天使ではなく、カエターニ枢機卿が、ひそかに壁に備えつけた伝声管を通じてささやいていたのである。気の毒な教皇は、隠者の生活にもどることしか考えられなくなった。だが教皇辞任は長い教会の歴史に前例がない。教会法に暗いケレスティヌスは、どうしたら辞められるのかも分らなかった。一方、カエターニ枢機卿は福音書よりもずっと教会法にくわしい人だったので、教皇辞任の手続きと論拠を教えてやった。後年ダンテはこの辞任を「大拒否」と呼んで蔑(さげす)んだが、ともかくケレスティヌス五世は即位して半年後に教皇帽を脱ぎ、一介の修道士ピエトロにもどってローマを離れたのである。

その十一日後、カエターニ枢機卿が教皇に選出され、ボニファティウス八世と名のって即位し、まず最初に、隠者の生活にもどっていたピエトロの逮捕を命ずる。不幸な前教皇はアドリア海を渡って逃げようとしたが成らず、フモーネ城に幽閉され、憔悴の果てに死んだ。

ボニファティウスはいささかも良心の痛みを感じなかった。そもそも良心のようなよけいなものを持っていなかったのだ。神の審判を怖れることもなかった。神の審判など存在しないと確信し、公言していたのである。地獄と天国はこの世に存在する、とかれは言った。老耄(ろうもう)、病苦、性的不能などが地獄で、若さ、健康、美女美童が天国なのだ。美女と美童を並べたのは、かれがどちらの性にも等しく耽溺していたことを示している。ある神父がイエス・キリストの助けを乞うて祈っていると、ボニファティウスは怒ってこうどなったという。「阿呆、うつけ！　イエスは我らと同じただの人よ。我が身さえよう救わなんだ男が、他人のために何をしてくれようぞ！」。

シニカルで精力的で専制的、後生のことなど考えたこともなく、大向うを唸(うな)らせる派手なポーズの大好きなボニファティウスは、ルネサンス型、ボルジア型教皇の先駆であった。かれはあらゆる種類の罪悪を一つ一つ丹念に実行した。まず大食の罪。断食の日に六種類しか料理を出さなかったといって料理人を叱責した。つぎに貪欲と贅沢の罪。衣服に宝石をいっぱいに縫いつけ、食卓には十五本の純金の棒を使っていた。その上かれは迷信家で妖術を信じていた。ナイフの柄に蛇を彫らせ、ポケットに常にエジプト金の円盤を持ち、指には皇子マンフレディの死屍から奪った指輪をはめていたが、いずれも厄除けのまじないである。賭博も好きで、黄金のさいころを常用し、その性急さで相手を辟易させていた。だが、この教皇がもっとも渇望していたのは、もちろん権力である。教皇に選出された日、教皇帽を冠るとすぐ、私を地上における神の代理人と認めるかと、なみいる枢機卿に尋ねた。皆がそれを認めると、今度は王冠を冠り抜き身の剣を持って、では私を皇帝と認めるか、と聞いた。人柄が人柄だけに、だれもあえて否とは答えなかった。かれの政治はこのジェスチュアで始まった。

不信心で口のわるいこの教皇は、教会の権威の体現者であり、地上での教皇の絶対権が疑問視されることを決して許さなかった。かれによれば教会は、霊魂だけでなく、地上のすべてのものの主人であり、所有者なので、王権もまた教会に属し、王は一時的に教会の代行をつとめているに過ぎないのである。だから教皇領諸国で争いが起れば容赦しなかった。コロンナ家が紛争をひき起すと、ただちにこれを破門、亡命に追いやり、その所領を没収し、パレストリーナのコロンナ城を徹底的に破壊、廃墟に清めの塩をまかせた。皇帝アルブレヒトが一修道士を使節としてよこした時は、いきなりその使節の顔を蹴り上げ、鼻血を噴き出させた。

もちろんこんな横暴に皆がおとなしく我慢していたわけではない。フランス王フィリップは、教皇の専横にたいする抗議のしるしとして、国内の教会税を凍結し、ローマに送らせなかった。フランスはカトリック教会のドル箱だったから、これは教会財政にとって大打撃であり、教皇庁の威信にも傷がつく。ボニファティウスが史上最初の聖年祭を布告したのは、ちょうどこの時だった。狙いは威信の回復と財政の穴埋めである。大向うを唸らせるのが大好きで、おまけに演出家としては天才的なボニファティウスだから、これ以上ぴったりした企画は考えられないほどである。

宣伝は完璧におこなわれた。全ヨーロッパの全教会の壇上から、すべての説教者がローマ巡礼を強力に勧誘し、その功徳（くどく）を強調する。観光旅行を娯しみながら霊魂が確実に救われるというのだから、こんなうまい話はない。何ヵ月もこの宣伝が繰り返されるうちに、何十万という巡礼がヨーロッパ各地からローマを目指し、あるいは徒歩、あるいは車駕、あるいは騎馬で聖年祭へと繰り出す。旅路の長さと危険を考えて、遺言を書いてから出発する巡礼も多かったが、たとえ途中で命を落しても、天国へ行けることは間違いなかった。この一年間にローマはひと月あたり三万の巡礼を受け入れている。ローマへ入るとまず列を作って聖使徒の墓に参詣し、完全な免罪を受け、賽銭を投げる。これを二人の助祭が待ち構えて熊手でかき集めるのである。その額は一日平均千リブラ、当時としては巨額である。

聖年祭の巡礼たちがどこに宿をとったのか分らないが、ローマの商人がぼろもうけをしたことは確かだろう。今こそローマは「世界の首都（カプット・ムンディ）」の実感をとりもどしたのだ。世界各国から集まるさまざまの民族・人種、多様な言語、ふんだんに遣われる金、そして連日連夜のどんちゃん騒ぎ――これぞまさしく純正のローマ趣味というものではないか。

王侯貴族や権力者もこの祝祭のために数多くローマへやって来たが、当時まだ無名に近かった二人のフィレンツェ人の方がわれわれの興味をひく。まずダンテ・アリギエーリ、聖年祭一色に塗りつぶされたローマで『神曲』の想を得たと言われる。そう言えば確かに『神曲』の中には聖年祭のローマに触れて、すべての交通が右廻りに規制されていたと述べているくだりがある。もう一人はジョヴァンニ・ヴィラーニ、商家に生まれて家業を継ぎ、リアルな観察眼を持っていたから、ダンテほどこの祭典に驚嘆しなかったようである。ローマへ来て古典に開眼（かいげん）、ヴェルギリウス、リヴィウス、サルスティウスを文章の師と仰ぐようになったと後年述懐しているが、かれの『年代記』には古典の影響はほとんど見えない。かれはこの絢爛豪華な祝祭の中にローマ頽廃の予兆を嗅ぎつけ、それを書きとめた。

この二人以外にも多くのフィレンツェ人がローマへ来ていた。たとえばコルソ・ドナーティ、亡命中の身をローマに潜行して教皇ボニファティウスにかくまわれているフィレンツェ反政府派の大物である。

トスカーナ併合の野望を実現するために、教皇はフランス王フィリップと同盟を結ぼうとしていた。この策動にコルソ・ドナーティを一枚嚙まそうというのである。折しもナポリ王国のシャルル二世が、度重なる失敗にも懲りず、シチリア島をアラゴン王国から奪回しようと企てている。シチリア奪回の援軍と称してフランスの大軍をイタリアに引き入れ、その力でフィレンツェを威圧して教皇の要求を呑ませようというわけだ。ドナーティの役割は、市内からフランス軍に呼応することである。

フィリップはけちで理屈っぽい王様だったからこんな冒険には気が進まなかったし、元来坊主嫌いでもあった。しかしかれは、ポストも俸給もない弟シャルル・ド・ヴァロアを抱えていた。この弟には十四人の子があり、うち十人が娘で、婚資を稼ぐだけでもたいへんだった。そこでフィリップは教皇の要請を受け、シャルルを教皇軍総督兼トスカーナ和平使節に任命することに同意したが、兵士の数や軍用金についてはうんと節約しようとした。それでは困るというのでボニファティウス八世は、シャルルの縁談を持ち出した。相手は東ローマ帝国の継承権をもつクルトネイ家のカトリーヌ姫である。半ばからかい気味に「無領公」と通称されていたシャルル・ド・ヴァロアは、この夢みたいな話に驚喜して、本腰を入れて教皇を援助するよう兄王を説きつけた。

こうして聖年祭の年の暮れには共同作戦の準備が完成した。フィレンツェはこれに対して一致団結の抵抗を示すどころか、逆にいよいよ白派と黒派の対立抗争を強めていた。黒派の糸を引いているのはコルソ・ドナーティであり、白派の幹部の中にはダンテがいた。党派争いは例によって手のつけようのない暴力闘争に発展したから、シャルル・ド・ヴァロアは「和平使節」として市民の熱烈な歓迎を受け、無血入城する。しかし、この和平使節、実は黒派の応援団長だったから、黒派の連中はフランスの兵力を後楯として思うがままに白派に集団報復を加え始める。ここまではまったくボニファティウスが書いた筋書通りに進んだ。だがここで、教皇はフランス国王と大げんかをおっぱじめ、そのためせっかくの計画はむなしく頓挫するのである。

争いの原因はボニファティウスの権力主義の行過ぎである。フィリップに宛てた書簡の中でかれは、教皇があらゆる君主に対して保護権を有するという自説を強調した。フランス王はこの点にかんしては頑固だったから、宮廷に群臣を集めて教皇書簡を読み聞かせ、いかなる地上の権力も決してフランス国家の上に立つことはできないと断言し、その書簡を公然と広場で焼き捨てた。激怒した教皇ボニファティウスは、フィリップに破門を宣告する。これに対してフランス王は、瀆神、聖職売買、妖術、婦女誘惑、殺人のかどで教皇を告発し、弾劾の公会議を布告する一方、大臣ノガレをローマへ遣（や）り、コロンナ家と結んで反教皇庁の反乱を組織せよと命じた。

ノガレの両親は異端審問所の裁きで火刑に処せられていたから、かれにとって教皇は父母の仇であり、この仕事にはうってつけだった。その上、暴慢なボニファティウスに怨みを抱く者はローマにもいっぱいいた。

一三〇三年九月六日、教皇はアナーニの別邸に滞在していた。夜遅く、ノガレとシャルラ・コロンナは教皇座所に忍び入り、弾劾の公会議に出席せよと迫る。老教皇は、悪徳と罪悪だけでなく勇気と誇りにも充ちみちていたから、「では予の首を斬って持って行け！」と言ったまま、脅迫にも暴力にも屈する気配がなかった。シャルラ・コロンナが教皇の顔を平手打ちにしたという説があるが、まさか事実ではなかろう。二人がこの傲岸（ごうがん）な老人をもてあましているあいだに、フィエスキ枢機卿が手兵を率いて教皇救出に駆けつける。その時まで「ボニファティウスくたばれ、フランス王ばんざい！」と叫んでかがり火をたいていたアナーニ市民が、急拠旗色を変えて「フランス王くたばれ、教皇ばんざい！」と叫び始めたので、ノガレはあわてて逃げ出した。

二週間後、ボニファティウスはローマに帰って来たが、すでに腎臓病がかなり進んでいて、その苦悶の叫び声はサン・ピエトロ広場中に響きわたったという。教皇重体を知ったローマの細民はラテラーノ宮を襲撃掠奪し、厩舎のわらまで持ち去った。瀕死の床の中でもボニファティウスは、生前とおなじく、すべての人、すべてのものにたいして呪詛（じゅそ）と脅迫の言葉を吐き続けた。

6　ハインリヒ七世

教皇ボニファティウスが世を去っても、フランス王フィリップの怒りはおさまらなかった。この執念深い王様は、故教皇の弾劾裁判を七年間要求し続け、遂に実施に漕ぎつけた。一三一〇年、グロソーで予審が開かれ、六名の高位聖職者が証言し、峻烈な告発を行なう。それによれば、ボニファティウスは生前、肉体も霊魂も死んだらおしまいで、死後の生などないとつねづね言っていた。霊魂不死の教えは、地獄の恐怖によって民衆を震え上がらせ、もって教会に服従させるための方便だと考えていたという。聖母マリアが処女にして懐胎出産したなどというのは笑い話で、ただの小麦粉の塊が聖別の儀を経るだけでキリストの肉と化すというのもばかげたでたらめに過ぎぬ。「愚かな者たちはこんなばかばかしい作り話を信じているが、いやしくも知性ある者ならば、信じているふりをしておいて、物の道理を自分の頭で考えるべきだ」と故教皇は言い切ったという。

ボニファティウスの人柄にあまりにもぴったり合っているから、この告発がまんざら根拠のない中傷だったとは思えないが、こんな話が世間に拡まれば、教会全体と公共秩序そのものが致命的な打撃を受けるということは、故教皇の敵たちも理解しないわけには行かなかった。遂にフィリップも折れて、翌年の公会議まで裁判を延期することに同意した。翌年の公会議に参集した枢機卿は、全員一致で故教皇を擁護、その正統性と道徳性を確認する。議場に二人の騎士が臨席して、亡き教皇猊下を非難中傷する者あらば我等騎士道の掟に従いお相手つかまつる、と宣言し、証言台に手袋を投げたが、挑戦に応ずる者はもちろん一人もなかった。審理はすべて終り、これにて一件落着となる。

しかしこの間に、教会とヨーロッパのその後百年の歴史を決定づけるような大事件が起っていた。すなわち、カトリック教皇庁は一三〇五年、ローマから南仏アヴィニョンに移転したのである。

ボニファティウス八世にたいする非難がことごとく的をついていたかどうかは疑問だが、かれの失政がアヴィニョン移転の原因の一端となったことは明らかである。権力を振りまわし、親戚を重用して、ローマ貴族の諸党派間に憎悪の種子をまき、永遠の都の治安状況はいちじるしく悪化していた。

ボニファティウスのあとを継いだ教皇ベネディクトゥス十一世は、本名ニッコロ・ボッカジーニ、トレヴィーゾのドメニコ修道会に属していた。公証人の子、中産階級下流の出身で、若いころはヴェネツィアで教師をしており、聖職に入って神学者として名を成した。ハンガリア、シュレジエン、ポーランドなどへ教皇使節として派遣され、外交手腕をも発揮した。一三〇三年の教皇選挙では、五万フィオリーニの資金をばらまいてめでたく当選したが、当時は教皇選挙でこれくらいの金を遣うのは普通だったので、とりたてて醜聞視する必要はないのである。

新教皇は良識をもって事に当った。アナーニ事件の責任者を処罰して教会の威信回復をはかると同時に、フランス王との関係を調整、ボニファティウス弾劾裁判から手を引くよう説得に努め、説得が容易でないと見れば巧みに時間を稼いで裁判の期日を引き延ばす一方、フランスの圧力を柔らげるために全力を尽す。フランスのもっとも危険な手先はフィレンツェの「黒派」で、すでにこの町を完全に制圧していた。ベネディクトゥスは特使を派遣して黒白両派の和解を勧め、追放された白派の幹部をフィレンツェにもどして、いささかでもフランス色を薄めようと努力したが、黒派は陰湿な抵抗を示し、騒動を煽(あお)り、放火事件を起して、白派の仕業だと言い触らす始末である。

教皇は怒ってフィレンツェ全市を破門、町のおもだった指導者はペルージアに出頭して謝罪せよと命じる。審問は一三〇四年七月六日に始まったが、翌七日に教皇は急死を遂げ、事がらはすっかりうやむやになった。修道尼に変装した若者が毒入りのいちじくの籠を教皇に届けた、という噂が巷に流れた。たぶんうそであろうが、いかにもありそうなことだと皆が思った。

教皇の座はまたもや党派闘争の的となり、各派は詐欺、陰謀、暴力を駆使して争いあった。ヴィラーニによれば、一三〇五年のこの教皇選挙は、オルシーニとニッコロ・ダ・プラートの両枢機卿の密謀によって帰趨が決したのだが、この二人、選挙会のあいだの談合を禁ずる規則を破り、夜な夜なこっそり手洗いの中で相談していたという。当選者が発表された時、反対派の枢機卿たちは、「便所で決ったんだ、きたないなあ」と叫んだ。

当選したのはボルドーの大司教ベルトラン・ドゥゴで、クレメンス五世と名のる。教皇庁のアヴィニョン移転を決めた教皇である。カトリック教会を六十年以上もフランスの虜囚とした責任者として歴史上はなはだ評判が悪いが、実際にはかれ自身が、教皇になった瞬間からフランス系枢機卿の虜囚だったので、ローマに帰ろうと思っても帰れなかったのだ。

質素で敬虔で陰鬱な新教皇は、不眠症と神経症に悩みながら、何とか教会の利益を守るために努力した。フランス領でなくアンジュー家の所領だったアヴィニョンを選んだのは、おそらく苦肉の策であろう。ローマにない治安とパリにない自由を、そこで確保できればと願っていたに違いない。フランス王フィリップの干渉にもできるかぎりは抵抗し、無為に盲従するようなことはなかった。ボニファティウス糾弾裁判をうまく雲散霧消せしめたのもかれである。

クレメンス五世が即位したころ、神聖ローマ皇帝は空位であった。前述の通り、皇帝はもはや名誉職でしかなくなっていたが、たいした権力を持たない小王たち、小君主たちにとっては、やはり憧れの的である。少なくとも格だけは最高なのであるから、かれらは皇帝冠をのどから手が出るほど欲しがっていた。フィリップは大きな権力を握っていたから、皇帝位に目がくらむようなことはないのだが、失業した弟シャルル・ド・ヴァロアを何とかしてやらねばならない。この弟は、アンジュー軍を率いて勇ましくシチリア奪回に向かったものの、大敗してフランスに逃げ帰り、「無領公」の名をいっそう高めていた。もしこの弟が皇帝になれば、少なくともパリの宮廷から厄介払いにすることはできると考えたフィリップは、シャルルを皇帝にするために運動し始めた。

だが戴冠を行なうのは教皇だから、まず第一に物を言うのは教皇の意向である。クレメンスはフランス人だが、フランス人を皇帝にするのはまずいと考え、ルクセンブルグ公ハインリヒに白羽の矢を立てた。これなら、イタリアにやってきても覇権を振るう実力がないのだから、無害である。ローマで陰謀を逞しゅうしているナポリのアンジュー家に対して、牽制の役割を果してくれるだけでいい。

ところが遺憾なことに、ハインリヒはロマンチックで向う見ずな殿様で、思いがけない皇帝就任のせいですっかり狂ってしまったのである。過去の大帝たちと同じく自分もローマで戴冠すると決意して、その旨を教皇に伝える。教皇も、みずからローマに赴いて戴冠式を厳粛に行なうと約束した。

一三一〇年、皇帝ハインリヒ七世のイタリア遠征が発表されると、半島はたちまち二つに分裂した。昔も今も、だれか外国の要人が来訪するとなると、イタリアの国論は必ず二分するのだ。新帝を擁護するのは、ヴィスコンティ、デラ・スカーラ、ゴンザーガ、エステ、マラテスタ、ポレンタ等々、北伊の新興独裁君主たち、反対にまわるのはもちろん、アンジュー家のナポリと黒派支配下のフィレンツェである。

教皇主義（グエルフ）と皇帝主義（ギベリン）という古い旗印がまたぞろ引き出されたが、空疎なイデオロギーとして宙に浮くばかりだった。ハインリヒは確かに皇帝権を代表していたが、今は教会が、フランスというもうひとつの世俗権力の圧迫から身を守らなければならないのだ。

皇妃マルガレーテを同伴し、身分の高い貴族を何人も引きつれて、皇帝ハインリヒは遠征の途についたが、従う軍勢の数は少なく、軍資金もゆたかではない。フィレンツェなら三流の銀行家でもたちどころに用立てられる程度の額であった。

北伊で皇帝は熱烈に歓迎され、サヴォイア、モンフェルラート両侯は遠路をものともせず拝謁に駆けつけ、ミラノ市は祝い火をたく。ディーノ・コンパーニ、チーノ・ダ・ピストイア、フランチェスコ・ダ・バルベリーノら当代の文人は、皇帝来伊歓迎の熱っぽい文章を書き送り、中でもダンテの荘重な辞句がひときわ光っている。だが、この美々しい祝祭の輝きをわずかに曇らせる事件が起った。

神聖ローマ皇帝はイタリア王を兼ねるから、皇帝戴冠の前に、ミラノでイタリア王冠の戴冠式を行なうのが慣例であった。この王冠はかなり不格好な鉄の帽子だが、聖十字架の釘を鋳て造られたと伝えられ、のちにテオドリンダの宝石で飾られたもので、モンザの大聖堂に保管されているはずだった。それが紛失していたのだ。だれにもさっぱり事情が分らなかったが、数年後にユダヤ人の古物商の倉から出てきた。調べて見ると、グイード・デラ・トルレというミラノの有力貴族が、僅かばかりの借金のかたにその王冠を置いて行ったのであった。イタリア人が、皇帝とかイタリア王の称号を、どれだけ軽く見ていたか分ろうというものである。

とりあえず代りの王冠で間に合わせなければならぬ。シエナの名工が腕を振るって本物よりずっと美しい冠を作り、金も宝石もずっとたくさん使って飾りつけたが、何百年もの年代のさびは、補いようもなかった。

儀式はその後も延々と続き、田舎者の皇帝は悲鳴を上げそうになった。ミラノ市内でヴィスコンティ家とデラ・トルレ家のあいだに生じた紛争の、調停もしなければならなかった。ハインリヒはヴィスコンティ側の正しさを認めたから、市民の半分を敵にまわすことになった。クレモーナ、ローディ、パヴィーア、ブレッシアの諸市は皇帝に敵対して城門を閉ざし、ボローニャもその例にならい、ナポリ王ロベルトは反皇帝軍を動員する。この反帝抵抗闘争の作戦を立て、資金を提供しているのはフィレンツェである。ダンテは自分の生まれ故郷のこの町に、激烈な呪詛を浴びせかけた。

この混乱を収拾するにはハインリヒは無邪気すぎる。だれをも敵視せず、課税も徴発も行なわず、ただ自分が皇帝であることの公式の承認を求めただけだ。それなのにどうしてイタリアの半ば以上が敵対するのか、かれにはさっぱりわけが分らなかった。フィレンツェとボローニャが陸路を塞いでいるので、ジェノヴァから海路ローマを目指すほかはない。サン・ピエトロ大聖堂で教皇に会う約束を、皇帝はたいせつに思っていた。しかし教皇クレメンスはフランス王の横車に押しまくられてローマ旅行を断念し、皇帝戴冠の大役を枢機卿に委任せざるを得なくなっていた。この報を皇帝はジェノヴァへの途上で受けた。このころ、北伊全体が戦乱のるつぼと化していた。カングランデ・デラ・スカーラをはじめ、皇帝支持派の君主たちは、自分の尻に火がついたので、皇帝をほったらかして自国防衛に駆けもどってしまう。

ジェノヴァで皇帝の一行を待っていたのはコレラである。皇妃マルガレーテも罹病して死ぬ。それでもハインリヒはこの旅行を断念しようとはしない。子供っぽい強情さで目的に固執し、まるで魔法の杖でも求めるかのように、いかなる犠牲を払っても帝冠を手に入れようとするのだ。ルクセンブルグという小国に生まれ育ったハインリヒは、成上り者と見なされ、田舎貴族、ゴータの牡牛と侮蔑されていたから、身分とか格とか序列とかの威力をことのほか信じ込むようになっていた。船がジェノヴァを発ち、ピサの港に着いた時、フィレンツェ白派の亡命者たちが皇帝を出迎えた。その中にダンテがいたのはもちろんだが、ほかにペトラッコという人物がいて、幼い息子を同伴していた。この七歳の子がのちのフランチェスコ・ペトラルカである。

皇帝はここから陸路ローマへ入る。一三一二年六月二十九日、念願の戴冠式は、ラテラーノ宮で三人の枢機卿の手により、遂に挙行された。だが、感激のすぐあとに幻滅が続く。皇帝の臣下たることを認めよという宣旨に対し、ナポリ王ロベルトは返事もよこさない。ハインリヒはナポリ征討を決意した。ジェノヴァとピサが軍船九十隻を調達した。だがいざ出陣という段になって、アヴィニョンの教皇が拒否権を発動、もちろんフランス王のさしがねである。皇帝は傭船を解約し、軍をまとめてフィレンツェを攻めようとしたが、すでに準備をととのえていたフィレンツェ軍は、歩兵一万、騎兵五千。皇帝軍の倍を軽く越える。絶望したハインリヒは馬を返して再びナポリに向かう。おそらく、戦場に華々しく斃れることで、ロマンティックな冒険旅行の有終の美を飾りたかったのであろう。だが運命はあくまでかれに冷たく、この願いすら踏みにじった。シエナに近い小邑ブオンコンヴェントで皇帝ハインリヒ七世は急病に襲われて逝去する。ベルナルディーノという修道士が聖餅に毒を盛って暗殺したのだという噂が流れた。事実ではあるまいが、こういう暗殺法が行なわれていたことは確かだろう。

イタリアの反仏陣営は深い哀悼に包まれた。チーノ・ダ・ピストイアとセンヌッチョ・デル・ベーネは、切々たる追悼文を書いた。ダンテは、ハインリヒの正しさを証明するために『帝政論』を執筆中だったが、この書の最後の数章を皇帝追悼にあてた。ピサは最後まで皇帝に忠誠を尽し、遺骸を引き取って鄭重に葬った。

こうして、イタリアに統一世俗権力を樹立しようとする最後の試みは挫折した。今やイタリアは、本来の、唯一の天職に立ちもどり、それに没頭することができる。すなわち内紛である。

7　ダンテ

ダンテは、この混乱と紛争の証人であるだけでなく、主役の一人でもある。偏狭狷介、党派心にこり固まったダンテであったが、この時代の栄光と悲惨、信仰と迷信、渇仰と偏見を、これほど一身に体現した詩人はない。かれの生涯には、たとえ情念によって歪められているにせよ、その時代のフィレンツェとイタリアの全歴史が刻み込まれている。

生まれは一二六五年というから、フィレンツェ共和国がシエナを中核とする皇帝派(ギベリン)軍のために一敗地にまみれたあのモンタペルティの戦の、五年後に当る。本名はドゥランテ・アリギエーリ。家は代々教皇派(グエルフ)だったが、新しい皇帝派(ギベリン)政権を脅かすような力がなかったので、追放されずにすんだ。古くはエリゼイ家と呼ばれた貴族の家柄で、先祖のカッチアグイーダは十字軍に参加して聖地を踏み、家門の誉れを挙げた。その後、アリギエーリとデベッロの二家に分岐するが、歴史に名をとどめる人材を出していない。ダンテの父、アリギエーロ・アリギエーリは、多少の地所と家作を持っていたが、やりくりに困って金貸しまでしたようだ。父のことをいっさい語っていないところを見れば、この父は、詩人の心に尊敬も愛情も育てなかったらしい。

母ベッラはダンテを生むとまもなく世を去ったということだけが知られている。母についても何も語っていないが、これは幼時に死別して何の記憶もなかったからだろう。父アリギエーロは後妻ラーパをめとり、一男二女をもうけた。継母と異母弟妹にはさまれて、ダンテは不幸な少年期を過したと、多くの伝記作者が決めこんでいるが、つねに陰のある、閉ざされて憂鬱げなダンテの性格からの推測に過ぎぬ。かれが書き残した若干の記述からすれば、むしろかれらはダンテによく尽しているし、特に苦境の中でかれを助けている。『新生』の一節を読めば、異母妹ターナは病気のダンテをやさしく介抱しているし、異母弟フランチェスコはダンテの亡命の費用を工面したばかりか、進んで流亡の旅に随行している。

フィレンツェへ行くと、「ダンテの家」と称する名所が観光客を引きつけているが、もちろんいんちきである。詩人の生まれ育った家は、追放刑になった時に打ち壊されてしまったのだ。家屋の除去は、敗北した政敵に科す懲罰の一つであった。もっとも、そのあたりにダンテの生家があったことは確かで、当時「聖ピエトロ門町」と呼ばれた区域である。どんな家だったか知るよしもないが、その頃のフィレンツェのことだから、かなり住み心地のわるいものだったに違いない。水道も便所もなく、床はわらを混ぜた壁土で作られ、異臭を放つ。窓は木の枠だけで、ガラスなどもちろんはまっておらず、燈火はたいまつにたより、暖房は火鉢だけである。

当時のフィレンツェは、今のように優雅で明朗な街ではなかった。人口は約五万か。新城壁を築いて市域を拡張はしていたが、道路は細く曲りくねり、街をせま苦しく感じさせていたに違いない。美術的価値のある建築は聖ジョヴァンニ洗礼堂だけで、これも大理石造りになったのは後年である。貴族たちの館の細い威嚇的な尖塔のために、町全体がいかめしく武張った表情を見せ、戦場のおもむきを呈していた。周辺の風景だけが美しく、丘々の優雅に立ち並ぶはざまに、アルノの流れが見えた。住宅はこの川の右岸を占め、両岸を結ぶ橋はただ一本、すなわち有名な「ポンテ・ヴェッキオ」（旧橋）である。

学校はすべて教会立で、下級上級の二課程に分れている。ダンテはサンタ・マリア・ノヴェッラ教会付属ラウデージ修道会学校で、両課程を終えたと思われる。画家チマブエと同窓である。聖書以外に本らしい本はほとんどない時代だから、勉学がそれほど進んだはずはない。ダンテはこの学校で、読み書き算術とラテン語を習ったが、キケロやヴェルギリウスの折目正しい古典語ではなく、くずれた中世ラテン語である。歴史と哲学についてもひと通りの知識を得たが、かなりあいまいで、それに当時は、歴史や哲学は神学から分離していなかった。それ以上の知識は何もなかった。

少年期については、わずかにエピソードがひとつ知られているだけだが、これがダンテの生涯と作品に決定的な刻印を残すこととなる。すなわち、ベアトリーチェとの出会いである。この永遠の恋人が実在したかどうか、古くから議論が絶えなかったが、今では架空説は影をひそめ、当時フィレンツェで人望厚かった銀行家フォルコ・ポルティナーリの娘であると、一般に認められている。ダンテと同い年で、のちにシモーネ・デ・バルディに嫁ぎ、一二九〇年、たぶん産褥熱で亡くなった女性である。

ダンテによれば、ベアトリーチェとの出会いは一二七四年、二人が九歳の年、子供の祝祭の日としているが、事実よりも数の迷信を尊重する癖のあったダンテのことだから、簡単には信じかねる。三という数が完全数とされていたから、三およびその自乗数九にダンテは弱かったのだ。『神曲』は三行韻(テルツィーネ)を踏んで書かれ、地獄・煉獄・天国の三部に分れ、地獄の旅は計九日かかり、煉獄は九層より成る等々、枚挙にいとまがない。ベアトリーチェに初めて会ったのが九歳、再会したのが十八歳と言っているが、多分に眉唾ものだ。

ダンテの処女作『新生』には、少女ベアトリーチェのつつましやかな清純の美に打たれ、忘れ得ぬ印象を受けて、雷に逢ったように立ちすくんだ、と書いてある。その時九歳だったとすれば、生まれて初めて官能のときめきを覚え、深く記憶に刻み込んだというのも、あり得ぬことではないが、それ以上のことは、その時代の詩作の慣習を考えねば理解できまい。

学校ではわずかしか教わらなかったが、卒業後に出会った新しい師はずっと多くのことを教えてくれた。すなわち、ブルネット・ラティーニである。権威ある公証人だっただけでなく、広い教養と堂々たる挙措で社交界の尊敬を集め、外交官としても一流の手腕を示す。フィレンツェ政府はかれを何度も使節に登用、モンタペルティの戦の時にはちょうどスペインに派遣されていた。戦後、皇帝派（ギベリン）が政権を奪取して復讐に血道をあげ始めたから、教皇派（グエルフ）に属するラティーニは故国へ帰らず、モンペリエやパリに滞留し、その間にフランス語で『宝典（テゾレット）』と題する書を著わした。一種の百科全書というべく、当代の全知識をまとめ上げようという試みである。ベネヴェントの戦で形勢一転、教皇派（グエルフ）が政権に返り咲いたのを見きわめてフィレンツェに帰り、フランスで胸いっぱいに吸い込んできた新合理主義の文化を故国にもたらした。思想に独創性は見られないが、多く見聞し、多く旅行し、多く読書し、それらについて語るすべを知っていた。さらにまたかれは、善き市民、廉潔有能の官僚、信念の固い党人でもあった。ただ私生活では、男女の差なく漁色に耽った点が若干の憾みを残すが、これくらいは当時のフィレンツェでは（現在のフィレンツェでも）たいした問題ではない。

　だが『神曲』では、この愛欲の罪ゆえに地獄におちることになっている。地獄を旅するダンテがブルネット・ラティーニに出会って、なつかしげに「我が師よ」と呼びかけるので、本当に手をとってダンテを教育したのだと信じている人も多いが、実は厳密な意味での師弟関係ではない。ダンテは、ブルネットの周囲に集まって新文学を志向していた若い詩人の群れの、一人であったに過ぎない。その新しい詩派をダンテ自身が「清新体派（ドルチェ・スティル・ノーヴォ）」

と名づけ、この名称が文学史に残った。

この詩派の系譜をたどるために、ここでしばらく脇道に入らねばならない。

イタリア詩は、二百年ばかり前にフランスで生まれたプロヴァンス詩の、一支流に過ぎなかった。中世ヨーロッパでは、俗語、すなわち日常の話し言葉を文学語に高めた最初の国がフランスであった。この国の俗語は、古代ローマ人のもたらしたラテン語、古代ガリア諸部族のケルト系方言、フランク族がもち込んだゲルマン系方言の三者の混合から生まれたもので、北部の「オイル語」と南部の「オック語」に大別されていた。

この二種の古フランス語の文学上の産声が、いわゆる「シャンソン・ド・ジェスト」(武勲詩)で、騎士道と十字軍華やかなりし頃に生まれた宗教的・戦士的叙事詩だが、イタリアにはこのジャンルは根付かず、模倣作を出すにとどまった。イタリアには騎士道そのものが定着せず、十字軍の熱狂も存在しなかったし、そのうえラテン語は元来イタリア人の母語で、話されなくなってからも容易に死滅しなかったからである。

十二世紀も末に近づくと、さすがのフランスでも、十字軍熱はすっかり醒(さ)め、各地に蟠踞(ばんきょ)する諸侯の宮廷では、皮肉、軽快かつ反教権的でアラブ文化の影響を織り込んだ新しい詩風が流行し始める。その最大の後援者はポアティエ・アキテーヌの領主ギョーム伯。かつて、信仰を守るため十字軍に参加して聖地に進軍、そこで信仰を失って帰ってきた。娘エレオノールは、まずフランス王、ついでイギリス王の妃となる数奇の運命を担っていたが、父娘とも偏見に毒されず信仰に惑わされない自由思想家(リベルタン)で、祖先が戦争と宗教にかけた熱意を、官能と知性の悦楽に注ぎ込んだ。

新詩体はゲサベール、すなわち「華やかな知」と呼ばれ、作者たる吟遊詩人(トロヴァドゥール)は宮廷詩人に変じ、当然ながらパトロンの趣味や考え方を反映するようになった。この頃にはもちろん著作権も印税もないから、多少は言いたいことを我慢しても、権力者の扶持を受けねばならぬ。その代り、気楽な宮廷生活を送り、貴婦人の恩顧や寵愛を受け、つねに貴紳と交わっているために自分も貴紳気取りになり、金糸を刺繡した豪華な革マントを羽織り、狩猟や騎馬試合にも参加できる。主君からより多くの報酬を引き出すために作曲をも手がけ、宴の終りにはリュートに合わせて自作を朗唱するのが常であった。

この詩体にはいくつものジャンルがあった。愛の歌はシャンソン、思想的な詩はタンソン、戦の歌はシルヴァントと呼ばれ、バラードは譚詩、セレナードは夕べの求愛歌、パスチュレルはかけ合いの詩である。代表的な詩型は六行連(シゼン)で、一節六行、全六節より成る。この詩型を完成した吟遊詩人アルノー・ダニエルを、ダンテはひじょうに尊敬し、深く研究した。

様式美の要素が強く、詩想よりも技巧に重きを置くこの新詩体は、武勲詩よりもずっと外国人は受け入れ易い。テーマは前もって決められており、夫婦の愛などは平凡すぎて詩の対象とはならないとされた。これは女房のことではないかと言って怒り出す夫がいないように、具体的な女性描写は避けるのが常とされていたから、全篇恋のためいきと恋の嘆きに充ちみちているのに、内容はきわめて暗示的で曖昧模糊としている。この詩風に独自の個性を刻みこむことのできた詩人はまれで、ベルナール・ド・ヴァンタドゥール、ランバルド・ド・ヴァケーラス、ペール・ラモン、フォルケ・ド・ロマンの四人くらいであろうか。

イタリアにこの新詩体の種子を蒔く契機となったのがアルビ戦争である。異端とされたアルビ派の信徒は、新詩派の保護者であった南仏諸侯の庇護のもとに走った。諸侯はアルビ派を擁護したが、決して神学上の問題に関心があったからではない。かれらは何者をも信仰せず、異端邪教さえ信じなかった。だが異端信仰は、中央権力からの独立を宣明する格好の口実となった。十分の一税を課し、どんなことにでも口出しをするカトリック教会の聖界中央権力。事実に反して全フランスの王と称し、威張りかえっているパリの王たちの世俗中央権力。この両者からの独立こそ、南フランス諸侯の望んでやまぬところである。宗教の分野で中央権力から独立することは、プロヴァンスやアキテーヌの諸侯にとって、自立性を強化する一手段であった。こうしてかれらはアルビ戦争の渦中に身を投じ、あるいは落命、あるいは領土を失って、宮廷は解体、吟遊詩人はねぐらを失い、その多くが安住の地を求めてイタリアに流れ込むこととなる。

イタリアにはすでにかれらの先駆者がいた。ソルデッロ・ダ・ゴイートで、ダンテはこの詩人を高く評価している。マントヴァの小貴族の子、田舎暮しを嫌って放浪の詩人となり、ヴェローナへ出て、サンボニファチオ伯の客となる。美貌で品がよくてその上に弁が立ち、絶妙のレディ・キラーだったソルデッロは、たちまち奥方クニッツァを魅惑し、二人は道ならぬ恋に溺れ、パトロンの恩義を仇で返す始末となった。エッツェリーノ・ダ・ロマーノの妹であった伯爵夫人は、美貌の詩人と手に手をとって出奔したが、愛の破局は早く来た。詩人が女を捨てたのか、それとも女が詩人を捨てたのかは定かでない。ソルデッロは単身プロヴァンスへと逃れた。怒り心頭に発したサンボニファチオ伯の刺客を恐れたためか、それとも吟遊詩人の故国であるその地が気に入ったためか。ソルデッロはここで吟遊詩人の群れに身を投じ、プロヴァンス語で作詩し、この派の代表詩人の一人となった。

しかし、イタリアにこの詩風をもち込んだのは、南仏の詩人たちだった。難を避けてやってきた吟遊詩人の一部は北イタリアに住みつく。ここでは封建制がかなり根を張って、フランスと大差ない城塞生活を生み出していた。貴婦人たちはお城の生活に死ぬほど退屈していたから、幻想と近代感覚と異国情緒とエロティシズムを同時にもたらす吟遊詩人たちを歓迎して城門を開く。だが他の一部は、フリードリヒ帝の芸術保護の評判を聞いて歩をさらに南へ進め、シチリアの宮廷に迎え入れられた。大帝はすぐに詩に熱中、みずから詩作を試みれば、マンフレディ、エンツォの両皇子や宰相ピエロ・デレ・ヴィーニェをはじめ、リナルド・ダクイノ、ジャコミーニ・プリエーゼ、グイード・デレ・コロンネ、ヤコポ・ダ・レンティーニらパレルモ宮廷の貴顕たちも、競って新体詩作に熱中するようになった。

このシチリアの詩人たちは、まだイタリア語になりきってはいないがすでにラテン語ではない言語で初めて作詩した功績によって、文学史上に名をとどめている。中でもきわだった存在はチウロ・ダルカモで、シチリア方言を自在に使いこなし、独創に富んでいたが、テーマはいつもプロヴァンス詩の真似で、それゆえこのシチリア詩派は遂に模倣の域を脱し得なかったのである。この詩風は、フィレンツェに入って初めて真にイタリア的な性格を獲得する。

新詩風がフィレンツェに伝来したのはダンテの生まれる少し前である。グイットーネ・ダレッツォ、フォルカッキエーロ・ディ・フォルカッキエーリ、アリーゴ・デスタ、ボナジウンタ・オルビチアーニ、パオロ・ランフランキ、チャッコ・デ・ラングイラーラなどが代表詩人となり、最初はプロヴァンス吟遊詩人の模倣から出発した。だがこの町の生活は、城に住む領主や奥方の気まぐれではなく、政党政派の情熱を軸として展開していたから、まもなく別の趣を呈するようになり、その「メッセージ」は市民風でイデオロギッシュなものに変貌を遂げる。つまり「社会参加(アンガジュマン)」の文学となったわけだ。グイットーネ・ダレッツォのもっとも美しい作品は、モンタペルティの戦に寄せたものである。だが、フィレンツェのような町では、一派による全面支配はどの分野でも難しく、必ず反対派が生じる。年を経ずしてさらに新しいヌーヴェル・ヴァーグが出現し、ダンテもその波に身を投ずることとなる。

このヌーヴェル・ヴァーグの創始者はだれかと言えば、たいへん難しい問題になるが、フリードリヒ大帝の皇子エンツォの名を挙げておくのが無難だろう。ボローニャの塔に幽閉されていたこの皇子は、虜囚の憂いを詩に託して歌ったという。法律家で哲学者を兼ねていたグイード・グイニッツェリが、その声を程遠からぬフィレンツェの町に伝えた。「みやび心につねに愛は宿り」に始まるグイードの新作は、まさに清新体派のマニフェストとなったのである。

そこには本質的に新しい要素があった。プロヴァンス詩の愛は、美しくて官能的だが匿名性のものであり、愛をかき立てる女人の姿は偽名（セナル）のもとに覆いかくされる。たいていの場合その女人は、詩人のパトロンたる領主の奥方であったから、具体描写を避け名を秘すのはけだし当然である。

清新体派はまさにその逆を行く。すなわち、愛からすべての肉体的・官能的内容を抜き去るのだ。こうして詩を無害なものとしたのちは、想う女人に直接呼びかけたとて、だれが感情を害しようか。肉体を脱して天使化した女性は、もはやだれの妻でも娘でも妹でもなく、精神的完成の象徴、神への上昇の手段であるのみだ。たいせつなのは彼女自身でなく、彼女がかき立てる感情なのだ。この点に清新体派は熱中し、論争を繰り返し、こまごまとした規則をいっぱい作り出し、実にくだらぬことに時間を潰したのである。

　チーノ・ダ・ピストイア、グイード・カヴァルカンティ、ラーポ・ジャンニ、ジャンニ・アルファーニ、ディーノ・フレスコバルディらが、この新しい詩の原理の信奉者である。かれらは芸術のための芸術、すなわち「不参加（デザンガジェ）」の文学を主張した。吟遊詩人を城中に養ってきた封建領主の機嫌とりにも、もちろん「不参加」なのである。それが可能だったのは、かれらが貴族か富裕な商人の子弟で、他人の扶持をあてにしなくてもよいからだ。かれらはフィレンツェの「黄金の青春」を体現していたのである。

　気難しい顔をして痩せた肩をいからせたダンテは、そんな結構な身分ではなかったので、家柄も資産も名声も己を凌ぐ若い詩人の群れに、遠くからあこがれていた。なかでも、フィレンツェ指折りの名家の出でかれより十歳年長、孤高傲岸のグイード・カヴァルカンティは、あこがれの的だった。すでに新詩の巨匠と目されていたグイードは、まだ十二歳の時、党派闘争和解のための政略結婚で皇帝派（ギベリン）の領袖ファリナータ・デリ・ウベルティの娘を妻に迎えていたが、ついに愛は育たなかった。かれはジョヴァンナという愛人を囲って憂さを晴らす一方、持前の狷介さで、論争になると相手をとことん罵倒せずにはおかなかった。しかし、ダンテに文壇への登竜門を開いてくれたのは、ほかならぬこのグイード・カヴァルカンティだったのである。

ダンテは一篇の詩を書いてグイードに献じたが、その詩法はグイードの模倣にほかならなかった。もちろん内面に溢れ出るものがあってできた詩だろうが、そこに出世欲が混っていなかったとは言い切れまい。プロヴァンスの詩人たちは、宮廷と結びつくことで詩人という職業をいわば貴族化した。かれらの詩の主人公はきまって騎士であり、名誉、忠誠、正義の理想は騎士道精神と合致する。フィレンツェのような商業都市でも貴族社会は閉鎖的で、二百五十の家系に属するこの町の貴族は「塔の会」というクラブにたてこもり、他の身分とつきあおうとしなかった。ブルジョアジーはひどく貴族社会にあこがれていたから、その仲間に入るためには、巨万の費用もいとわなかった。ダンテも、特に若いころはスノッブだったから、何とかして上流社会に仲間入りしたかったろう。献呈した詩は、そのための唯一のパスポートだったのである。さいわいカヴァルカンティは才能ある詩人で、それゆえ他人の才能にも敏感だったから、すぐに手を拡げてダンテを迎え入れた。

この時ダンテは二十歳、労苦に充ちた生涯で唯一の幸福な時期が始まる。今や「黄金の青春」の一員である。財布の中味がとぼしく、袖に友のような華やかな刺繍がないにしても、ともかく仲間入りを果したのだ。道行けば娘たちが、町で流行(はや)っている歌の作者はあの人よと、袖引きささやき合うのも悪くなかった。

詩が庶民のあいだにまで流行したのは主として音楽の力で、友人と同じくダンテも自作に曲をつけた。自分で作曲したわけではないが、音楽が好きだっただけに作曲家を選ぶ目は確かだった。「我が心の内に語る君は」を作曲したのはカセッラ、「ああ愛の蔭に咲く菫の君よ」はソッケットである。

清新体の詩人たちは、作品の中では女性を完全に精神化して天使のように描き上げたけれども、実生活でそんなプラトニックな女性観を守っていたわけではない。グイードはジョヴァンナの愛にも飽きたのち、ラーパという女性を友人ラーポ・ジャンニと共有し、きわどい三角関係を演じていたし、ディーノ・フレスコバルディは富裕な名家の出で、そのうえ筋骨たくましい男性美に恵まれていたから、やすやすと女を誘惑し、絶えず巷の噂をかき立てていた。神学的な厳密さで清新体のモラルを論じる一方、酒場やサロンの快楽を貪欲に追求していたのである。

この詩派の規則に従って、ダンテも一人の淑女を選び、詩と生の理想に仕立てなければならなかった。ベアトリーチェのことを思い出したのはこの必要からだろう。この時代の詩人にとっては、愛が詩から生まれるので、詩が愛から生まれるのではないから、至極当然の成行きで、しかもダンテはそこからすばらしい成果を挙げたのだから、何も文句をつける筋合いはないのである。

それまでベアトリーチェに近づく機会はなかった。詩に書き始めてから、彼女に悪い噂が立たぬようにと、他の二人の女性に言い寄るふりをしたと、ダンテ自身が言っている。それが耳に入ったのか、つぎに道で会った時、ベアトリーチェはダンテに会釈を返さなかった。彼女の方もダンテを憎からず思っていて、そのせいで嫉妬したのだと信じる人もあろうが、それは違う。ダンテが自分を理想の女神に仕上げていることをベアトリーチェはよく知っており、かれが詩想の柱として自分を必要としていることもよく知っており、さらに皆がそれを知っていることをもよく知っていたはずだ。それでも、何の代償も払うことなく一人の詩人に崇め奉られて、悪い気はしなかったろう。だがこの詩人が街角を曲って他の女のところへ遊びに行くのだと分れば、機嫌をそこねて当り前である。

つぎに二人が出会ったのは婚礼の祝宴だった。新郎はシモーネ・デ・バルディ、新婦はベアトリーチェその人である。ダンテは顔面蒼白、震えが止まらず、友人に外へ連れ出されたと、自分で書いている。ベアトリーチェはみごとな復讐に成功してにんまりと微笑み、居合わせた女友だちと目配せを交した。

その後はもはや会うことがなかったようである。

一説によれば、ベアトリーチェ結婚の直後に、ダンテはボローニャ大学に留学したという。この町のガリセンダ塔に寄せてあまり出来のよくない詩を残しているから、ボローニャに滞在したことは確かだが、時期は明らかでなく、大学卒業資格もとっていない。政治紛争のためボローニャに亡命していた詩人チーノ・ダ・ピストイアと相識ったのが、この町での唯一の収穫だったようである。

　このころまでダンテは政治に無縁である。清新体派の信条からしても政治に積極的にかかわる理由がなかったのであろう。だがフィレンツェの町はあいかわらず政治熱に浮かされ続けていた。教皇派（グエルフ）と皇帝派（ギベリン）の対立抗争が続く中で、一二七九年、教皇庁からラティーノ枢機卿が派遣され、両派の和平を試みた。その結果、十四人の「善き人びと」から成る新統治機構が作られ、うち八名を教皇派（グエルフ）、六名を皇帝派（ギベリン）が占め、三名（のちに六名）の「総務（プリオリ）」がそれを統率することとなる。

　フィレンツェの政治制度は、複雑を極める上に変動が絶えないので、正確に把握することは不可能である。その機構のひとつひとつは確かに民主主義の産物だったが、その効果は全体の力を弱めることにしかならなかった。残念ながら、少なくともイタリアでは、民主化の結果はいつもこうなるのである。ところで、この新政体の基軸は大法官（ポデスタ）、民兵団長（カピターノ・デル・ポーポロ）（この二つの役職には外国人をあてると定められていた）及び六名の総務で、かれらの構成する総務会はみるみるうちに「善き人びと」の権限を吸収してしまい、「お上（シニョリーア）」と呼ばれるようになっていた。この政体がどう機能したかはよく分らぬが、うまく機能しなかったことはよく分っている。

　内にこうした弱点をかかえながら、フィレンツェ外交は精力的に展開し、「教皇派（グエルフ）都市連盟」の主導権を握り、トスカーナに覇権を打ちたてようとする勢いである。ピサは宿敵ジェノヴァの進出で衰微の一途をたどっていたから、残るは皇帝派（ギベリン）最後の牙城、アレッツォだけだ。ここには十字架より棍棒を愛する司教デリ・ウベルティーニが最高指導者として君臨し、この町を全イタリア皇帝派（ギベリン）の本拠としていた。

一二八九年六月二日、アンジュー王国のド・ナルボンヌを将と仰ぎ、フィレンツェ軍はシエナその他の援軍を得て、長年の係争を一気に解決すべく、アレッツォへ進撃開始。総勢一万二千、二十四歳のダンテもその中にいる。対するアレッツォ軍は、ウベルティーニ司教、モンテフェルトロ、グイーディの三将ひきいる兵計九千。六月十一日、カンパルディーノの野で決戦の幕が切って落とされた。ヴィラーニの年代記によれば、戦況は最初アレッツォ側の有利に展開し、フィレンツェとその同盟軍は中央で圧倒されたが、両翼が踏んばって敵を懐中に包み込むことに成功、殲滅の態勢に入った。ウベルティーニ司教、モンテフェルトロはじめ戦死者二千を出してアレッツォ軍は壊滅。武名を揚げたフィレンツェの勇士の中には、ヴィエーリ・チェルキとコルソ・ドナーティがいた。

ダンテがこの戦闘の中で恐怖に襲われて逃げ込んだ路地、と称するものが今もポッピとビッビエーナに残っているが、これはうそだろう。感受性は強かったが怯懦な男ではなかった。もちろん恐怖はしたろう。今は失われた手紙の中で、恐怖を告白していたというが、同時にまた戦闘の模様を細述し、図解をさえ付け加えているのだ。乱戦の中で危険を冒して戦っていたことは明らかである。

詩人チェッコ・アンジョリエーリもシエナ軍の一員としてこの戦場に出ていたから、ダンテと相識ったとすればこの時であろう。この破滅型の詩人は、放蕩に身を持ち崩し、金持でけちで信心深い家族を絶望に陥れた。悪党でけんか早い点はソルデッロに似ている。ダンテと同年輩だが、飲む打つ買うに明け暮れて、すでにひとかどの無頼漢を気取っていた。口うるさく醜い妻を捨て、ベッキーナという靴屋の娘とねんごろになったが、これまた気が強くておしゃべりで嫉妬深かったから、捨てた妻以上にかれを悩ました。すっかり家産を食い潰したのち貧窮のうちにローマで死んだが、借金しか残さなかったから、息子たちは相続を拒否した。

だが、チェッコ・アンジョリエーリは真の詩人であり、なまなかの清新体派では遠く及ばぬ。もつれた韻の響きと叩きつける悪罵のかげに、むなしく人生を浪費した男の悲哀を感じさせる。作品の中で実際以上に悪党ぶったのかも知れないが、ダンテとはそりが合わなかったろう。カンパルディーノの戦ののち、ダンテに宛てて三篇のソネットを書いている。これは、ダンテの言行不一致を罵倒したものだが、この非難には確かに根拠がある。

フィレンツェに帰還後もダンテの兵役は終らなかったようで、対ピサ戦にも出陣、カプローナ城の攻囲と掠奪に加わった。後年この戦役について触れている。

軍役完了後、病を得て療養中、ベアトリーチェの父フォルコ・ポルティナーリ逝去の報に接する。生前私費を投じて病院を設立したこの銀行家を、市は「国家の柱石」として鄭重に葬った。数ヵ月後、父のあとを追うかのようにベアトリーチェも病没。まだ二十五歳の若さだった。

悲報を聞いたダンテは心がまっくらになり、「地上のすべての君主」に宛ててベアトリーチェの死を告げ知らせる公開の手紙を書いたというが、今は残っていない。また、窓の外を見ると、何事もなかったように平気な顔して通行人が歩いているので、怒り心頭に発した、とも言っている。このあたりはまったくダンテらしい。その時、近所の家の窓から、一人の女性が同情をたたえたやさしい目差しでこちらを見ているのに気付き、感謝の念やみがたく、彼女との関係はその後進展して、二人はたいへん仲よくなった。この女性は実は「哲学」のアレゴリーで、慰安を求めるために哲学研究に逃避したという意味であると、多くのダンテ学者が主張しているけれども、それではなぜリゼッタという名前がついているのかさっぱり分らない。その後この女性は、ダンテの心の中のベアトリーチェの地位を望んで、追い払われることになるのだから、肉体を備えた一人の女性だったことは明らかで、哲学を相手にそんなことになるわけがない。このしばらくのちダンテは妻を迎える。

最初のダンテ伝を書いたボッカチオによれば、やせ衰え、夜も眠れず、茫然自失しているのを見かねた家族が、半ば強制的に結婚させたので、ダンテは周囲の言うなりになっただけだという。事実はもっと簡単で、一二七七年の日付を打った文書の中で、ダンテ・アリギエーリ十二歳とジェンマ・ドナーティ十二歳の婚約が、両家の間に明瞭に取り交されている。この約束が実行されたに過ぎない。

新妻ジェンマは最高の家柄の貴族の娘で、持参金つきである。身勝手で頭がわるくて愛嬌に乏しく口うるさい悪妻だったとボッカチオは書いているが、自分の妻を憎むあまり世の女房族全員の仇敵と化したこの小説家のことだから、かなり割引きして聞かねばなるまい。実際にはジェンマはなかなかよく夫に尽している。窮地に立った夫をよく助け、夫が捨てて顧みなかった子供たちを養育し、その上『神曲』冒頭の七歌の草稿を散佚から救うというお手柄を立てた。この最後の点はボッカチオすら認めている。

身勝手だったのはむしろダンテの方で、結婚直後から放蕩を始め、のちにそれを此岸でグイード・カヴァルカンティから、彼岸でベアトリーチェから、きびしく咎められるはめになる。妻の従弟に当るフォレーゼ・ドナーティ、通称ビッチという悪友といっしょに、小花（フィオレッテ）ちゃんとかすみれ（ヴィオレッテ）ちゃんとかベビー（パルゴレッテ）ちゃんとかいう、どう考えても良家の子女ではない女たちのところへ入り浸っていたが、この間にもジェンマ夫人とのあいだに四人ないし五人の子供が生まれている。

どんな職業についていたのかまるで分らないが、医師薬剤師組合（アルテ）に加盟して、完全な参政権をもっていたことは確かである。この組合がなぜダンテの加入を認めたのかよく分らぬが、画家ジョットもやはり医師薬剤師組合に属していたから、あるいは化学製品を用いる者はこの組合に登録できたのかも知れない。画家は絵具、詩人はインクを用いる。たぶんダンテには定職がなく、家計を支えたのはジェンマ夫人の持参金だったのだろう。

人生の道の半ばのこの迷いから醒めたのは、ある夜ベアトリーチェが夢に姿を現わしたからだと、ダンテ自身が述べている。目覚めてのち、この世のいかなる人も、いかなる女性についても言わなかったことを、ベアトリーチェについて言おうと、決意したそうである。『神曲』の着想は、この時に得たのかも知れない。

しかし、かれの人生行路を変えたのはこの夢だけではなかった。もうひとつの重大な要素がある。すなわち政治である。

そのころ、フィレンツェの政局は風雲急を告げていた。ただし、思想的な内容はない。教皇派(グエルフ)対皇帝派(ギベリン)の抗争の中では、曲りなりにもイデオロギーらしいものが双方にあった。しかし今や皇帝権は過去の記憶に過ぎず、皇帝派(ギベリン)はカンパルディーノの戦で息の根を止められた。残るは個人対個人、野心対野心、プライド対プライド、利害対利害のむき出しの衝突だけだ。そこでフィレンツェ政府は、対抗する有力家族のあいだの縁組みに熱中し、それによって市の平和を保とうとした。往々にしてその思惑は外れたが、名家豪族の結婚は、まさに国事となったのである。こんなふうに国の政治を個人の私的関係に還元する考え方は、フィレンツェでは、ファンファーニに至るまで連綿と続いている。

皇帝派（ギベリン）を紛砕したのち、教皇派（グエルフ）は白派と黒派に分裂して内紛に明け暮れた。ヴィエーリ・チェルキが白派の、コルソ・ドナーティが黒派の総帥である。古くからドナーティ家が君臨していた聖ピエトロ門町の、いちばん美しい館を、新興成金のチェルキが金にあかせて買い取り、乗り込んできたところから事が始まる。

　コルソ・ドナーティはこんな侮辱を黙って忍ぶ男ではない。古い戦士貴族の家柄で、「塔の会」の代表格として勢威を張ってきた誇り高いコルソは、家門の威光がチェルキのような百姓の倅によって曇らされることを、断じて容認できなかった。たしかにチェルキは、商業と銀行経営で財をなし、騎士の称号を金で買って貴族となったのだが、銭はたっぷり持っており、その使い道も心得ている。ドナーティ家の殿様のように尊大ではないが、勇気の点ではひけをとらず、その上抜け目がなくて粘り強かったから、もともとドナーティ家の盟友だった有力貴族、カヴァルカンティ、トルナクインチ、パッツィ、フレスコバルディらを、融資を餌につぎつぎと味方に引き入れた。

　フィレンツェではいまだかつて党派争いが絶えたことなく、暴力沙汰も別に珍しくはないから、ここまでの経緯は、両派の数々の流血の衝突をも含めて、まずノーマルな成行きと言えよう。トスカーナ併合の野心を抱く教皇ボニファティウス八世の干渉がなかったら、このありきたりの内ゲバ騒ぎが全市を巻き込む内戦に転化することはなかったに違いない。教皇は、みずからの野望を実現するために、フランス王の弟シャルル・ド・ヴァロアを呼び寄せる。

フィレンツェでは白派が政権を握っている。ドナーティは金と暴力の両刀使いで政府を転覆しようと計るが失敗、市から追放された。教皇ボニファティウスはこれを庇護し、教皇領の代官に取り立てる。こうして黒派は教会とヴァロア家の走狗となり、白派の旗印である市の自主独立を脅かすようになる。そしてシャルルはすでにフランスを進発していた。

こんな時にダンテが政治に首を突っ込んだのはまったく不運というほかはない。コルソ・ドナーティは妻ジェンマの従兄だから、姻戚関係からすれば黒派について当然だが、ドナーティの横柄さに腹を立てていたのか、それとも親友グイード・カヴァルカンティが黒派に暗殺されそうになったことが原因か、ともかくダンテは白派に投ずる。

政界に出た時は三十歳、一二九五年だが、当初は目立たぬ存在である。チェルキが政権を握り、両派の妥協の余地がなくなって行くにつれて頭角をあらわしたところを見れば、ダンテはかなりの鷹派だったに相違ない。その方がかれの性格にも合っている。一三〇〇年正月には、大使としてサンジミニャーノへ派遣されている。この小さな美しい町の市庁舎会議室には、大詩人の来訪を記念する銘文が今も掲げてあり、ダンテはこの町で最初の成功を収めたとあるが、実は使節の目的を果すことができなかったのである。

この失敗にもかかわらず、同年六月十五日、総務（プリオリ）に選出される。これは選挙で選ばれる最高の役職で、任期は二ヵ月。そしてこの二ヵ月のあいだにたいへんな事が起った。服属都市ピストイアの黒派が皆殺しにされたのである。流された大量の血がどこまでダンテの指示によるものか明らかではないにしても、この事件に重大な責任があったことは確かだ。こうなれば、ますます鷹派的性格を強めざるを得ない。ともかくダンテは高い代償を支払うことになる。

この事件のあと、教皇はフィレンツェ全市を破門、シャルル・ド・ヴァロアは城門に迫り、ダンテは両者の憎しみの的となる。この時、ダンテは教皇のもとへ使いして和平交渉に当ったと、ディーノ・コンパーニが述べているが、非常に疑わしい。ボッカチオによれば、使節行を要請されたダンテが、困惑したようすで、「もし私が行けば、だれが残るのか。またもし私が残れば、だれが行くのか」と反問したそうだ。いかにもダンテらしい自恃（じじ）の強さだが、だれが見てもかれは和平交渉の適材には見えなかったろうから、この話も信じられない。ダンテとボニファティウスの対決がもし実現していたらと考えると、どんな伝記作者でも胸がわくわくするだろうから、そのせいでコンパーニ説が歴史に残ったのであろう。ともかくも、フィレンツェ政府と教皇の和平交渉は決裂した。

フィレンツェは精兵数千を擁していたのに、わずか数百のヴァロア騎士団に降伏した。コルソ・ドナーティは黒派のゲバルト部隊を率いて帰国、さっそく粛清を開始する。ダンテは最初に死刑を宣告された九人のうちの一人だった。宣告の日付は一三〇二年一月二十七日、フィレンツェの文書館に行けば今もその正文を見ることができる。ダンテは異母弟フランチェスコに付き添われてすでに町を後にしていたから、この刑は執行されずに済んだ。代りに家屋に懲罰が下された。フィレンツェの慣習で、大法官の検分のもと、人夫たちがつるはしを振るって建物を完全に破壊するのである。ジェンマ夫人も涙ながらにこの場に立ち会っていたに違いない。

ダンテの流浪が始まる。足どりを完全に追うことはできないが、まずアレッツォへ逃れたことは確実で、この白派の巣窟で他の亡命者とともに、故国への武力進撃計画に耽った。作戦指揮をスカルベッタ・オルデラッフィに委ねたのは、ほかならぬダンテ自身だったが、この計画はみじめな失敗に終る。こののちダンテは亡命者仲間を「よこしまで愚鈍な連中」と罵り、「一人一党」を宣言した。孤独、狷介、独善のかれの性格からすれば自然の成行きだが、以後の全生涯、ダンテは一匹狼の道をたどることになる。

孤立したダンテは北に旅立ち、ヴェローナの独裁者バルトロメオ・デラ・スカーラ（あるいはその子アルボイーノ）の客となる。鄭重に宮廷に迎えられたダンテは、その恩義に報いるため、スカーラ家の使節として何度か他の町へ外交交渉に出かけている。そのひとつのパドヴァで、アヌンツィアータ教会の壁画を描きに来ていたジョットと会い、旧交を温めたこともある。

ヴェローナのつぎはルニジアーナで、マラスピーナ家の客となる。この時代、ダンテのような亡命政治家は概して好遇を受けた。だれの身にもいつ亡命の悲運が見舞うか知れぬ時勢だったから、客人を尊重するというルールは守らねばならぬ。その上、聖職者以外に読み書きのできる者が稀な時代だから、一定の教養をもった亡命者は実際の役にも立つ。ダンテはマラスピーナ家のためにも外交使節として働いている。

『神曲』草稿にかんする逸話はこの時期のことである。ボッカチオの伝えるところによれば、ジェンマ夫人は、打壊しの前に家を片付けていた時、文箱の中に夫の詩稿を見つけ、何気なく取りのけておいた。のちにそれをディーノ・フレスコバルディが見て感嘆し、ぜひこの稿を続けたまえという手紙を添えて、ルニジアーナのダンテに送り届けた。それが『神曲』地獄篇冒頭の七歌だったという。

失われたものと諦めていた原稿が届いて、さぞ喜んだろうが、すぐに稿をつぐことはできなかった。グイーディ・ディ・ダヴァドーラ伯の招きに応じてカセンティーノへ行かねばならなかったからだ。この伯爵家とアリギエーリ家とは、曽祖父カッチアグイーダのころからの友達づき合いで、気安い間柄だったようだが、ダンテはここで一人の「美しい悪女」との破滅的な恋に陥る。その経緯も女の名も分らぬが、この悪女が四十歳を越えた詩人を思うさま翻弄したことは確かである。

ここでダンテの足どりが消える。ヴィラーニとボッカチオはパリにいたと言っているが、ダンテの子ヤコポは、父にかんする伝記的ノートの中で、パリ旅行のことは一言も述べていない。一八八一年、フランスのある学者が、モンペリエの文書館で、「花」と題するイタリア語の詩稿を見つけた。詩の中味はポルノ的なフランス歌謡の焼直しに過ぎなかったが、問題はそれにドゥランテという署名があったことだ。これは言うまでもなくダンテの本名だから、もしこの詩稿の筆者がダンテその人であるとすれば、かれがフランスに滞在したことは確実である。しかし、そんないかがわしいものをダンテが書くはずはないと、ダンテ学者たちは怒りをこめて否定を繰り返した。だが、カセンティーノ滞在期の作品には、かなりきわどい内容のソネットもあるのだから、あながち頭から否定し去るわけにも行くまいと思う。

一三〇八年、ダンテはトスカーナにもどって再び政治に没頭している。皇帝ハインリヒ七世のイタリア遠征が、かれを政治活動の世界に呼びもどしたのである。先に述べたようにハインリヒの企図は実現不可能な夢想だったが、ダンテは熱狂してのめり込み、赦免の最後のチャンスを棒に振る。「イタリアのすべての王侯君主、都市、人民にたいして」荘重な書簡を書いて皇帝への服従を説き、直接拝謁してその書を捧呈するため、わざわざミラノへ出向いた。ハインリヒはダンテが何者か知らなかったろうし、どういう資格でイタリア国民を代表して語るのかさっぱり分らなかったに違いない。この国民はまもなく皇帝に従う気などさらさらないことを示した。中でもいちばん悪質なのが、ダンテの同胞たるフィレンツェ市民である。

「悪辣きわまるフィレンツェ人」に宛ててダンテは第二の書簡を書き、死と破壊の劫罰が汝らの頭上に下るようにと呪詛する一方、皇帝に第三の書簡を送り、不届きしごくなフィレンツェの町に無条件降伏を強い、市民を殺戮し、市街を灰燼に帰するよう勧めた。

その手紙を皇帝は多分読まなかったろうが、フィレンツェ市民は確かに読んだ。その効果はてきめんで、まもなく発表された恩赦のリストから、ダンテの名は外されていた。もはや皇帝の武力以外にたのむところはなくなったがそれも弱体、そのうえ皇帝自身があえなく病没する。希望の燈はすべて消えた。

「ダンテは余生を貧窮のうちに過し、君主豪族の援助を求めてロンバルディーア、トスカーナ、ロマーニャを転々とした」と、ダンテ伝の著者の中でもっとも信用のおけるブルーニは、淡々と述べている。残念ながらこれに付け加えることはあまり多くない。

最初に援助の手をさしのべたのはヴェローナのカングランデ・デラ・スカーラ、この時代のもっとも目ざましい専制君主の一人で、その宮廷は華麗な雰囲気に溢れ、亡命者にも広く門戸が開かれていたが、社交の苦手なダンテには、ここの派手な空気が合わず、自宅に籠居することが多かったようである。このころフィレンツェから、前非を悔いて赦免を乞えば祖国帰還を認めようと誘いがかかったが、ダンテは憤然とこれを蹴る。この時の拒絶の手紙と称するものが今も残っているが、果してかれの手に成るものか、大いに疑わしい。そんな誘いには返事もしなかったのではあるまいか。ともかくその拒絶の結果、息子たちまで追放の憂き目に会い、ヴェローナへ移って来た。

ヴェローナを去った時期も理由も定かでない。ずっとのち、ペトラルカがこの町を訪れた時、カングランデがダンテを虐待し、辱めて笑いものにしていたという話を耳にしているが、根のない噂だろう。詩人がヴェローナの君主に終生変らず感謝し、その恩義を忘れなかったことは、『神曲』を読めば明らかである。ダンテの人物も作品もヴェローナではあまり人気がなかったのでそんな噂が出たのかも知れぬ。人柄がともかく社交的でないし、人に好かれようという気もなかったろう。大学に講座を持ちたかったのだが、それも果せなかった。

それやこれやで嫌気がさしていたところへ、グイード・ノヴェッロ・ダ・ポレンタの招きがあったので、渡りに舟とラヴェンナへ移ることになったのではなかろうか。このグイードも十四世紀型専制君主の一人で、暴力と策略を駆使して自治都市民主制を転覆し、独裁権力を築いたが、カングランデのような派手さを好まず、慎重かつ陰険に権力の維持拡大を図り、政権の座が安泰になったと見ると、「文化」に改宗した。その館はスカーラ家よりずっと質素だが快適で、蔵書も充実していた。自身も詩を作ったが、文法に忠実なだけで、味もそっけもない。

ヴェローナ時代に使節としてラヴェンナに来たことがあったから、ダンテはグイードとすでに面識があったのかも知れぬ。またこのころすでに『地獄篇』は発表されていて知識層にはよく知られていたから、その一節がグイードの耳に入って、作者に興味を持つようになったのかも知れない。この君主はフランチェスカ・ダ・リミニの甥に当るので、ダンテが彼女を愛情こめて歌いあげたことを、多分感謝していただろう。

ともかくダンテはラヴェンナに移り、この町の大学(ストゥディオ)で修辞学を担当することとなる。宮廷に鄭重に迎えられたから、怒りっぽい性格もいくぶんは柔らいだようだ。それに、遠い昔の栄光の記憶の中に閉ざされたラヴェンナの静謐(せいひつ)の美が、何よりもかれの心を慰めたに違いない。この墓場のような町のどこに居を定めたのかは分らぬが、埋葬の場所から推して、フランチェスコ会の僧院の近所だったのだろう。息子のピエロとヤコポ、娘のアントニアもまもなくラヴェンナに引き移り、暖かい家庭を作った。

この町での晩年は、波瀾に充ちたダンテの生涯のうちでもっとも静かな時期であり、文学者としてはもっとも多産な時期だったと思われる。グイードは礼を尽して詩人を遇し、友人にも恵まれた。近郊の美しい松林に友と連れだって散策を楽しみ、ビザンチン様式の典雅な教会堂の前に立って時の移るのを忘れ、折々は宮廷に出仕して友情溢れる会話を交す。グイードは詩作を妨げぬよう気を遣ってくれて、つまらぬ用事を押しつけたりはしなかったが、よほど重要な用件があれば、ダンテに使節行を依頼した。ヴェネツィア行きもそのひとつで、両都市間の戦争に発展しかねない厄介な係争を解決するためだったが、ダンテがその使命を果し得たかどうか分らない。ヴェネツィアで病に倒れ、死期を悟って急拠帰途についたからである。高熱に浮かされてうわごとが絶えず、ラヴェンナに着いた時はすでに危篤、枕頭に集まった子供や友人の顔を見分けられたかどうか。急性のマラリアだったと思われる。

一三二一年九月十三日深更、ダンテは息を引きとった。

ダンテの死は、当時のイタリアでは、大事件ではなかった。たとえばジョヴァンニ・デル・ヴィルジリオのような凡庸なラテン語作家の方がダンテよりずっと有名で、ずっと多くの尊敬を集めていたし、詩壇でも、桂冠を受けてボローニャ名誉市民に推されたグイード・グイニッツェリの方が、ダンテより一段まさると思われていた。ダンテの偉大さを最初に正しく評価したのは、ボッカチオの功績である。

ダンテは才にまかせて書き飛ばす人ではなかったから、寡作である。処女作は十八から二十九歳の時期に書いた『新生』で、清新体の手法に従いつつ、すばらしいイメージを連ねてベアトリーチェへの愛を述べた詩物語である。『カンツォニエーレ』はそれとほぼ同時期の詩を集めたもので、『新生』よりは分りやすく読みやすい。論文の処女作は『饗宴』で、亡命生活初期の作品、各地の宮廷で学者としての信用を得るために書いたものと思われる。最初の構想は全十五章、当時の全知識を体系づけようという野心的な意図であったが、多分作者自身が退屈してしまったのだろう。幸いにも全三章に縮めてくれた。

論文としては『俗語論』の方が重要で、未完成ではあるが、初めてイタリア語を学問的に考察した著作である。言語学の見地からすれば粗雑で、世界の言語が多種多様なのを説明するためにバベルの塔の神話を持ち出したりするが、こうした無邪気な無知と並んで、鋭い洞察力をも発揮している。この著の中でダンテは、ラテン語がすでに死語と化したことを明確に認める一方、「俗語」すなわち話し言葉が正しく彫琢されずに各地の方言のままに終る危険を、強く懸念している。俗語を美しく力強い「国語」に高めるためには、国民的統一を体現する宮廷が必要だとダンテは考えている。結局イタリアにはこのような宮廷は形成されず、ダンテの懸念は適中したわけである。

ハインリヒ七世に捧げた『帝政論』は、皇帝権復興の主張を哲学的・法学的に基礎づけようとする論文だが、この中でダンテは、精神権力と世俗権力を教皇と皇帝が仲よく分け持つことを夢想している。こうした中世思想への回帰は現実には不可能だったから、『帝政論』のダンテは、懐古趣味の文人としか見えない。

ダンテはその五十六年の生涯に、友情を維持するために——友情をぶちこわす方が多かったろうが——数百通の書簡を書いたに違いないが、現在残っているのは十三通である。レオナルド・ブルーニは他にも多くの手紙を見ており、「細長い、非常にきちょうめんな」字体であると言っている。

他の著述としては、『牧歌集』と『水陸論』がある。前者はジョヴァンニ・デル・ヴィルジリオと取り交した牧歌を集めたもので、出来ばえは凡庸である。後者はダンテの科学にたいする関心と無知を現わしたものだが、その時代に共通する無知なのであって、ダンテ一人が特に科学的知識に欠けていたわけではない。

ここまでの作品だけで、グイード・カヴァルカンティと同列に置くに充分だが、ダンテには畢生の大作『神曲』がある。制作年代はつまびらかでないが、一三〇〇年の聖年祭の時ローマで想を得たのであろう。冒頭の一句「我が生の道の半ば」というのが三十五歳を意味するとすれば、かれは一三〇〇年にまさしく三十五歳だったのである。もっとも、想を得てすぐに筆を下したと考えるのは早計で、その想が徐々に形をとっていったとする方が妥当だろうが、『神曲』を読めば、長いあいだ温めていた構想が一気に詩句となって奔（ほとばし）り出たという感じがする。ボッカチオの伝える挿話では、冒頭の七歌はフィレンツェ時代にすでに書かれていたことになるが、主要部を書き下したのはヴェローナ時代からラヴェンナ時代にかけてではなかろうか。全篇を通じて、人間の審判に納得せず神の審判に望みをかける被迫害者の絶望が一貫して流れているところを見れば、少なくとも『神曲』は亡命生活の中で書かれたと考えるべきだろう。

もちろんこの大作の梗概をここで述べることはできないが、がっちりした建築的な構成の見事さには、誰しも感嘆せずにはいられまい。最初はラテン語で書く意図があったとボッカチオは断定しているが、そんなことはダンテの文学上の信条に反するし、その上かれはラテン語が不得手だったのだから、その話は信じられない。

『神曲』の内容は、彼岸の世界への驚異に満ちた旅であって、地獄、煉獄、天国の三部に分れ、それぞれ三十三歌、序に当る一歌と合わせて全百歌となる。各歌は三行韻(テルツィーネ)の連鎖で綴られ、一行十一音節、第一行は第三行と韻を踏み、第二行はつぎの三行韻の第一行目と韻を合わせてある。

『神曲』の構成を細部まできちんときめた「設計図」があったわけではなかろうが、ダンテはジョットやアルノルフォの同時代人であり、これらの大建築家と同じく均衡と比例に基づいて詩想を構築しようとしたのであった。かれは詩の技法を完璧に身につけており、三部のそれぞれの最終行を「星々(ステッレ)」という語でぴったりおさめるくらいの芸当は朝飯前だったから、この企てに見事に成功した。ある詩想をどう表現すべきかで苦吟したことはある、しかし韻の踏み方に苦しんだことは一度もないと、ダンテ自身が述べている。

彼岸への旅というテーマは、中世では珍しくなく、アラブ系の物語類の影響で数多く作られている。ダンテもそれを踏襲したわけだが、かれにしかないもの、すなわち「詩(ポエジア)」をそこに付け加えた。とはいえ、『神曲』一万五千行のことごとくに「詩」が充溢していると言えばうそになる。時に横道にそれ、時にはあくびを誘う。しかしこれより豊かでこれより崇高な作品を、かつてどんな詩人も書いたことがない。

哲学者としてのダンテは読者の微苦笑を誘う。神学者を自任するかれは、キリスト教思想の一種の「概論」を書いているつもりなのだが、思想史的には時代に遅れていると言わざるを得ない。十四世紀初頭の知識人は、アベラールによってフランスに生まれ、聖トマスによってイタリアに普及した新しい合理主義の思潮を、多少なりとも消化していたが、ダンテときたらまったく中世的である。かれは中世の迷信と恐怖を捨て得なかった。世界を大いなる謎と観じ、その謎を解く鍵を神のみ持ち給うとする中世の世界観を、捨て得なかった。祖国を追われた一三〇〇年で、かれの時計は止っている。それ以後は、自己と過去との中にのめり込み、追憶にのみ生き、想いはいつもフィレンツェ——ボニファティウス八世——コルソ・ドナーティ——ヴィエーリ・チェルキ——グイード・カヴァルカンティ——ベアトリーチェと循環し続ける。この泉から汲む時かれの詩は崇高となり、祈りにも悪罵にもひとしくその詩は流れる。尊大、独善、感情過多などダンテの性格的な欠点すら、その詩人としての偉大さを支える条件と化す。

ダンテをイタリア国民統一の先覚者に仕立てあげるのはばかげている。政治的には、皇帝権による世界統一という不可能事を夢みる反動分子に過ぎなかったからだ。しかしかれは、国民統一の最大の武器をイタリア人に与えた。すなわちイタリア語である。ラテン語をあやつるどうしようもない修辞家にみちみちていたイタリアで、「俗語」が高貴なものとなったのは、まったくダンテのおかげである。だからこの一事だけで、「祖国の父」と讃えるに充分なのである。

8　バビロニア捕囚

一三〇五年、カトリック教皇庁はローマから南仏アヴィニョンに移った。ローマは治安も風紀も乱れきっている、こう言って時の教皇クレメンス五世は移転を正当化した。まったくその通りだったが、アヴィニョンの方がましだということにはならない。教皇庁が置かれればどこでも、教会を意のままに動かそうとか、都合よく利用しようとか考える狼のような連中がたちまち群らがり、徒党を組んでいがみ合い、暴力、財力、知力のありたけを傾けて争い合うのが常だったからである。事実は、クレメンスも枢機卿の多くもフランス人で、自国の王の意志に抗し得なかったまでだ。ローマよりアヴィニョンの方がましだと考えたわけではない。だから、アヴィニョン時代を「バビロニア捕囚」と呼び、その時代の教皇を「囚われ人」と見なしても、あながち見当はずれとは言えまい。

小心翼々と苦悩し続けたクレメンスのあとを継いだのは、事業家肌のヨハネス二十二世で、カトリック教会を一大会社と見なしていたが、その限りにおいてはなかなかの名社長だったと言える。かれの代に、教皇庁の金庫にはうなるほど金がたまった。しかし、宗教人ないし神学者としては、いささか光彩に欠ける。聖母の神性にかんする議論に口を出し、マリア様だって最後の審判を受けなければ天国に入れないと断言したからたいへんだ。これよりずっと軽微な不敬の罪で火あぶりになった人がたくさんいた時代である。ヨハネスは教皇である上に九十歳の高齢だったから火あぶりは免れたが、嵐のような抗議を受け、ヴァンセンヌの司教会議は教皇の言明を異端と判定する。幸いまもなくあの世へ行ったので、それ以上の恥をかかなくて済んだ。

ヨハネス二十二世は、教皇庁の財政をゆたかにするために高位聖職を競売したから、教会の風紀はひどく乱れた。つぎの教皇ベネディクトゥス十二世はこの弊風を一掃しようと決意、陰の実力者封じ込めと賄賂根絶の闘争を敢行したから、はなはだ不人気で、一三四二年、まだそれほどの年でもないのに逝去すると、悪弊になじんでいた高僧たちは安堵の吐息をつき、今度は袖の下と派閥尊重の古き良き習慣を守る人を教皇に選出しようということで、異議なく一致した。

こうして選ばれたクレメンス六世は生まれも育ちもフランスの大貴族で、教皇になったからといって殿様ふうの豪奢な生活を捨てる気はないとうそぶく。今や教会にはたっぷり銭があるんだ、皆でそれをうまく使えばいい。教皇を訪問した聖職者は十万人を下らぬが、一人として手ぶらで帰った者はないという。俗人にも気前よく、特に芸術家、詩人、婦人を歓迎、教皇宮廷への自由な出入りを許した。馬の飼育にかけては名人の域に達していたから、馬も宮廷に出入りした。教皇さまも仔馬の世話と同じほど聖者研究に熱を上げておられたら、さぞ立派な神学者になられたことだろうにと、口さがない連中が噂した。ともかく、クレメンス六世は、美丈夫で好紳士で気前も物分りもよく、それに教会の人事をチュレンヌ伯爵夫人に一任するほど女性を尊重したから、ペトラルカが賞め讃えたのも当然である。この伯爵夫人は教会の要職を途方もない金額で売りさばいた。

クレメンス六世はまた教会の組織整備と美化にも尽力した。カトリック教会の管理体制と官僚機構が完成したのはかれの代である。前教皇が手をつけていた教皇館造営も、かれの代になって規模壮大となった。最初に目をつけていたジョットが死んだので、その代りにシモーネ・マルティーニを呼び寄せ、新教皇館の装飾を委ねた。シモーネはここにいくつか壁画を描き、フランス美術に大きな影響を与えたが、その中に、天使と聖母にはさまれて、ペトラルカの永遠の恋人ラウラが美しい絵姿を見せていた。

こうして派手に使ったから、せっかくヨハネスが一杯にした教皇庁の金庫もすっかり乾上がり、新たに租税措置を講じなければならなくなったが、見通しは暗かった。アヴィニヨン移転以来、イタリアからの税収はほとんど無に近くなっていたが、こんなに遠くなっては、うまい手段も見当らない。フランスとイギリスは百年戦争という死闘に突入しており、戦費にすべてをかき集め、聖職者には泣くための目しか残さない。ドイツの聖職者はフランス語でしゃべる教皇庁に敵意すら感じている。こんな状況の中で、前教皇も前々教皇も、すでに打てる手はすべて打っていた。

新任の司教や修道院長は、収入の三分の一を教皇に差し出さなければならない。大司教になると、大司教帯（パリウム）のお墨付を教皇から戴くために、莫大な謝礼を払うことになっている。新教皇が選ばれると、すべての聖職者から一年分の聖職禄を徴収することができる。また、枢機卿、司教、修道院長が死ぬと、その個人財産は教皇庁の所有に帰し、さらに後任が決るまでの期間の職禄はすべて教皇庁の金庫に入ることになっていたから、後任の決定はひどく遅れるのが常であった。その上、新任者は前任者の負債をすべて肩代りする義務がある。権利を守るために教会の裁判に訴えれば、気が遠くなるほど巨額の訴訟費用を払わされ、裁判で勝っても、泣き寝入りするより高くつく始末である。

アヴィニョンにたいする不満は、モラルの頽廃よりもむしろ、この苛酷な税制に起因していた。「教皇庁へ来るといつも、聖職者が銭勘定をしているのにぶつかる。……狼どもが教会を手中に収めて、羊の群れの血をすすっているのだ」。アルバーロ・ペラヨは『教会のなげき』という文章の中でこう述べている。ドイツでは、聖職者会議が十分の一税不払いを決議し、民衆は怒りにまかせて徴税吏に暴行を加える。イギリス議会は教皇の徴税と貨幣の流出を禁ずる法案を可決する。この空気のなかで、激烈な抗議の声があがるのは当然で、教会の悪弊だけでなく、教会の存在そのものが、批判にさらされるようになった。

教会を否定し、純粋な福音の源に帰ろうとする反逆の叫びは、かつて絶えたことがなかった。とくにここ二百年のあいだには、カタリ派、ワルド派、パタリン派の異端運動となって爆発している。これを弾圧するために異端審問所が設けられたが、どんな迫害もこの反逆を根絶することはできなかった。拷問、火刑、虐殺によって破壊できるのは組織のみ、思想は生き残り、死灰の下に息づいていた。

十四世紀初め、またしても異端の教えが拡まる。その指導者はノヴァーラの修道士ドルチーノで、教皇庁の腐敗を火を吐く弁舌で糾弾、四世紀以後真にキリスト教徒の名に値する教皇はケレスティヌス五世だけだと断定し、他の教皇はすべて、真のキリスト教徒でなかったからこそ教皇座につけたのだと極論した。妹と称する美女マルゲリータとともに、ドルチーノはパルマに「使徒兄弟団」を創設、カトリック教会から分離する。この教団は男女とも会員になることができ、結婚も許されたが、非常にきびしい貞潔が要求された。

教皇は異端審問にかけることを命じたが、反逆者たちは出頭を拒否、武器を携えてアルプス山中に籠る。異端審問官の指揮する傭兵部隊が出動して山を包囲。里へ出る道を断たれたドルチーノとその教団員は、草、木の実、馬、鼠を食べて飢えをひさぎ、遂に降伏を肯(がえん)じなかった。最後の突撃で千名が死に、他は捕われて火刑場に送られる。苦難にやつれていてもマルゲリータはなお非常に美しかったから、教皇軍の将の一人が、転向すれば命を助け我が妻に迎えようと申し出たほどである。彼女はこれを断わって火刑台に登った。

ドルチーノとその一の弟子ロンジーノは、荷車に乗せられてヴェルチェッリの町を引き廻され、刑吏は二人の肉を灼熱した鉄鋏で少しずつ裂きちぎり、お祭り騒ぎの群衆にその肉片を拾わせた。

カトリック教会は今度もまた、異端から身を守るために、聖者を見出す。教会が深刻な危機に見舞われた時はいつもそうで、聖フランチェスコ、聖ドメニコ、聖トマスが登場したのも、ワルド派、カタリ派、パタリン派の異端運動が燃えさかっていた時期であった。決して偶然の一致ではない。聖者と異端者とは共通の苦悩から発想し、共通の希望を体現しているから、聖者はごりごりの正統派よりはるかに異端者によく似ているのである。

シエナのカテリーナは、紙一重の差で異端者マルゲリータの運命を免れ、聖者に列せられた。イタリアでもっとも中世的な町シエナは、古い城壁に囲まれて、永久に変らぬ姿をたもっている。ロレンツォ・マイターニ、アンドレア・ピサーノ、ドゥッチオ・ディ・ブオニンセーニャ、シモーネ・マルティーニら、シエナの建築家や画家は、静かに澄みきった絶対の美をこの町に賦与した。どんな芸術家も指一本触れられなかったほど絶対の美だ。疑うものは市庁舎前のカンポの広場を見よ。その周囲に立ち並ぶ古雅な館を、蒼空にそそり立つマンジアの塔を見よ。これは単なる中央広場ではない。一つの宇宙、一つの文明だ。そしてここでは、数百年前に時間が停っている。聖女カテリーナが生まれたころ、この町には、神秘主義と熱狂にどっぷり浸った宗教精神がまだ生きていた。

その精神を彼女は体現していた。十五歳の時、ドメニコ修道会の第三会員、すなわち修道院に入らない在俗会員となる。両親は娘が出家することを恐れて、掃除、洗濯、薪運びなど、すべての家事労働を押しつけたが、この娘は喜々として仕事に励み、夜の至福の当然の代償と考えていた。彼女の部屋は今も残っているが、狭くて僧房のように質素である。ここでカテリーナは、信仰の恍惚に顫え、神秘的な霊夢を見たのである。イエスをはりつけにした釘がそのまま我が身を貫くのを感じて随喜の涙に咽び、我が妻よと呼び給うイエスの御声を聞いて感激に打ち顫えた。信仰の力でこの世の誘惑にうち勝てるという自信ができた時、敢然と巷に出て、困っている人を助け、悲しんでいる人を慰めることに全身全霊を打ち込む。札付きの悪人や不信仰者さえおとなしく耳を傾けたというから、どこか抗し難い魅力があったに違いない。疫病が発生すると看護に献身し、自分も天然痘に感染してひどいあばた面になった。

聖女の盛名はシエナの外にも拡まった。モンテプルチアーノは自市の党派闘争をおさめるために彼女を招き、ピサとルッカもたびたび意見を聞きに来た。フィレンツェは、アヴィニョンへの使節行を依頼した。カテリーナはこの依頼に応じてアヴィニョンの土を踏んだが、たちまち嫌悪と絶望に襲われ、教皇グレゴリウス十一世に向かって教皇庁の腐敗堕落をはげしく非難した。「ここは地獄の臭いがいたします！」心激するままに彼女は叫んだ。居合わせた枢機卿は、この不敬な女を逮捕せよと迫ったが、教皇はかれらより賢かったから、カテリーナを咎めなかった。もし時の教皇がボニファティウス八世だったら、修道士ドルチーノの妹と同じく、異端者として果てていたことだろう。反逆の動機は双方に共通していたからである。

シエナの自分の部屋に無事もどったカテリーナは、情熱と絶望に満ちた手紙をつぎつぎと発表して、宗教界を揺るがせる。読み書きができなかったから口述筆記だったが、単純素朴な言葉を連ねたその手紙には、どんなに鈍い読者にも尊敬と悔悟の気を起させるほど、激しい信仰の火が燃えていた。その情熱的な訴えの文章には、「宗教改革（リフォルマ）」という予言的な言葉が、繰り返し用いられている。もはや監房のような小部屋から外へ出なくなったが、彼女はそこから教皇、枢機卿、司教、王侯を震撼させたのである。苦行に励むあまり、聖餅以外にどんな食物も口にしなくなっても、改革への情熱は衰えなかったが、教会の分裂が命取りになった。一三八〇年、聖女カテリーナは絶望のうちに三十三年の短い生涯を終えた。

9　コーラ・ディ・リエンツォ

教皇庁移転とともに、ローマの財源も消え失せてしまった。管理や運用がいかにまずかったにせよ、カトリック教会は全ヨーロッパから膨大な金額を吸い上げていたのである。その金は学校、病院、道路などには変らなかったが、慈善や賄賂に使われ、市民の懐をうるおしていた。今やこの収入が無に帰し、それと同時にもう一つの財源、すなわち観光収入も消えてしまった。もはや何の首都でもなくなった町に観光客は来ないのである。ローマはみるみる衰えた。教皇の宮廷は、確かにローマ腐敗の源ではあったが、富の源でもあり、この町の文化の担い手でもあったのだ。それがそっくりアヴィニョンへ行ってしまうと、残るのは横暴な門閥貴族とぼろを着た細民だけである。舗道ひとつ修理するにも、資金も技術もない。ラテラーノ宮の火事は、皆が手を束ねて見ているうちに、巨大な建物を半焼してしまった。消防士がいなかったのである。

ラツィオ、ウンブリア、マルケ、エミリア、ロマーニャに及ぶ広大な教皇領も解体の一途を辿った。マラテスタ、オルデラッフィ、モンテフェルトロ、ヴァラーノ、トリンチなど、教皇の名において統治に当っていた小領主たちは、教皇が遠くに去ったのをいいことに、独立性を強めている。ローマには執政や元老院議員が残って、伝統と格式を鼻にかけているが、溝を直すだけの力もない。

教皇の帰還をうながすために、ローマから次々と使者が送られたが、ヨハネスもクレメンスもフランス人で、自国の方がずっと居心地がよかったから、いい返事はしない。そのうえ大多数の枢機卿がフランス人で、教会よりも自国の王に忠誠を尽していたから、たとえ教皇がローマに帰りたいと思ったとしても、実現は不可能だった。

これを恨んだローマは、皇帝ルードヴィヒ四世を熱烈に歓迎して意趣返しをする。一三二七年、皇帝はイタリアに遠征、ミラノでイタリア王冠、ローマで神聖ローマ皇帝冠を戴いたが、アヴィニョンの教皇は皇帝を破門する。ルードヴィヒ四世はハインリヒ七世と同じく、兵力にも財力にも乏しかったが、ヴィスコンティ、デラ・スカーラ、カストラカーニら有力君主が資金を提供した。金も兵士もないローマは、拍手喝采と名誉称号を大盤ぶるまいした。皇帝はサンピエトロ広場の大群集の前で、「教皇ヨハネス二十二世を僭称する反キリスト者ヤコポ・ダ・カオールの廃位」を宣言させ、修道士ピエトロ・ダ・コルヴァーラを教皇ニコラウス五世として即位させた。

いつもの空騒ぎだった。南からアンジュー家のロベルト王が攻め寄せて来ると聞くと、ローマ市民はにわかにルードヴィヒの帝冠とニコラウスの教皇冠の合法性に疑問を抱き始めた。ロベルト軍が接近するにつれてこの疑問はますます強まり、ドイツ軍があわてて撤退するのを見るや、アヴィニョンのヨハネス二十二世こそ真の教皇だと確信するに至る。偽教皇に転落したニコラウスは、皇帝派(ギベリン)の伝統をあてにしてピサへ逃げ込んだが、ピサ市民はかれを逮捕してアヴィニョンへ送った。事業家肌で聖職売りの常習犯だった教皇ヨハネスは、あまり信仰が深くなかったから、無力となった偽教皇をそれほど憎まず、自己批判を要求するにとどめた。哀れなニコラウスは自己の罪を認め、心から悔悟すると言い、教皇館の一室で安穏に余生を過した。

その後、皇帝ルードヴィヒはイタリアに再び進攻、掠奪を避けるために冥加金を出せと諸市を恐喝し、集めた金貨をちゃらちゃらならしながら、アルプスの彼方に引き揚げて行った。これにはだれもが呆(あき)れ果て、皇帝自身も皇帝称号も、信用は地に墜ちた。

ローマの衰亡は続き、誇り高い永遠の都も今は一村落と変りない状態におちぶれようとしていた。

一三四三年、お偉方に愛想を尽かしたローマの民衆は、自分たちの代表をアヴィニョンに派遣しようと決意した。選ばれたのはまだ若い公証人ニコラ・ディ・リエンツォ・カブリーニ、通称コーラである。料理屋の亭主と洗濯女のあいだに生まれ、川向う(トラステヴェレ)のもっともプロレタリア的な環境に育ったから、過去の栄光と現在の悲惨のギャップに悩む無知な庶民の反逆心を身につけていた。典型的なイタリア式煽動家で、自分で自分の言葉に酔い、煽動の言葉を自分で信じ込み、現実感覚と節度はどこかへ飛び去ってしまうのだ。

コーラはアヴィニョンに着くとまっ先にペトラルカを訪れた。この大詩人は教皇庁で評判がよく、大きな影響力を持っていたが、政治にかかわることを一貫して避けてきた。ところがコーラは、ローマについて、帝国と皇帝と栄光について、また凱旋門と円柱と鷲の紋章について滔々と弁じ、詩人の心をすっかり魅惑してしまったのだ。その二年前、ペトラルカはローマを訪れていた。カンピドリオの丘で桂冠を受け、永遠の都の荒廃に涙し、復興を声高く叫んだのであった。その時のかれと同じ言葉で語るコーラを見て、これこそ我が夢を実現する男だと思い込み、無条件で支持する気になったのである。

ヨハネス二十二世は今は亡く、教皇座にはクレメンス六世がついていたが、ローマの護民官と称するコーラを、慈父のような態度で迎えてくれた。もっともこの教皇は、大領主であると同時に大懐疑家でもあったから、この男がとんでもない妄想狂であることをすぐに見抜いてしまったが、ローマ貴族を弾劾するその弁舌に、機嫌よく耳を傾けていた。のみならず、貴族の横暴に対して抵抗を組織するよう、コーラを激励しさえしたのである。その上、訪問者を決して空手で帰さぬという主義を今度もたがえず、ヨハネスの貯め込んだ金貨をたっぷりお土産にくれた。

教皇から金貨と祝福をいただいて有頂天になったコーラは、ローマに帰るとさっそく行動に移った。剣の模様を刺繡した奇妙な頭巾をかぶり、元老院ふうの白いトーガを着て、一三四七年の降誕祭の日に人民議会を召集、市長兼教皇代官及び「神聖ローマ共和国解放者」に推挙される。どんな権限があるのかだれにも分らぬ無意味な称号だったが、コーラはそれを最大限に解釈し、人民軍を編成してその指揮に当り、貴族私兵団撲滅を呼号する。貴族たちは周辺の山塞に引き揚げ、反撃の準備を始めた。

最初のうち、コーラの政治は悪くなかった。税制を正し、裁判を機能させ、ピエトロ・コロンナ公のような有力者でも裁判を受け、有罪となれば投獄された。だが、この成功に酔った護民官コーラは、「キリストの意志による神聖ローマ帝国の復活者」などと自称し、だんだんおかしくなってきた。聖母被昇天祭の日、サンタマリア・マッジョーレ教会で、かれは六つの冠を戴き、世界権力の象徴たる銀球を高く掲げ、いっさいの外国軍の進攻を許さぬと高らかに宣言し、皇帝選挙のために全イタリアの君主をローマに召集すると発表する。もちろん自分が皇帝に選ばれると思っているので、すでに皇帝として振舞い始めていた。騎士に叙任され、威風堂々とラテラーノの洗礼堂へ赴き、コンスタンティヌス大帝が用いたと伝えられる大洗礼盤に、着衣のままざんぶりと浸った。それから白衣に着替え、ラテラーノ聖堂の列柱の間に敷きわらを置き、そこで一夜を明かした。翌朝、イタリアの全都市は自由であると宣言、「ローマ国の都市」と名のることを許可し、剣を抜いて空中に十字を切り、東西南北に向かって「ここは私に属する、ここも私に属する、そしてここも、またここも」と叫んだ。

コーラはまた、金モールつきの絹の制服を創案、白馬にまたがり、百名の武装騎兵に護衛させた。ステファノ・コロンナがそれを見て嘲笑ったというので逮捕させ、鎖につないでカンピドリオの丘に引き立て、人民議会にコロンナ死刑を要請して承認を得たのち、急に気が変って赦免し、その上官職につけようとした。コロンナは逃亡し、狂気の護民官を打倒するために軍勢を糾合する。

ここまで黙って見ていた教皇クレメンス六世は、これ以上狂気の沙汰を続けさせることはできないと見て、「教書」を送ってコーラに引退を命じ、もし拒否するならば三年後の聖年祭のローマでの挙行をとりやめ、以後ローマで聖年祭を行なうことはしないと言った。これを知った貴族たちは軍勢を率いて市の城壁に迫る。護民官は教会の鐘を鳴らさせて民衆を集めようとするが、ほとんどだれもやって来ない。民衆はコーラの弁舌を惨めな生活の慰めとしていたから、なおもかれを支持していたけれども、聖年祭はローマ市民のプライドを満足させる無二の機会であり、観光収入を期待できる唯一の祭典でもあったから、これを失ったらたいへんだと思ったのである。

コーラは遁走するほかなくなり、命からがらドイツへ逃げ込み、時の皇帝カール四世の保護を求めた。全責任はローマの無秩序を放置した教皇にあると訴えるコーラを、皇帝は叱りつけたが、教皇庁の身柄引渡し要求ははねつけた。一年間苦慮を重ねたコーラは、思い切ってアヴィニョンへ向かう。到着するとすぐペトラルカに取りなしをたのんだ。詩人はヴォークリューズの家から動かなかったが、弁護の手紙を書き、コーラこそローマの偉大と栄光の代表であると強調した。

その効果があったかどうかは分らないが、護民官は命を助かり、教皇館の塔に監禁され、聖書を読んで瞑想していればいいことになった。二年後、バロンチェッリという煽動家がローマに現われ、コーラ・ディ・リエンツォの志を継ぐと称して民衆を煽動、貴族勢力を追放し、皇帝の代官を自任する。クレメンスはすでに亡く、後を継いだイノケンティウス六世は、コーラ以外にローマの騒ぎを鎮められる者なしと判断、アルボルノス枢機卿の顧問として、急拠かれをローマに送った。

護民官帰るの報を受けたローマの民衆は、すぐにバロンチェッリを追放した。かれは昨日までコーラを讃え、凱旋門まで建てていたのだが、むだだった。アルボルノス枢機卿は、コーラの人気を徹底的に利用する気で、元老院議員、執政の職に任じた。しかしローマ市民は、カンピドリオの広場に護民官の姿を仰ぎ、その言葉を聞いた時、少しく幻滅を感じた。四十を過ぎたばかりというのに、ぶくぶく肥って肉がたるみ、弁舌も往年のさわやかさを失っていた。一種の自己批判を行ない、若き日の愚行と妄想を断罪し滑稽化する語り口には、才気が感じられぬでもなかったが、あとが全然だめだった。自分自身をネブカドネザル大王に擬して総括し、ローマの七つの丘に皇帝の鷲はもどるであろうと絶叫して演説を終る。今度のコーラは、すぐに警察体制を布き、気に入らぬ者を片端から逮捕し、粗雑な審理でどんどん処刑した。何か機会があればバルコニーに出て、ばら色の希望と破局の予見、はったりと脅迫をないまぜた演説をぶちまくる。

頭がおかしいのではないかと人びとは疑い始めた。もっともそれまでだってコーラはいつでも多少は頭がおかしかったのである。しかし今は、アルコールが脳を冒し始めていた。海綿が水を吸うように酒を飲み、姿も水を吸った海綿に似て来た。「まるで修道院長のような太鼓腹だった」と年代記作者フォルティフィオッカは書いている。コーラ復帰後七十日にして郊外の民衆が反乱を起した。貴族勢力のまいた金と煽動がものを言ったのかも知れない。コーラは今まで通り弁舌で事を鎮めようとしたが、もはやかれの舌から神通力が失われていることを悟ると、羊飼いに変装し、顔を煤で汚して逃亡を計った。しかし、金の腕輪を外し忘れていたため見破られ、殴り倒されて、カンピドリオの丘の麓へ引き出される。そこにはかれの名において斬られた首がいくつも晒されていた。コーラは一言だけ話させてほしいと言ったが、ある職人が、またもやあの弁舌で群集を魔術にかけるのではないかと危惧し、話し始めた瞬間に短刀の一撃を見舞う。群集は我も我もとその例にならった。穴だらけになった屍体は二日間バルコニーに晒された。「いやになるほど肥っていた」とフォルティフィオッカは記している。「牛乳のように白い肌が血にまみれていた。極度の肥満体なので、まるで巨大な野牛か牝牛が屠られたように見えた」。

10　ペトラルカ

一三〇二年、フィレンツェでは、教皇ボニファティウスとヴァロア家の勢力を背景に、黒派が完全に白派を制圧した。この顚末はすでに述べた通りだが、この時亡命の道を選んだ中にペトラッコという人がいて、ダンテ・アリギエーリらとともに、アレッツォへ逃れた。

このペトラッコは中産階級上流に属し、評判の良い公証人で、かなりの資産もあったはずだが、この政変でそのほとんどを失う破目となる。妻はエレッタといい、かれよりずっと若く、しかも新婚早々で、資産よりずっとたいせつだったに違いないが、幸いこの妻はかれと行をともにすることができた。

アレッツォに集結した白派の亡命者たちは、反撃のための政治・軍事組織を作ったが、その中でペトラッコも重要な地位を占めていた。そのうちに、シャルル・ド・ヴァロアはトスカーナを去り、ボニファティウスも没し、新教皇ベネディクトゥス十一世は、白黒両派の調停にのり出す。この和平の気運の中で、ペトラッコは白派の代表者としてフィレンツェに赴いた。

かれは巧みな外交を展開、亡命者の帰還と全面和平の交渉をとりまとめ、サンタ・マリア・ノヴェッラ広場で厳粛な式を挙げ、祝賀の鐘の響く中で、黒派の代表と接吻を交した。だが残念なことに、和平はこの接吻までだった。教皇ベネディクトゥスの急死をいいことに、黒派は掠奪放火で町に騒乱を起し、その責任を白派に押しつけて、弾圧と独裁を強化する。和平の道はとざされ、武力対決以外になくなったが、これも白派指導者の足なみがうまく揃わず、暴走した一部は簡単に粉砕された。

ペトラッコは、自分の外交活動が失敗に終ったこと、祖国復帰の望みがむなしく消えたことを認めざるを得なかった。だがその苦悩を柔らげるかのように、一三〇四年七月二十日、エレッタ夫人は玉のような男児を出産、フランチェスコと名付けられた。ダンテはペトラッコの友人で、当時はまだアレッツォにいたから、産婦にお祝いの言葉を述べ、ゆりかごの嬰児を見たかも知れない。

だがこの子は生まれた町と親しむひまがなかった。生まれて間もなく、一家が故郷のインチーザ・ヴァルダルノへ引き移ったからである。ここで約八年を過し、その間に弟ゲラルドが生まれている。人口数百の小村での少年時代は、かなり野鄙なものだったに違いない。

八歳の時、父に連れられてピサへ行く。白派の最後の望みの綱、皇帝ハインリヒ七世を迎えるためである。亡命者たちはピサに全員集合して皇帝を待っていた。ダンテもいた。六十年後、ボッカチオへの手紙の中で、ペトラルカはその時ダンテを識ったと書いている。だが八歳の子供にダンテの偉大さなど分るよしもないので、ピサの町の方が少年ペトラルカにはずっと印象深かったようだ。海でジェノヴァ、陸でフィレンツェに敗れて、もはやかつての「海の女王」ではなかったが、昔日の栄光に包まれたピサ共和国は、その代償を芸術と文化に求めた。あの壮麗な大聖堂も、有名な斜塔も、ジョットとロレンツェッティが壁画を描きに来た美しい大墓地（カンポ・サント）も、この時代に完成している。法学の権威バルトロ・ディ・サッソフェラート教授を擁するピサ大学もすでに名が響いていた。

ピサ滞在は短かった。皇帝が没すると、白派亡命者団も解散、ダンテはヴェローナに、ペトラッコは妻子を伴って海路アヴィニョンに向かった。移転して間もない教皇庁に職を得たのである。

アヴィニョンの町は、各国から集まって来る何千もの高位聖職者、外交官、要人を収容するには狭すぎたので、ペトラッコ一家は近郊のカルペントラスに住むことになった。ここでフランチェスコは幸福に、かつかなり無知な状態で十五歳まで暮した。この時はまだ、ペトラッコという姓をラテン語ふうにペトラルカと変えようなどとは、夢にも考えていなかったに違いない。

一三一九年、自分の後を継がせるため、ペトラッコは息子に法律学を修めるよう命じ、まずモンペリエ、ついでボローニャの大学に入れた。息子はボローニャで天職を見出した。
ボローニャ大学は、当時ヨーロッパでもっとも評価の高い大学だった。人口五万に充たないこの町に、世界中から一万の学生が集まり、自由で国際的な雰囲気を作り出していた。学生は出身地別（ナツィオーネ）に分れ、組合に組織されていたが、この学生組合は強力そのもので、大学全体の管理運営権を握っていた。僧帽（カプッチオ）をかぶり紫のマントを着た教授たちは、学生組合に宣誓して就職し、組合から給料をもらい、正当な理由なく休講すれば罰金を払い、学生の要望にこたえる講義ができなければ免職になる。このころすでに創立二百年を迎えていたが、この大学の権威と実力は、宗教的束縛に無縁な世俗的性格によって支えられていたのである。ボローニャ大学が創設されたのは、教皇と皇帝の闘争がもっとも激烈な時期だった。皇帝は教会に対抗して自身の管理支配層を養成するために、ボローニャ大学を援助し、その資金をまかなったから、この大学にはおのずから世俗的で自由な学風が形成された。自由はあらゆる進歩の条件であり、とくに文化的進歩の条件である。

　ペトラルカはボローニャのすべてが気に入ったが、法律の勉強だけは好きになれなかった。後年述懐して曰く、弁護士というのは不誠実にやってはいけない職業だが、誠実にやることのできない職業でもある、と。そこで法律の講義を聴くのをやめて文学に転向、当時脚光を浴び始めた古典学にいそしむ。ヴェルギリウス、キケロ、セネカなどの古代ラテン文学は、ペトラルカには雷撃のようなショックだった。それまでもかれのラテン語は練達だったのだが、古典研究によって磨きがかかり、名人の域に達する。このころから本探しにこり始め、洗練された古書蒐集家、文書庫の探険者、つまりヨーロッパ最初の大人文学者（ヒューマニスト）へと成長して行く。

学生時代については他に何も分っていないが、別段のことはなかったようだ。学生仲間の乱痴気騒ぎに加わったはずもなく、酒場はかれを惹かなかった。そういう慰安に耽るにはあまりにも優雅、あまりにも趣味にうるさく、かつあまりにもスノッブであった。なかなかのお洒落で、ちやほやされるのは好きだったが、娼婦からよりも学者から褒めそやされる方が嬉しかったようだ。美男子だったが、官能よりも審美眼に訴えるタイプの美しさであり、冷たい感じではなかったが、情熱に我を忘れるようなことは決してなかった。

母はかれが大学に入る前に死んだ。ペトラルカは優しい面影が忘れられず、最初のラテン語の詩を母に捧げている。一三二六年、父ペトラッコも世を去ったから、法学を勉強しているふりも必要がなくなり、あくびを催すばかりの法律書を安心して抛（なげう）ち、アヴィニョンにもどる。生計を立てるため聖職に入ったが、禄さえ得られればそれ以上の出世や昇進は望まなかった。もっとも、かれほど教養と才智と社交術に恵まれておれば、その時代の知的で享楽的なアヴィニョンの上流社会で、食いはぐれるわけはなかった。

ペトラルカは快楽を拒否するような人間ではない。だがあいかわらず、もっとも洗練された快楽を選んだ。博識の友人、精妙な料理、それに愛人を一人。もちろん結婚はしなかったが子供は二人生まれている。こうしてかれも、聖職者階級の腐敗に一役買っていたわけだが、だからと言って教会の堕落を嘆かなかったわけではない。教皇のローマ帰還を再三訴え、その運動がコロンナ家の有力者、ジョヴァンニ枢機卿とジャコモ司教の意にかない、その手厚い保護を受けることになった。コロンナ家に取り入るためにそんな運動を思いついたのだ、と言うのは酷に過ぎようが、かれが思い通りの聖職禄を手に入れ、安穏な生活を送れたのは、何と言ってもコロンナ家の引立てのおかげである。

愛人があり、子供まで生ませていても、永遠の恋人ラウラを慕うには差支えがなかったようだ。周知の通り、ラウラはペトラルカの詩想の泉となり、数々の名作がそこから生まれた。ラウラとは誰か。実在の人物なのか。ペトラルカ所蔵の『アエネアス』の写本が現在ミラノのアンブロジアーナ図書館にあって、好事家の垂涎（すいぜん）の的となっている。その表紙の見返しに、ラウラについてペトラルカの書込みがあるからだ。それによれば、ペトラルカがこの女性に初めて逢ったのは、アヴィニョン帰還一年後の一三二七年、復活祭のミサの時で、場所はサンタ・キアーラ教会である。さらに、ラウラが世を去ったのが一三四八年の同月同日同時刻だということも書き記されている。ここから、研究者は、ラウラ・ド・サド侯爵夫人のことであろうと推定する。サディズムで有名なあのサド侯爵の遠祖に当る。フィレンツェ・ラウレンツィアーナ図書館蔵、伝シモーネ・マルティーニ作の細密な肖像画が、ラウラの面影を伝えたものと言われているが、繊細でつつましやかで貞潔な感じの美人である。ペトラルカが出逢った時すでに人妻だったかどうかは定かでないが、夫との間に十二人の子をもうけたことは確かであるから、妊娠と授乳に追われ続けたに相異なく、自分を恋い慕う詩人のことなど、たとえその気があったにせよ、かまっている暇はなかったろう。

実を言えば、ダンテとベアトリーチェの場合と同じく、ペトラルカのラウラへの恋にも肉体的な意味は全然なく、一種の詩的虚構なのである。プロヴァンスではだれもが詩を作る、牝牛が韻を踏んで鳴かぬのが不思議なくらいだと、かれ自身が言っている通り、この地にはなお吟遊詩人の伝統が生きていた。かれは清新体派の規則にのっとって詩を作っていたのだが、プロヴァンス派でも清新体派でも、まず第一に、一人の淑女を選んで詩を捧げなければならなかったのである。ペトラルカもこの規則に従って『カンツォニエーレ』(『歌の本』)をラウラに捧げたのだが、それが作者の名を不滅にする作品だとは毫も考えていなかった。かれは学者として、ラテン語作家として不滅の名を残したいと思っていた。『カンツォニエーレ』全二百七篇は、二十年ばかりのあいだにたまった暇つぶしの余技なのである。だがこれがかれの代表作となった。今日ペトラルカを詩人として評価するのは、このイタリア語の詩集だけによる。

アヴィニヨンでは、コロンナ家のサロンへ行くのと、所用の旅に出かけるほかは、平穏無事の生活を送り、気が向けばラウラに寄せてソネットを作った。所用の旅とは言っても、パリ、フランドル、ドイツへの旅行は半ば娯楽でもあった。機転が利き、世慣れていたから、外交使節としての能力も一流だったが、それにもまして人物鑑識眼が鋭く、当代の重要な文化人には一人残らず近づきになっている。識ることもさることながら、識られる方により大きな喜びを感じたようだ。ペトラルカは自己宣伝の名手で、文学の才能が充分知られる前に、全欧文化界にすでにかれの名がよく知られていたほどである。一三三六年にはコロンナ家の招きでローマを訪れている。永遠の都の偉大と悲惨がかれの心を強く打った。牧羊地と化したフォルムの廃墟を歩み、崩れかけた大闘技場（コロッセオ）を眺めて悲憤を禁じ得ず、教皇のローマ帰還をまたもや熱烈に呼びかけたのである。

アヴィニョン郊外のヴォークリューズに、ペトラルカは小さな美しい家を買ってあった。社交界にもそろそろ飽きていたし、ラウラへの想いは詩句に吐露すれば済む。この別荘に隠棲するに際して、伴侶は召使二人と犬一匹、ほかには自然と書籍だけだった。かれはヴァントゥ山の初登頂に成功してアルピニズムの草分けとなったし、魚釣りや造園も楽しんだが、何よりもまず、完璧に古典的なキケロ風の文体で手紙を書き、文学界を驚嘆させた。相手の名もレリウス、スキピオ、オヴィディウスなどラテン風に変え、かれらを煽動して古文書を捜査させ、古典の写本を探させる。古い稿本が見つかったと報されると、現物を送ってくるまでいらいらして待ち、それが手に入ると喜びに顫える手でみずから筆写した。エウリピデスの古写本を手に入れた時は狂喜したと言われる。ティトゥス・リヴィウスやヴェルギリウスなど、千年前の死者について書くだけでは飽きたりないで、それらの死者に宛てて手紙を書くほどの打ち込みようである。古典文学へのこの情熱だけが、かれの唯一の真の情熱であった。

自制を忘れるほど熱をあげた女は一人もいなかった。女性を信じてもいなかった。洗練されきった知的悦楽と静穏な生活を、女のために少しでも犠牲にする気はなかったのだ。純粋に詩的な存在であるラウラと、二人の庶子を生んだ無名の女性のほかに、どんな女性関係もなかったようだ。四十歳を越すと、女性に関心がなくなってしまった。文学研究と性欲とを両立させるだけの生命力に恵まれていない、と自分で言っている。そして、どちらを選ぶかについてはまったく迷わなかったのである。

ペトラルカは音楽を愛し、リュートを上手に演奏した。宗教問題は敬遠する傾向があった。時にはアヴィニョン宮廷の風紀の乱れを咎め、多少は教皇の機嫌を損ねたこともあるが、その種の批判があまり大きな反撥を呼ばぬのをよく知った上でのことである。だから、教義の問題には絶対に口を出さなかった。教義についてどう考えているのかと問われれば、疑惑が冒瀆を意味するようなこと以外はすべてを疑っている、と答えることにしていた。こうした慎重さがかれの幸福の秘訣であったが、同時にそれはかれの才能の限界でもあったのだ。なるほどペトラルカはダンテより遥かに教養が深く、文章もずっとうまかったけれども、ダンテのあの崇高な迫力、抒情的忘我、絶対を求めてやまぬ渇望、神聖な魂の燃焼がペトラルカには欠けていた。かれ自身がそれに気付いていたから、ダンテについては常に敬意を払いながら、常にちょっぴりけちをつけている。かれほどの大詩人にしても、嫉妬心を完全に抑えるのは難しかったのである。

一三四一年、ローマを再訪して桂冠詩人の栄誉を受けることとなった。晴れがましい式典の提唱者は、ジョヴァンニ・コロンナ枢機卿である。元老院はコロンナ家に牛耳られていたから、提案はすぐに承認された。それに、教皇がいなくなったローマは、世界の注目を引くためには何でもやる気だった。民衆はパンにこと欠く生活の中で、せめて多少のお祭り騒ぎを求めていた。

それより前、ペトラルカは、アンジュー家の王ロベルトに招かれて、ナポリに立ち寄っている。王は熱烈なペトラルカ・ファンだったから、下へも置かずもてなし、ローマまで護衛をつけてくれた。詩人は、王を賢明な文芸保護者として大いに宣伝し、その恩義に報いた。かなりの誇大宣伝だったが、ペトラルカは礼儀に厚い人であり、かつPRの天才でもあったから、ロベルト「賢王」の名が歴史に残ることとなった。四月八日、トーガを着た元老院議員連と、派手な衣裳の若者たちを従え、ナポリ王から拝領した赤いマントに身を包み、詩人はカンピドリオの丘に登る。まさに絵巻物の風景である。丘の上には手に桂冠、口に祝辞を用意して、ステファノ・コロンナが待っていた。この日から「詩人」と言えばペトラルカを意味するようになり、後年批評の力でこの資格がダンテに移るまで、その地位を保ち続ける。

アヴィニョンに帰ったのは、クレメンス六世が即位した時だった。ペトラルカは新教皇に祝辞を述べ、自分の生活が不如意であることをほのめかした。クレメンスは非常に物分りのよい人だったから、ピサ修道院監督、パルマ聖堂参事の二つの聖職禄を気前よくくれた上に、ナポリへの使節に任じた。ペトラルカはナポリにしばらく駐在したのち、ボローニャ、パルマ、ヴェローナを歴訪、ヴェローナでは教会の文書庫からアッティクス宛てのキケロの書簡の写しを発見した。数年前にもリエージュでキケロの著作『プロ・アルキア』を発見している。かれにとっては、そうした古文献の発掘がもっとも重要な事件だったのである。もちろん政治にはかかわらぬようにしていた。コーラ・ディ・リエンツォは唯一の例外である。

この常軌を逸したデマゴーグのために、ローマの庶民が煙に巻かれたのは、奇とするに足りないが、ペトラルカのように、明晰で慎重な知性の持主が、かれの口説にまんまと釣り込まれたのは、いささか妙といえば妙である。詩人はひどくコーラに心酔してしまったので、危うくコロンナ家の寵を失うところだった。一三四七年、コーラの第一次護民官政治を支援しようと、ヴォークリューズの別荘を離れてローマへ向かったが、ジェノヴァで護民官の没落を聞き、旅を中止した。ちょうどこのころ、イタリアではペストが猛威を振るい始めていた。

中近東ですでに数十万の生命を刈り取ったこの疫病は、蠅と鼠を媒介として、海を渡ってヨーロッパを襲撃、打ち続く凶作と飢饉で弱っていたヨーロッパは、ほとんど抵抗することができなかった。病態は二種に分れ、一つは烈しい喀血を伴う肺ペストで、三日で患者の血を枯らしてしまう。もう一つは身体を吹き出物と膿腫で埋める鼠蹊腺腫で、患者の生命は五日しか持たない。年代記に残されたペストの記述は怖るべきである。アニョーロ・ディ・トゥーラのシエナ年代記によれば、墓地が足りぬために広場に溝を急造し、そこに屍体を投げ込んだという。筆者自身が五人の我が子をそこに埋葬したのである。ボッカチオはフィレンツェの死者十万と言っているが、総人口が十万そこそこだったから、それはあり得ない。ヴィラーニは死者六万と記しているが、これも誇張であろう。しかし、全欧を通じて被害が甚大だったことは確かである。数多の犠牲者の中で、とりわけペトラルカに近しい一人の死者があった。ラウラ・ド・サド侯爵夫人は、ペストのため、一三四八年四月三日、アヴィニョンで亡くなっている。

ペトラルカ自身はパドヴァに逃れて罹病を免れた。権力にも金銭にも文化にも貪欲なヤコポ・ダ・カラーラ二世の独裁下に、パドヴァは全盛期を迎えたころだった。

この町は長らく自治都市として民主制を守っていたが、まさにそのためにカングランデ・デラ・スカーラに敗れ、ヴェローナの服属都市となる。この隷属から逃れるために、ヤコポ・ダ・カラーラ一世の援助を求め、ヴェローナの支配からは脱したが、その代りにヤコポの専制支配下に呻吟することとなった。一三四五年、独裁者は息子のヤコポ二世に殺されたが、カラーラ家の支配はゆるがなかった。このヤコポ二世のもとで、パドヴァの経済と文化は繁栄した。パドヴァ大学は創設後まもない新興大学であったが、研究活動が活発で、すでにその名は聞えていた。ここの学風であったアヴェロイス主義、すなわちアリストテレス的合理主義に、ペトラルカはかなり気を悪くしている。教授たちが、霊魂は本当は不死ではないとか、キリスト教は無知な庶民を満足させるための迷信の一種だなどと放言しているのが耳に入ったのである。ペトラルカは、教会と確執をかもすような教義論争にまき込まれることを嫌った。かれは信仰と懐疑に同じくらいの重みをかけた。つまりはどちらにもあまり重きを置かなかったのである。しかし、祝祭の陽気さに充ちたこの町のヒューマニスト的雰囲気を、かれは愛したようだ。まる一年パドヴァに留まり、ペストが終ると、文化人と写本を訪ねてマントヴァとフェラーラを往復、最後に父の故国フィレンツェを訪れようと思い立った。

フィレンツェには『デカメロン』を書き始めたばかりのボッカチオがいた。二人は共鳴し、生涯変らぬ友情を結んだ。もっとも、その後たった一度しか会っていない。しょっちゅう顔をつき合わしておれば、性格も趣味も全然違う二人の大文学者が、仲良くやって行けたかどうか疑問である。ペトラルカが去ったのち、ボッカチオは政府に運動して、一三〇三年に没収されたペトラッコの財産を返還させようと運動した。その甲斐あって政府は没収を取り消し、ペトラルカをフィレンツェ大学に招聘しようとしたが、ペトラルカはそれを謝絶した。そこで政府は、没収取り消しを撤回した。

一三五一年、ペトラルカはヴォークリューズに帰っているが、このころから少し様子がおかしくなる。まず第一に、かれには珍しく攻撃的で辛辣な文章を書き、かなり敵を作っている。きっかけはクレメンス六世の病気である。ペトラルカは教皇に手紙を書き、医者などというものは、口先ばかりのいんちき師だから、侍医を信用なさらぬがよろしいと言った。かれ自身の経験にもとづいて言っているのかも知れないが、その後も医師排撃論を続けて書き、個人的怨恨があるのかと思うほどめちゃめちゃにやっつけている。

第二に、かなり強い厭世観を持つようになり、弟の修道士ゲラルドを訪れて、自分も修道院に閉じこもりたいなどと言っている。『神聖なる閑暇について』という評論の中でも、世を捨てたいという願望を洩らしているのである。

実は、アヴィニョンの住み心地がだんだん悪くなっていたのだ。寛容と学芸保護というヨハネス二十二世以来の方針を守ってきたクレメンス六世が没すると、状況は目に見えて悪くなった。新教皇イノケンティウス六世は、典型的な苦行僧で、文化や教養には関心が薄かった。教皇がペトラルカを愛さず、ペトラルカが教皇を嫌ったのは当然である。教皇はペトラルカを異教臭いと思い、破門すると脅かしたことすらある。タレイラン枢機卿の取りなしで事なきを得たが、詩人はこれでアヴィニョンを見限ったようだ。ヴィスコンティ家の招きに応じてミラノへ移る。

ミラノの君主ジョヴァンニ・ヴィスコンティは名君で、好男子で、色豪であった。どんな御用をつとめたらよいかとペトラルカが尋ねると、「ただここにいてくださるだけでよろしい。それが私と私の領国の名誉になりますからな」と答えた。詩人はこの名せりふを二度とは言わせなかった。ジョヴァンニ没後も滞在を続け、前後八年にわたってかれの領国の誉れを高めた。

一三五四年、皇帝カール四世がイタリアに来た時、ペトラルカはヴィスコンティ家の使節として皇帝のもとに赴く。以前コーラ・ディ・リエンツォの最初の失脚の直後、この皇帝に宛てて手紙を書いたことがあった。荘重華麗な文章でイタリア遠征を勧め、「帝国の庭」に平和と秩序と栄光を恢復することを願う内容で、ダンテがカールの祖父に当るハインリヒ七世に送ったのと大同小異である。文章はペトラルカの方がずっとうまいが、ダンテの佶屈（きっくつ）たるラテン語の文章にみなぎっていた高貴な熱情を、ペトラルカの手紙に求めてもむだであろう。

皇帝と詩人はマントヴァで対面、ペトラルカは荘重な言葉を駆使して前の勧告を繰り返し、カールは鷹揚に合槌を打って耳を傾ける。だが双方とも、これが喜劇であることを知り抜いていた。冷徹な頭脳を持つ皇帝は、「帝国の庭」が毒蛇の巣窟であることを熟知していたし、詩人は皇帝がそれを知っていることをよく知っていた。二人は喜劇を演じ終えるとにこやかに別れ、二年後、今度はプラハでまた会うことになる。

同じ年、やはりヴィスコンティ家の使節としてヴェネツィアに赴き、ジェノヴァ＝ヴェネツィア間の講和を斡旋している。この交渉は成功しなかった。両都市の紛争は深刻化し、数年後、生死を賭した大戦争に突入する。ペトラルカはヴェネツィアの富強と殷賑に深い感銘を受け、この町を讃える格調高い文を草し、二人の総督に対する最上級の讃辞を織り込んだ。二人ともそんな讃辞に値する人物ではまったくなかった。

この旅の前に、『凱歌』と題する三行韻の長詩に着手している。おそらく『神曲』への対抗意識もあったのだろう。この詩の評判はすぐに拡まり、大傑作と見なされた。表題は感情に対する欲望の凱歌、欲望に対する純潔の凱歌、純潔に対する死の凱歌、死に対する栄光の凱歌、栄光に対する時間の凱歌、時間に対する永遠の凱歌を意味する。この詩はまたラウラへの告別でもあり、自分の愛の官能性を詫び、天国で合体する希望を述べる。しかしこの作品は、構想が野心的なわりに詩想が貧しく、霊感のひらめきは稀にしか見られない。

なお六年、ヴィスコンティ家の客としてミラノに留まり、時折使節の旅に出るほかは、執筆と推敲に精を出した。一三六二年、再発したペストを避けるためか、パドヴァ、ヴェネツィアを再訪している。ヴェネツィア共和国はかれにスキアヴォーニ河畔の邸宅を提供した。今回のペストで、息子のジョヴァンニを喪ったが、実を言えばこの子にはあまり愛情を感じていなかった。娘のフランチェスカはすでに嫁いで、女の子を生んでいた。

軽い卒中の発作に襲われて、自分の年齢を考え、余命いくばくもないと悟った時、ペトラルカは娘と婿と孫をとてもいとしく思うようになった。そこでアルクアに居を定め、三人を呼び寄せ、ともに暮らすことになる。晩年の手紙の中で、読書か執筆の最中に死ねたらという希望を洩らしていたが、その望み通り書物を枕として息絶えているのを家人が見つけた。一三七四年七月二十日、かれの暗合趣味に敬意を表してついでに言えば、ちょうど七十歳の誕生日だった。遺言の中に、外套料として五十フィオリーニをボッカチオに贈る、とあった。

抽出しの中にはたくさんの未定稿が残っていた。生前その推敲に余念がなく、無限に手を入れ続け、満足することがなかったのである。外交使節、旅行、儀式、会見、交際、演説と、日程のいっぱいに詰まった生活の中で、どうしてそれだけの時間を作ることができたのか。疲れを知らぬ働き手だったとでもいうほかはあるまい。ただ、規則正しい生活をみずからに課していたことは確かである。

ペトラルカの作のうち、その時代の人びとが特に賞讃したのは、『書簡集』、『牧歌集』、『家庭論』、『名士伝』、『頌歌集』など、ラテン語の詩文であった。遺稿となったラテン語の叙事詩『アフリカ』も、刊行されると大いに好評を博した。ここでは詩人は、古典叙事詩の形式を復活させようと努めている。これらの作品はすべて、文章としては実にみごとであるが、ペトラルカという一人の人間の面影と性格が浮かび上って来るというものではない。そういう角度からかれのラテン語の諸作を見るとすれば、わずかに『独語録（セクレートゥム）』一篇が残るのみである。他人に見せないつもりで書かれたこの著述の中で、ペトラルカは、内面の不安、道義心の低下、懐疑の苦しみと信仰の浅さを告白している。書簡では、『老境（セニレス）』という表題のもとに集められた晩年のものがいちばん美しいが、ここでも、宛名の相手よりは後世の読者に自分の名を残すために書かれたという感じが拭えない。

　文学者、詩人としてのペトラルカの偉大さは、ただ『カンツォニエーレ』一巻のみに見出される。このイタリア語の恋愛詩集を、かれは単なる暇つぶしとして創作編纂したので、晩年にはおそらくそんなつまらぬものを書いたことを恥じていたに違いない。ダンテが神学者を自任していたように、ペトラルカは古典文化の継承者、ラテン語の復活者をもってみずから任じていた。二人とも自己評価を誤ったわけだ。実はペトラルカは、近代詩の草分けであり、イタリア語の名手なのであった。後にも先にも、これほど美しいイタリア語を書いた人はいない。ダンテとペトラルカのあいだにわずか四十年しか時間のへだたりがないのが不思議なくらい、詩想も変容し、詩句の運びも流暢になっている。ダンテの迫力と熱気と野性と想像力は消え失せたが、その代りに一個の美学が誕生したのである。

ペトラルカは、新しい型の詩を生み出しただけでなく、新しい生き方をも創出した。かれは絶対に新しい人間像、ルネサンス的「ヒューマニスト」像を身をもって示したのである。冷たい打算家で、利益と世評と地位のみを追求したという人もあるが、それは違う。霊魂の不滅よりも名声の不滅に執着していたし、巧妙な売名家で、やたらとお世辞をふりまいたことも事実だが、かれにはかれの苦悩と煩悶と憂愁があった。ゲーテと同様ペトラルカも、晴朗なのはその詩句だけで、良心と感情は絶えず波立ち揺らいでいたのである。けれども、中世人とは違って、内面的に自由であった。ペトラルカにとって世界は「神の夢」ではなく、もっと地についた堅固なものだった。生は苦悩に充ちた懺悔ではなく、心躍る冒険、味わい楽しむべき喜びだった。かれは人間が好きだったから、人に好かれることも好きだった。だからいつも他人について知りたがり、あれほど旅をし、あれほど事件の渦中に入って行ったのだ。ダンテのように内にも外にも苦しみ抜くほどは深入りしなかったが、それはかれに勇気や信念が足りなかったからではなく、関心がひたすら文化の領域に集中していたからだ。この領域こそが、自分に課した聖職の舞台で、この聖職にいそしめば他の義務は免除されると、ペトラルカは信じていたようである。ヴェルギリウスの一冊の写本を得るためなら、政治思想はおろか、ラウラさえ捨てたであろう。コーラ・ディ・リエンツォにあれほど深入りしたのも、ローマの栄光を讃える書簡や声明文を書くためだったと言えば言い過ぎであろうか。

一三四二年、すでに一流の名士であったペトラルカが、カラブリアの修道士バルラアムを師として初歩からギリシア語を学んでいる。それまでずっとギリシア語が読めないことを苦にしていたのである。この修道士はのちにペトラルカの尽力で司教に出世した。私費を投じてフィレンツェにギリシア語講座を開き、講師にロレンツォ・ピラートを招き、だれでもギリシア語が学べるようにしたのも、ペトラルカの功績である。教皇や皇帝のためには絶対に危険を冒そうとしなかったかれだが、ホメーロスの写本を手に入れるためなら、悪魔にでも魂を売り渡しただろう。虚栄心は強かったが、吝嗇ではなかった。そういえばボッカチオには、『デカメロン』の一篇を無償でラテン語に訳してやった。こうすれば全世界の文人が、卑俗感なしにこのすばらしい物語を味わい得る、というわけである。ラテン語で書かなければ決して優雅な作品にはならないと、ペトラルカは信じ込んでいた。

最後に、かれはまた廷臣風の阿諛便佞（あゆべんねい）の手本をも創出した。遺憾ながら、これがその後のイタリア知識階級の伝統と化し、ペトラルカがその代償として持っていた唯一のもの、すなわち才能は、受け継がれずに終った。

11　ボッカチオ

ペトラルカから遺贈された五十フィオリーニはありがたかった。晩年のボッカチオは貧しく孤独で、身も心も病んでいた。かれは自分を人生の失敗者と思い込み、『デカメロン』を書いたことを恥じていた。

六十年前、ボッカチオはパリで生まれた。フィレンツェの商人と無名のパリジェンヌのあいだの私生児である。母親はおそらく堅気の女性ではなかったろう。幸福とは言えぬこの出生の事情は、当然かれの性格や運命にも影響を及ぼした。ともかく父親はこの子をジョヴァンニと名づけて認知し、故郷のチェルタルドへ連れ帰った。ジョヴァンニは継母の冷たい仕打ちに耐えてつらい少年時代を送る。

一三二八年、十五歳の時、父はジョヴァンニをナポリに遣った。取引きのあったバルディ銀行のナポリ支店で、商業実務を見習わせるためである。ペトラルカが法律を嫌ったように、ボッカチオも会計や帳簿を嫌ったが、ナポリの町はたいへん気に入り、第二の故郷となった。騒々しくて陽気で色彩ゆたかなこの町は、自由奔放で快楽的なボッカチオの気質にぴったり合っていたようだ。

さいわい文学の才に恵まれていたからぐれずにすんだ。オヴィディウスにぞっこん惚れ込み、その作を原語で読むためにラテン語を学び、『変身譚』全篇を暗誦するために徹夜の連続、朝になると眠い目をこすりながら出社して、てんで仕事にならなかったから、とうとうお払い箱になってしまった。事情を知った父は、この道楽息子を実業家に仕立てる夢を捨て、教会法の学校に通わせることにした。仕送りが絶えるとたいへんだから、いやいや父の命に従ったものの、相変らず文学に凝って、勉強はさぼり続ける。

一三三一年（一説によれば一三三六年）の聖金曜日のミサのとき、フィアンメッタという美女に逢い、すっかりのぼせ上る。ちょうどペトラルカがラウラに逢ったのと同じ状況である。フィアンメッタとは誰か、架空か実在か、今も諸説紛々として容易に決めかねるが、どうやらナポリ王ロベルトの庶出の娘で、アクイノ伯に嫁いだマリアがそれらしい。

ボッカチオ青年は、ダンテがベアトリーチェを見たのと同じ目でフィアンメッタを見ようとしたが、なかなかそうは行かなかった。すでに清新体の詩やダンテの『新生』を読んでいたので、それを手本に、フィアンメッタに捧げる詩を作って見たが、出来はよくなかった。それに、かれの情熱の質も違っていたし、当の女性の性格も全然清新体風ではなかったから、溜息調に留まっていることは難しい。彼女は修道院で教育を受けたのに――というよりもそんな所で教育を受けたために、結婚を就職と考えず、解放と見なした。婚礼が済んでいくらもたたぬうちに、哀れなアクイノ伯は、妻の浮気の相手が一人や二人でないことを聞かされねばならなかった。しかもこの人妻は、ただの浮気女ではなく、情人を選ぶ際には、男ぶりだけではなく銀行預金額も充分考えにいれて、趣味と実益を兼ね合わすのであった。

だから憧れのフィアンメッタをものにするにはたくさん金が要ったが、親のすねをかじっている身にはとても無理な相談だから、文学紙幣で支払おうと考えた。つまり、ミンクのコートの代りに詩や文章を山ほど贈ろうというわけだ。こうしてボッカチオは、フランスの恋物語を翻案して退屈きわまりない『フィロコロ』を書き、それよりいくらかましな『フィロストラート』をも創作して、彼女に送った。後者は安易で平凡で卑俗な詩法の手本となり、オペラ台本を通じてサンレモの歌謡(カンツォーネ)にまで影響を与え続けている。さっぱりきき目がないので業を煮やしたボッカチオは、今までの作品が短すぎたからだめなのだと思い込み、圧倒的な大作をものして彼女の抵抗を粉砕すべく、『アエネアス』を範にとり、一万行に及ぶ長編叙事詩『テセイデ』を書き下した。一人の美女をめぐって兄弟が争うという筋立てで、最後に敗れた方が彼女の腕の中で息絶える。彼女は敗者を手厚く葬ったのち、勝者の愛を受け入れるという下らないお話である。

この力作が功を奏したのか、それとも五年間も粘り強く求愛し続けたのがよかったのか、フィアンメッタはとうとうかれの愛を受け入れた。ボッカチオが有頂天になったのは言うまでもないが、彼女は恋人の財布をすっかり干上げる悪習を堅持していたから、二人の間は一年と持たない。どちらが先に浮気したのしないのの言い争いから始まって、愛想づかし、憤激、痴話げんか、仲直りの繰り返しとなる。ボッカチオは借金で首が廻らなくなり、バルディ銀行が折悪しく倒産したために、ここから借り出すあてもなくなった。

フィアンメッタを忘れられぬまま、会計士の資格も教会法の免状も持たず、旅行鞄を原稿でふくらませて、ボッカチオは悄然と帰郷の途についた。まことに残念なことである。ちょうどジョヴァンナ女王が即位したばかりで、ナポリに「甘い生活」と「黒ミサ」の時代が始まろうとしていた。このまったくボッカチオ的な時代に居合わせていたら、どんなにかすばらしい物語がかれのペンから生まれ出たことだろう。それに、二ヵ月後には、ペトラルカが教皇特使としてナポリを訪れることになっていた。

帰って見るとフィレンツェは、少年時代とはすっかり変貌していた。変らないのは政治だけで、十年一日の如く党派闘争に明け暮れ、さすがにダンテの頃ほどの苛烈さはないとはいえ、主導権を求めて各派必死にたたかい続けていた。だがその間にもこの町の経済は発展し続け、八十を数える銀行が、ヨーロッパ経済を牛耳っている。フランスやイギリスの国家財政はフィレンツェの銀行からの借入金に依存しており、ペルッツィやストロッツィら銀行家はパリでもロンドンでも王侯なみの歓待を受けるのが常だった。エリザベス朝英国の総収入は、十四世紀中葉のフィレンツェの総収入に及んでいない。これほどの経済奇蹟は世界史上かつてなかった。

フィレンツェの内紛と創造力との関係はなかなか難しいが、少なくとも内紛によって創造力が弱まることはなかったようだ。まことに奇妙なことだが、個人や会社や銀行を芸術保護競争に駆り立てた誇り高い市民感覚は、お粗末な党派闘争やゲバルト騒ぎと並存していたのだ。党派的憎悪のために一つの美しい館が焼打ちされると、そのあとに二つの館がもっと美しく建てられるのだった。当時の億万長者は、蹴球チームのオーナーになる代りに、街路の舗装、病院・学校の建設、教会の装飾に資金を提供した。こうしてフィレンツェの町並みと建築は、中世の陰鬱さを脱したのである。

バルディやペルッツィは私費を投じてジョットにサンタ・クローチェ教会の壁画を描かせた。大衆募金で基金を集め、大聖堂の鐘楼を建てる計画も着々と進行していた。この鐘楼は高さ、壮麗さ、技術の巧みさにおいて古代ギリシア・ローマの傑作を凌ぐものでなければならないと、市の総務会は宣言した。設計にはジョットが当り、装飾には、洗礼堂の扉の浮彫りで好評だったアンドレア・ピサーノが登用された。美術界は今や花ざかり、というよりは革命に近い情況だった。中世を通じて支配的だったビザンチン様式の、動きのない悲しげな厳粛さには、永久におさらばが告げられた。

文学の分野でも同様の革命が進行していた。詩的だが曖昧で難解な清新体の言語は具体的で即物的な文体にとって代られた。今や時代の趨勢は詩から散文に向かっていた。ヴィラーニ家のジョヴァンニとマッテオの兄弟、及びその甥のフィリッポの共著に成る『フィレンツェ年代記』ほど散文の威力を示し得た作品は、当時のヨーロッパでは他に例を見ない。事実を説明するために経済社会現象と統計に根拠を求めたのは、この三人のヴィラーニをもって嚆矢とする。フィレンツェの人口が十四世紀初頭に市部郡部合わせて十万五千で、そのうち乞食が一万七千であったこと、小学が六校、中学が四校、生徒数がそれぞれ一万と六百だったことが分るのは、ヴィラーニのおかげである。かれらが創出した簡潔で即物的な文体と徹底したリアリズムは、フィレンツェ散文の伝統となり、後にマキアヴェリとグイッチアルディーニによって芸術に高められる。

文学の新傾向はボッカチオの気質にぴったり合っている。しばらくはまだフィアンメッタへの恋の炎が鎮められず、彼女に捧げる詩を書き続ける一方、三行韻の『愛の霊夢』と『フィエゾレの妖精』をも世に問うたが、やがて散文に移り、現代なら「心理小説」に分類されそうな作品『フィアンメッタ』をものした。表題通り例のフィアンメッタがヒロインで、その口から二人の恋が物語られるのであるが、ここではかれの方がフィアンメッタを誘惑して捨て、彼女の方が綿々と悲嘆に沈むことになっている。これを読むと、ボッカチオがまっとうな紳士だったのか、それともとんでもない大ぼら吹きだったのか分らなくなる。

だが、小説家としての才能のすべてを傾けた作が出るのは、一三四八年のペストの後で、これが有名な『デカメロン』である。冒頭の描写には、ペストの惨禍に打ちのめされた作者の気持がうかがえる。患者が路傍に倒れて死んで行くのに、その親や子すら感染を怖れて近寄ろうとしない。また、患者の出た家は近所から火をかけられるので、家族の死骸を腐敗するまま家に隠しておく。罹病を免れようとして樹上や井戸に寝起きする者もある。こんな悲惨な事実を記録しつつ、フィレンツェの死者十万とボッカチオは書きとめている。事実とすれば、ヴィラーニの調査した総人口のうち五千人しか生き残らなかったことになるが、そんなことはあり得ない。しかし、この根拠のない数字をかれが信じていたことを見ても、ペストの惨禍がどれほどの混乱を惹き起したか分るというものだ。まことに一三四八年のペストこそ空前の怖るべき天譴であって、イタリアは全人口の三分の一を失い、フランスは荒れ果てて「鶏鳴すら聞えぬ」状態に陥ったのである。

だが『デカメロン』は、この災厄のただ中に生まれながら、それとは対蹠的な内容に満ちている。それはいわば、復活の歌であり、死に対する生の復仇であり、絶望に対抗する信念であり、生き残った者たちの啜り泣きにオーバーラップする哄笑の響きである。

イタリア小説史上の最高の傑作とされるこの物語は、サンタマリア・ノヴェッラ教会のミサが終ったところから始まる。教会前の広場には人気がなく、道には葬列が行き交うばかり、時おり鳴る鐘も、また新しく死人が出たことを告げるものばかり。この舞台に七人の美女が登場し、来合わせた三人の青年とともに、田舎の別荘にピクニックに行く相談がまとまる。病菌の寄りつかない清浄な森の空気の中で、毎日各人が一つずつ物語をして、時を過そうというのだ。仲間は十人、日数は十日だから、全部で百の物語になるわけだ。デカメロンという表題も、ギリシア語で十日を意味するデカ・ヘメライから来ている。

ボッカチオも中世風の数の魔術にまだとらわれていて、ダンテと同じように、大聖堂の設計の厳密さにならわなければならぬと思っていた。すべてが調和に充ち、機能を備え、一つの「システム」にぴったりおさまっていなければならないのだ。だからボッカチオの「人間喜劇」も、きちんと枠におさまっている。十日、一日に十の物語、各話にそれぞれ十ページ……。

だが、構造は伝統的でも、発想や気分はまったく新しい。話の筋はフランスの寓話（ファブリオ）やオリエントの説話から借用している時もあるが、これらの素材は完全に消化されている。百の物語の中には、猥褻で低俗なものもあり、才能と趣味の良さが必ずしも一致しないことを思い知らせてくれる。例えば、院内の修道尼をことごとく満足させた精力絶倫のマゼットの物語は、酒場風、兵営風の明けっぴろげの卑猥さに充ちている。この話を聞いている七人の美女は、いずれも淑徳と才智の持主だというふれこみだが、こんな話にちょっぴり頰を染めただけで平気でいたのだから、あやしいものである。

だがこういう話を語る時すら、ボッカチオの文章の運びにはリズムと息遣いと活力とムードがあり、生き生きした創造に充ちており、奔放かつ真面目で、以前の世代の夢想だにしなかった即物的なリアリズムがある。かれ以後の作家は、これを飽くことなく模倣し続けた。ドイツではザックスとレッシング、フランスではモリエールとラフォンテーヌが大きな影響を受けたし、チョーサーは『カンタベリー物語』の中に『デカメロン』のモチーフをたくさん借用している。チェッコ・アンジョリエーリの豪快な哄笑は、ボッカチオを経てラブレーに引き継がれた。『デカメロン』の中では、迷信家だけでなく、修道士や聖者さえ嘲笑される。ユダヤ人アブラアムが、教会の腐敗と聖職者の堕落のゆえにかえってキリスト教に改宗する話には、ヴォルテール風の毒舌が感じられるし、異教に対しては、ダンテなら冒瀆と考えそうな寛容な態度を示している。

現在もなおボッカチオは、ヨーロッパ文学の中で物語の巨匠であり続けている。その地位を理解できなかったのは、ボッカチオ自身だけだ。ペトラルカが『カンツォニエーレ』を書いた時のように、かれもたんなる暇つぶしとして『デカメロン』を書いたのである。執筆を始めたのは三十五歳の時で、完成まで五年かかっているが、少しずつ分冊で発表していたと思われる。第四日目の導入部で、そこまでの物語に対する批評に言及しているから、第三日目までの分はすでに世に出ていたに違いないのである。ともかく『デカメロン』は褒貶（ほうへん）相半ばする問題作だったようだ。

その当座は好評を享受し、悪評はあまり気にとめなかった。まだ若く、元気がよかったのである。ペストはフィアンメッタをあの世へ送り、かれを強迫観念から解放した。そこであいついで二人の妻をめとったが、二人とも結婚生活の厭わしさをつくづく教えてくれた。愛人も何人か作ったが、さらに新しい愛人を求める欲望を絶たせるような女はいなかった。『デカメロン』で語り手を演ずる七人の女性は、いずれも貞淑な才女だが、実生活ではボッカチオはこの型の女が大嫌いで、女性の淑徳や才智とは意地悪と欺瞞の別名だと信じており、娼婦の方がよほど気に入っていた。

かれはダンテのような社会的野心を抱かず、ペトラルカのような世渡り上手でもなかった。放蕩はしたが、悪人でも偽善者でもなく、憎めない無邪気さを感じさせた。健全で豪快で、情熱に血をたぎらせると理性をどこかに置き忘れてしまう。フィアンメッタの時から少しも進歩せず、恋愛沙汰の挙句には、ポケットも心もすっかり痛め尽されるのが常だった。だから、熱が冷めると、いつもマイナスになるに決っている損得勘定をしたのち、女というものに対して猛然と敵意を感じることになる。『コルバッチョ』はそのあらわれで、この小説はボッカチオが女ぎらいであったという説の根拠とされているが、もとより信ずるに足りない。

竹を割ったようにまっすぐな性格で、他人を愉快にさせずには置かぬ快活な男だったから、他人から好かれて不思議はない。策謀や吝嗇や嫉妬とは無縁だったから、友人のあいだでは人気がよかった。だから、社会的地位も自然に上昇したのである。オスタジオ・ダ・ポレンタ、フランチェスコ・オルデラッフィら町の有力者がかれを相談相手とし、重要な用件をかれに任せた。フィレンツェ市はかれを大使に登用し、まずロマーニャ、ついでアヴィニョンの教皇庁に派遣した。

こんな要職につくからには、それらしい教養と貫録がなければいけない。まじめに学問をする気になったボッカチオに、決定的な影響を与えたのは、ペトラルカだった。二人は一三五〇年フィレンツェで初めて会っている。文学者どうしの友情は稀だが、この二人の場合は本物で、友情の模範と仰がれるようになったのも当然である。だが、ボッカチオにとっては、この友情の効果は破滅的だった。かれは、ペトラルカの深い教養、堂々たる挙措、優雅な生き方を見て、呆然とするばかり、一方ペトラルカは、かれの才能を高く評価したが、かれの作品、とりわけその言語には、一定の留保をつけた。ペトラルカはラテン語以外の言語を文学創作に妥当と認めていなかったし、古典の模倣以外の文体をも許容しなかったのである。

ボッカチオ自身も『デカメロン』の卑俗性がいく分気になっていたところだったので、この桂冠詩人、この古典学の巨匠の前に、ただただ恥じ入るばかりであった。その結果、俗語を放棄し、小説や物語の創作をやめ、その代りにラテン語で学術書を書こうとする。異教の神々の系譜とか、古代偉人伝とか、神話の舞台となる山・海・川・森・沼等についての地理的考証とか、何冊も大著をものしたが、学問的には無用、読物としては退屈しごくなものでしかない。こうしてイタリア文学は一人の大作家を失い、代りに一人の衒学者を得たのである。

だがペトラルカ一人の責任に帰すべきではない。一三六二年、ピエトロ・ペトローニという修道士が死病の床から手紙を送って来て、放蕩三昧の生活とけしからぬ著作の反省を迫り、悔悟の実が挙がらなければ、必ずや地獄に落ちましょうぞと脅かした。地獄を冗談のたねにして来たボッカチオも、この時ばかりは恐れ入り、著作を焼き蔵書も処分しようとまで思い詰めた。この頃からボッカチオは、暗い懺悔の季節に入る。学者としても人望厚く、フィレンツェ古典学の中心人物だったから、すでにかなり手もと不如意になっていたのにロレンツォ・ピラートを私費で招き、ペトラルカに送るためのホメーロスの翻訳を依頼したりもしたが、常に快々として楽しまず、病気にも悩まされている。二十代の頃の元気が取りもどせるかも知れないと思って、ナポリへ二度も旅行したが、もちろん幻滅し、それをすべてこの町のせいにした。フィレンツェ政府はあい変らずかれに使節を依頼して来たが、今はそうした晴れがましい役職にも気が進まず、チェルタルドの家に引きこもることが多くなった。俗語では何も書かなくなった。『神曲注解』と『ダンテ鑽仰』だけが例外である。

どちらもいい出来とはいえない。『神曲注解』では、ダンテを詩人としてではなく、偉大な哲学者、神学者、科学者として尊崇している。もちろんダンテは哲学者としても神学者としても科学者としても偉大ではなかったから、ボッカチオの注解はどこかピントが外れているのだが、かれの考えでは、詩はそれ自体としては無価値なので、教養と思想の道具となって初めて価値が生ずるというのだから仕方がない。『ダンテ鑽仰』の方は、「鑽仰」に重点を置き過ぎて、伝記的な正確さをおろそかにしている点が物足りない。時代も近いし環境の知識も豊富なのだから、充分正確なダンテ伝を書くことが可能だったはずである。確かに貴重な情報もたくさん書きとめてはいるが、むだな饒舌や聖者伝めいた作り話とごっちゃになっているので、正しい情報まで嘘めいてくるほどである。

しかし、この二作には、非常に好感のもてる敬愛すべき人間性が感じられる。ボッカチオの度量の大きさと誠実さが読者の心を打つのである。かれは自分のライバルであるはずの人を心から尊敬することができ、賞め讃えて悔いなかった。ペトラルカについてもラテン語で「フランチェスコ・ペトラルカの生と死について」と題する一文を草し、もちろんべたぼめにした。フィレンツェ市がダンテ研究講座を開設したのも、かれの尽力によるところが大きいと思われる。一三七三年にはみずから講師となり、健康悪化のためまもなく辞任のやむなきに至ったとはいえ、懸命に努めて講座を成功させている。

心が広くて気前のいい人にはありがちなことだが、ボッカチオも自分の生活の管理という点ではまるでだめだったようだ。実入りのいい役職や金もうけの機会を何度も得ながら、晩年にはひどく貧乏になり、年の暮れをどう越すか悩む始末だった。ペトラルカの遺贈してくれた五十フィオリーニは、干天の慈雨だったに違いない。

一三七五年のクリスマスも迫ったころ、後悔の念に充ちつつボッカチオは六十二歳で世を去った。自分の前半生は失敗だったと、確信してあの世へ行ったのだろうが、実は後半生が失敗だったのである。

12　十四世紀の商人

フィレンツェの西北約二十キロにプラートという町がある。この町のプレトリオ広場の正面に、十四世紀の商人フランチェスコ・ダティーニの像がある。外套を羽織り、ベレーをかぶり、手に一山の書類を持ったこの商人は、ただ金もうけがうまかっただけでなく、その財産を市に寄付し、さらに書簡十五万通、帳簿五百冊を後世に残すという偉大な功績を挙げたのである。かれはまこと記録の鬼であり、その保存に異常なほど執着したから、後世の経済史家にとってはまさに宝の山となった。アイリス・オリーゴ女史を筆頭として、多くの研究者がこの資料の海を探険し、十四世紀商工業の実態を再現することが可能になった。よってこの一章をダティーニにさくことにする。

フランチェスコ・ダティーニは、貧しい旅館の子として一三三五年に生まれている。一三四八年のペストで両親と二人の兄弟を一時に失い、一家のうち生き残ったのは弟のステファノだけで、十三歳のフランチェスコに残された資産は、家屋、土地少々、それに現金四十七フィオリーニだった。途方に暮れた孤児たちを、ピエーラ・ボスケッティという女僕が引き取って養育してくれた。ダティーニ兄弟は終生彼女を実の母のように慕った。翌年フィレンツェの一商店に見習いに出ていたフランチェスコは、商人たちの世間話を聞くうちに、教皇庁を迎えた後のアヴィニョンがどんなに景気がいいかを知り、十五歳になると、自分の財産を売り払って百五十フィオリーニの資金を作り、まだ見ぬ南仏の町へと飛び出した。

噂通りの好景気だった。この時代のヨーロッパ工業の中心、イタリアとフランドルの製品が町に溢れ、教皇の宮廷はその最大のお得意だった。ヨハネス二十二世は自分の衣料に年千三百、従僕の制服には年八千フィオリーニの巨額を費やしていた。教皇の皿や鉢はすべて黄金で、フィレンツェの名匠の細工になっていたし、枢機卿たちも金か銀のグラスを常用しており、それには必ず蛇の模様が刻まれていた。神様よりは魔術呪術のたぐいを信じていたかれらは、蛇文が毒消しの効果を持つと考えていたのである。馬のくつわにすら黄金が用いられ、ペトラルカは「今にひづめも金製になるだろう」と皮肉を言った。

万事に派手なクレメンス六世が即位すると、教皇庁の奢侈にはとめどがなくなる。アヴィニョンはさながらトスカーナの町の観を呈し、宮廷に作品を納める職人、美術家はほとんどがトスカーナ人である。クレメンスの教皇選出に功のあったプラート出身のニッコロ枢機卿が、かれらを引き立てた。教会、宮殿、邸宅を飾る画家もトスカーナ人で、シモーネ・マルティーニは一族を引きつれてアヴィニョンに移住している。銀行家や両替商はもちろん、教皇侍医も革細工師もトスカーナ出身である。

だからダティーニは、異郷という気がしなかったに違いない。商店を開くにも、何かと同郷人が力になってくれたと思われる。最初に取り扱った商品は、武器である。百年戦争とペストで疲弊しきったフランスには、盗賊が跳梁し、教皇の身辺すら安全でなく、自衛を考えねばならなかった。ダティーニは俊敏な死の商人だったから、治安を守る側と乱す側の双方に公平に武器を提供した。かれの帳簿には、ミラノとリヨンから取り寄せた鎧五十領を山賊に売ると記されている。最初シュヴァリエ広場に店を構えたが、やがて店舗数を四つに増やし、その上バルセローナにも支店を置く。帳簿を見ればかれの事業が最初から順調だったことが分る。ソデリーニ、グイニージら他のフィレンツェ商人は教皇庁から税金の取り立てを請け負い、銀行と税務署を兼ねて大国際企業にのし上っていたが、ダティーニはその誘惑に乗らなかった。プラート市民の常として、薄利多売よりも巨利少売を旨としていたのだ。前世代のフィレンツェの銀行家、バルディやペルッツィの広い視野を、ダティーニは受け継がなかった。かれが目指したのは、リスクを最小限に押えること、損失を早く埋め合わせること、そしてそのために、丹念に経営された小企業を数多く持つことである。要するに堅い商いが好きだったのだ。例えば、塩の思惑買いで失敗したことがあるが、同時期に金地エナメル、サフラン茶、葡萄酒の輸入が好調だったので、塩の損失分はすぐ埋め合わされている。商品倉庫もたくさん持っていたが、いずれも小規模なぼろ倉庫に過ぎなかった。だがその中味は多種多様で、ジェノヴァの革製品、宝石、リンネル、クレモーナの綾織り、ルッカの絹布、花嫁衣裳、旅行用携帯手箱、要するに何でもあり、特に聖職に必要な衣類はすべて揃っていた。商売にさえなれば、品質や産地はあまり気にしなかった。三千五百フィオリーニの値をつけた祭壇の覆い布は、盗品ではないかと疑われるふしがある。絵画も取り扱っているが、商品価値以外の価値には関心がなかった。フィレンツェに出張した社員への指示には、十字架のキリスト、美貌の聖母、葉の茂った木々を描き、バックに美しい風景のある大型の絵を買い求めよと書いてある。かれの資産は急速に膨脹したが、狡猾と吝嗇を基礎とする小商社経営の規準を決して捨てなかった。

ダティーニは奇人であった。勇気と臆病、偉大と卑小がかれの中で分ち難く混り合っていた。ヨーロッパじゅうの市場で複雑多彩な商活動を展開し、それをアヴィニョンの本社から手紙で指揮するのだが、この広範かつ多忙な仕事に倦まなかったのは、かれが気の小さい人間で、ちょっとしたことでもくよくよと思い悩まずにはいられなかったからである。どんな取引きをする時でも、結果が心配でさんざ気を揉み、荷物を送れば無事着くかどうか気になっていても立ってもいられず、旅に出れば出るで途中の危難を考えて心が落ち着かず、税金についての不平は一生かれを悩ませた。いつだれに騙されるか分らないというのが最大の気苦労のたねで、他人はみんな泥棒に見えた。共同出資者すら信用せず、ごまかされるのを怖れるあまり、自分が先手を打って利益配分をごまかすのが常であった。この病的な小心さを、自分では「気鬱（マニンコニア）」と呼んでいるが、年とともにひどくなる一方で、その上、死と後生への心配がつけ加わる。ロックフェラーと同様、かれも死後に地獄へ落ちるのではないかと心配でたまらず、断食や巡礼を励行し、遂には教会や修道院に多額の寄付さえしたのである。

手紙マニアのダティーニは、商用の書簡だけでは足りぬと見えて、手当りしだいに友人知己に宛てて文を送り、特にプラートにはしょっちゅう便りを書いて、すぐにも帰郷するようなことを言い続けていたが、その一方でどんどん事業を拡大し、仕事の量を増やしている。郷里の女をめとって早く隠居暮らしをしたいと、絶えず手紙に書いていたが、その一方で何人も妾を囲い、庶子をもうけている。四十歳近くなってようやく決心がついたのか、フィレンツェの若い娘マルゲリータ・バンディーニを妻に迎えた。結婚式は豪華で、披露宴には巻パン四百六個、卵二百五十個、チーズ五十キロ、牛半頭、羊二頭、牡鶏三十七羽、牝鶏十一羽、野菜多種多量と記録している。十六歳の新妻はアヴィニョンに移り住むことになった。ダティーニは女房運もなかなかよかったので、夫の不実にもよく耐え、親子ほど年が違ったのに、マルゲリータは夫に忠実に尽したばかりか、夫の不実にもよく耐え、嫡子を生むことはできなかったものの、夫が外で作った庶子たちを養い育てたのである。

翌一三七五年、またしても幸運が舞い込む。教皇グレゴリウス十一世は、前教皇のローマ帰還が失敗に終ったので、中伊教皇領の行政をフランス人の代官に委任していたが、無能で横柄な代官に反撥して、反乱が激発した。この反乱を後押ししていたのがフィレンツェ共和国だったから、怒った教皇は全市を破門、フィレンツェの在外資産没収お構いなしということになった。アヴィニョンの商業と金融を支配していたフィレンツェ人は、急いで店を手放さなければならなくなり、没収という最悪の事態を避けるため、ダティーニに事業を譲渡する者が少なくなかったと思われる。かれの籍はプラートにあったから、破門されておらず、教皇への忠誠を公言することができた。かれがこのチャンスをどう生かしたか、詳しいことは不明だが、サポーリのダティーニ伝によれば、これ以後かれの資本金は急激に膨脹している。

濡れ手に粟のこの機会を利用し尽したのち、教皇庁のローマ帰還を必至と見たダティーニは、店を番頭に任せ、主要な商品を船便にし、自分は妻と召使を連れて馬でアルプスを越え、一ヵ月の旅を経てプラートに帰る。母がわりの恩人ピエーラは存命で、感激の再会となった。彼女はダティーニが心から愛した唯一の女性であったらしく、この人の前ではいつも気前の良いところを見せようとしている。ピエーラもこの再会を心から喜んだが、まもなく世を去った。

プラートは当時人口約一万二千、商人と職人がほとんどである。町の実権を握っているのは羊毛業組合（アルテ）で、織布、製糸、梳毛、染色、販売の全部門を包括しており、市政府よりも権威があった。そしてこの同業組合の支配者は、全工程を監督し全製品を独占所有する資本家たちである。かれらの許可なしに、だれも商売することはできない。組合は労働時間、賃金、価格を定め、市の経済を完全に統制していたから、抑圧と強制労働のムードが町を重苦しく支配していた。

華麗で優雅なアヴィニョンに長く暮らしたダティーニにとって、この印象は強烈だっただろう。だがこの町ではだれもかれを知らなかった。かれも知られたくはなかった。その方が税金をごまかすのに都合がよい。資産総額三千フィオリーニと過小申告したが、六百フィオリーニもかけて屋敷を建て、周囲を大きな庭園でかこったから、けちなプラート市民の目をそばだてることになった。

この豪邸に事務所と書斎が置かれ、帳簿の表紙にはダティーニ商会の標語「神と利潤の名にかけて」が大書してある。ここからスペイン、フランス、ドイツ、近東の支店網を操作する一方、羊毛業組合に加入して毛織物の製造販売に手をつけた。組合の実力者の一人を共同経営者とし、実務をまかせて自分は口出ししないと言っていたが、原料の仕入れという肝腎の部門はちゃんと押えていた。かれはイングランドからの輸入ルートを握っていたのだ。トスカーナ産の羊毛があまり当てにならないのと比べて、イングランドの羊毛は質量ともに世界最高である。これによってかれの新会社の製品の価値は不動となった。

ダティーニはまもなく、プラートが本拠地としてはあまりに田舎町であることに気づき、妻を本宅に残してフィレンツェに移り、絹織物組合に加入、ポル・サンタマリアに商館を建てる。設備面でも機能面でも当時の典型的な商館と思われるので、ちょっと中をのぞいて見よう。壁は木造、備品は一列に並べた椅子、デスクと腰掛け、頑丈な南京錠の上に幾重にも掛け金をした金庫、竿秤、鋏二丁、物指、銅鍋、鉄製のランプ、窓と戸には太いかんぬきを差し、裏部屋に宿直ベッドが一台。スタッフは、デスクに坐って経理を取り仕切る番頭一人のほか、見習いを兼ねた丁稚が二、三人いるだけである。

この穴蔵めいた事務所とわずかな人手で、フィレンツェ商人は何十億という取引をこなしていたのだ。時々組合の監査員が来て物指や竿秤の検査をしたり、他の店の商人が来て新しい情報や値動きの話になったりする。腰に郵袋を吊るした飛脚がとび込んで来ると店中が色めき立つ。ヴェネツィア、フランドル、シャンパーニュと交信するため、フィレンツェの商人は共同の郵便制度を持っていた。梳毛組合の監督下に置かれ、日に二便である。だがダティーニは、スペインや近東にも支店があったから、個人の郵便システムをも作り出さなければならなかった。

かれは細心の注意を払って人材を選んだ。大胆かつ慎重、体力にすぐれ機転がきき、そのうえ良心的でなければいけないのだから、飛脚商売も楽ではない。ダティーニ商館の飛脚は優秀で、ジェノヴァへ三日、ヴェネツィアへは六日で配達した。現在のイタリア政府の郵便業務よりよほどましである。間違いを防ぎ、万一の場合をも考慮して、一通の手紙を何枚かコピーし、それを別の飛脚に配達させることも多かった。ダティーニはすべての手紙を自分で書き、決して他人には任せていない。支店の数と事業の規模を考えると、朝から晩まで手紙ばかり書いていたに違いない。かれが残した十五万通の手紙から、当時のヨーロッパの全交通路を再現することができるし、海には海賊、陸には山賊があばれまわっていて、被害甚大だったことも分る。

多種多様の事業に手を出したダティーニが、ここでまた、小規模とはいえ、新しい商品に目をつけている。奴隷である。異教徒であれば人身売買が認められており、奴隷交易の中心地はバレアル諸島にあった。妊娠した女奴隷についての通信が残っている。「当方で貴社所有の女奴隷の教誨師(きょうかい)であった神父と話をつけました。かれは、彼女の腹の子を貴社がどう処置されようとも異存はないと言っていますが、自分がその子の父ではないと否認を続けています……」。この時代の風俗と、聖職者のモラルの程度を示す好例である。

ダティーニの活動の基盤は会社組織(コンパーニャ)であった。かつては一家一族、つまりパンをともにする人々だけの小企業で、それゆえにコンパニアと呼ばれたわけだが、しだいに同族外からも社員を迎える傾向が強まって行く。ダティーニの会社もその傾向に沿っていたが、もちろん自分の支配権は弱めることなく、配下のもろもろの企業のトップに立ち、全機構を一手に掌握したままである。利害のきずなは血縁のきずなと同様に強いというのが持論で、会社員に息子のような服従を要求し、その労苦には父親のような心遣いで報いた。

「私のケッコは天国へ召されました……腕のいい医者が二人つきっきりで、家族を挙げて夜も眠らず看病しましたのに……私は今悲しみにくれて何も手につかぬありさまです。ほんとうに善良で忠実な若者でした……」。一方、バルセローナ支店長から甥のマーゾのことで文句を言って来ると、「奴をこっぴどくこらしめてやりなさい。いいか、十分に痛めつけるんだぞ」。

十四世紀も終りに近づくと、髪もめっきり白くなり、もうすでにあらゆる目標を達成したのだから、プラートの本宅に帰って、幸福な生涯の終りを悠々と過してもよいのではないかと、誰もが思った。ところがダティーニは相変らず妻をプラートに置き去りにしたまま、大事業網をあやつり続け、相変らず小心翼々と経営にいそしんだ。出資者が増えて資本がまた大きくなったことも心配のたねとなった。もうかっている時はいいが、損した時には埋め合わせがたいへんだというのである。「事業が安定して収益を挙げている時は喜んで金を出してくれるが、損が出るようになるとたちまち手を引いてしまう」と妻への手紙に書いている。実際には、転んでもただは起きなかった。損失が出た時は、妻に命じてその損を誇張して吹聴させた。こうして税金を軽くしたのである。

この頃、多分資金調達の必要から、両替商組合に加入、銀行業に手をそめる。これで税金がきびしくなっただけでなく、高利貸を始めたという噂が拡がり、友人たちまで非難を浴びせるようになったから、かれの「気鬱」はますます昂進した。友人の一人にラーポ・マッツェイという紳士がいて、かれの良心の監督役を演じていた。マッツェイがダティーニに書き送った手紙は、愛情に充ちていると同時に率直な忠告を欠かさず、献身的ではあるがプライドを失わない。友情の鑑とも言うべき文書である。かれはダティーニが畏怖した唯一の人物であって、かれの忠告なら素直に聞いた。この時期の二人のやりとりを見ると、金銭や利子の観念がどれだけ混乱していたかが分る。

中世盛期には、金をもっているのは教会だけだったから、教会が法外な利息で金を貸していた。しかし、世俗の私的資本が形成され始めると、教会は聖アウグスティヌスと聖ヒエロニムスの言葉を急に思い出し、金銭の移動によって得られる利得はすべて不正であるときめつけ、利子収入を堕地獄の罪業に数え始めた。そのくせ聖職者は金貸しをやめなかったのである。そして、俗人が同じことをすると、破門の脅しをかけた。聖トマス・アクイナスは、この矛盾を解決しようとして、「正当な利子」は合法的だとしたが、どれだけが「正当」なのか、具体的にはいっこうはっきりしなかった。一方、銀行家は銀行家で、非難をかわす理屈を考えついた。すなわち、罪を犯すのは霊魂であり、従って高利の罪は個々の人間が犯すのである。ところが銀行は組織であって個人でないから霊魂がない。だから銀行は高利の罪を犯し得ない。この論法が具体的にどんな効果をおさめたかはよく分らないが、当時の世論では銀行と高利貸が同義語だったことは確かである。

ラーポ・マッツェイもこの一般世論に従って、利息を取って金を貸すことなどやめた方がよいと強く忠告したから、さすがのダティーニもこの商売に身が入らなくなり、共同出しまった。

資者が死んだのを機会に、ヨーロッパ最高の能率を挙げていたダティーニ銀行を閉店して
　老齢でこれだけの仕事をこなしているのに、その上まだ女に手を出すことがどうしてできたのか、まったく不思議ではあるが、ともかく女道楽はやまなかった。妻のマルゲリータとは毎日手紙を書く以外に何の交渉もなくなっていた。その手紙すら、だんだん不機嫌な調子が強くなる。マルゲリータはかれの子を生みたくてしょうがなかったのだが、遂に子宝には恵まれなかった。それでも彼女は絶望的な努力を続け、奇蹟の腹帯などという怪しげなものを取り寄せたりしている。その効能書に曰く、主禱三回、アヴェマリア三回を唱えたのち、天なる神と聖三位一体と聖女カテリーナに念じつつ、童貞の少年に巻かせれば、めでたく懐妊すること疑いなし。ところがさっぱり効目がなく、哀れ女房殿は失望のあまりヒステリーを起した。フランチェスコがフィレンツェへ引っ越したのには、妻君のヒステリーからの逃避という意味もあったに違いない。水曜日毎に週末はプラートで過すと書き送ったが、「金曜日になると必ず思い直されますのね」と嘆きの手紙を妻は書くことになるのだった。
　まったく思い直すことが多過ぎた。時々は本宅へも帰ったが、帰ると必ず女中に手を出した。ギリゴラという変な名の女中を孕ませてしまったから、六ヵ月の身重の女に百六十五フィオリーニも持参金をつけて嫁にやらなければならなかった。彼女が生んだ子はすぐ

に死んでしまったが、ダティーニは嫡子のためにとってあった墓所にその亡骸を葬ってやった。その後ギリゴラは夫にも死に別れ、もう一度家に入れてほしいと泣きついて来たが、これは断った。このごたごたからあまり時もたっていないのに、今度も本宅で働いていた二十歳の女奴隷ルチアと関係する。ルチアは女児を生み、それを妻のマルゲリータが引き取って我が娘のように可愛がった。十五年後、この娘が成人して結婚する時、ダティーニは大枚千フィオリーニを持参金として付けてやった。ただし、婚礼費用八百四十フィオリーニは持参金から天引きし、その上、もし結婚後二年以内に娘が死ねば夫は千フィオリーニをまるまる返上する、という条件がついていた。

しかし、衣服と食事には惜しげなく費った。シャツを六枚も持っていて毎日着替えたし、ズボン六着、綿入り胴着六着、皮または赤い布地の上衣十着、くるぶしまである長マントも六着持っていた。この時代では前代未聞のぜいたくだった。だが寝巻やパジャマの類は一着もなく、ベッドに入る時はナイト・キャップ以外に何も身につけなかった。妻ももちろん素裸で寝た。

かれの本宅は今も残っている。美術的価値はないが、頑丈で住みやすくできている。部屋は円天井で、台所は二つ、客用の寝室も数個ある。フランス大使やアンジュー家のルイージ二世などの賓客が泊ったこともある。そんな時は、会社の威信を高める絶好の機会として、惜しげなく大盤ぶるまいをした。ダティーニ自身が食道楽で、普段の食事も質量ともに豪華であった。

七十歳を越すと、さすがのダティーニも、狂気じみた仕事のテンポを多少ゆるめざるを得なくなった。だがかれを苦しめ続けて来た例の「気鬱」症は、治癒に向かうどころか、いっそう悪化する。仕事でいらいらくよくよする上に、「死神」すなわちペストを恐れてさんざ気を揉まなければならないのだ。最初のペストで両親と兄弟を奪い去られたあの恐怖の記憶は、終生かれにまつわりついていた。それ以来すでに六度もペストの大波が押し寄せていたのである。

一三九九年、七度目のペストが迫って来ると聞くと、ダティーニは粗末な修道服を着て、手に蠟燭を捧げ、靴もはかぬはだしで、贖罪の巡礼に出た。かれは教会に反感を持っており、しょっちゅう聖職者の悪口を言っていたが、神は信じていた。少なくとも地獄の存在は信じていたから、信心を絶やさず、時には慈善の寄付を行ない、説教を聞きにも行った。シエナの聖ベルナルディーノの説教には特に弱かった。この聖者はいっぷう変っていて、説教の中に鶏や蛙の鳴き真似やせりふのやりとりを混えて聴衆を引きつけていた。

ダティーニは、やたらと「お慈悲（ミゼリコルディア）」という言葉のたくさん入った聖歌を歌いつつ巡礼を続けたが、神は慈悲をたれ給わず、またしてもペストは全欧を覆い、死神は遂にプラートにも怖るべき姿を現わした。かれはこの死の波を避けるために、騾馬の背に揺られてアペニン山脈を越え、ボローニャに逃れる。妻のマルゲリータ、娘のジネヴラ、それに社員二人と召使数人が行をともにした。ちょうど一四〇〇年のことだった。ボローニャに四ヵ月滞在しているあいだ、親友ラーポ・マッツェイはプラートから便りを欠かさなかった。「昨日一日で二百一名のプラート市民が死んだ。医師も聖職者も墓掘人足もいないから、めいめいで自分の縁者を埋葬しなければならない」。フィレンツェも同様に惨憺たる光景に満ちていた。店々は扉を閉し、街道には人気がなく、葬鐘だけが陰々と鳴り響き、ボッカチオの描き出した一三四八年のペストの惨状を再現していたのだ。ラーポ自身も二人の子を喪った。

やっと疫病がおさまり、ダティーニはプラートへもどり、以後はこの町を出ない。老商人の身体はまだ丈夫だったが、心は打ちひしがれていた。プラートも他の町同様、人口の三分の一を奪われていた。奇蹟的に感染を免れたラーポは、かれに警告した。「この我々の生は、死への道程に過ぎない」。説教師ジョヴァンニ・ドミニチは、余生を神に捧げて過すよう勧告した。ダティーニは遺言状を作製したが、かれの財産が七万フィオリーニに達することを知って公証人は目を剝いた。七万といえば、フランス王室の年間総収入を上まわる額である。ラーポの忠告に従って、遺産の大半はプラート救貧院に寄付し、妻と娘、その他の家族には年百フィオリーニの収入が残された。

天国へのこの巨額の投資を済ませて、ダティーニはまた仕事にもどった。死は一四一〇年、不意にかれを襲った。

フランチェスコ・ダティーニは偉人でも英傑でもなく、十四世紀社会が生み出した新しい型の資本家であった。自己の姿を完璧に再現できるだけの資料を残したところを見れば、かれ自身がそのことをよく承知していたのかも知れない。

アッチアイオーリ、バルディ、ペルッツィ、チェルキ、フレスコバルディら十三世紀の実業家は、組合(アルテ)と政治党派と門閥を土台として活動したのだが、ダティーニは徒手空拳でのし上った人物である。それだけ個人が「集団」から解放されつつあったのだ。また、前世代の実業家たちが金銭を、権力や威信を得るための手段と考えていたのに対して、ダティーニは金銭そのものを目的として追求したのであり、貴族の称号とか政界での地位などのために働いたのではなかった。かれが引き受けた唯一の公職はプラート市の「正義の旗手」だが、望んでなったのではなく、ごく短期間で辞めている。政治に対する態度は無関心というより軽蔑に近く、生産と蓄財にひたすら心を傾けた。この点ではかれは近代資本家の先駆者だったと言える。

ダティーニはまた、経営方式の面でも先駆的だった。十三世紀の実業家たちは、開拓者であり戦士であり冒険者であって、独力で海陸の通商路を切り開き、率先して未知の世界へ乗り出した。英雄的な企業家精神に鼓舞された陣頭指揮が、かれらの経営のスタイルであった。それに対してダティーニは、アヴィニョン、プラート、フィレンツェの三都市以外には踏み出さず、いつも「会社」の中にいて、配下のスタッフ、支店網、通信員、飛脚を駆使し、信用手形を用いて迅速に資本を移動させた。

かれとともに新しい型の資本主義が展開し始める。それは、想像力、創意、勇気よりも、技術と能率に基礎を置く資本主義である。ダティーニ型の人間の登場とともに、イタリア経済の中での企業の規模が小さくなったと考えるのは誤りである。サポーリ教授の言を借りれば、企業家精神のスケールが小さくなったと言うべきなのである。

13　教皇のローマ帰還

聖女カテリーナの嘆願と脅迫は、教皇ローマ帰還のひとつの動機となったかも知れない。しかし、それよりもずっと強力な動機が二つあった。第一、この時期フランス王は教皇のローマ帰還を妨げるだけの力がなかった。百年も続く英仏戦争に頭を突っ込み、しかも初期の戦況はいちじるしくフランスに不利だった。敵軍が国土を蹂躪し、ペストと飢饉が住民に襲いかかっていた。アンジュー家のナポリ王国も、無思慮なジョヴァンナ女王の統治下で、援軍を送るだけの余裕がない。

第二、イタリア、特に教皇領が憂慮すべき状態にある。小独裁国家が群立して覇を競う間に、時々ドイツから皇帝が南下した。一三五四年、皇帝カール四世が来征、諸市から冥加金を取り立て、フィレンツェは十万フィオリーニも献納させられた。今や神聖ローマ皇帝は、勝手に課した税金の取り立て人として憎まれるだけの存在になり下っていた。かつてカール大帝やフリードリヒ大帝の頭上に輝いた皇帝冠の権威は、ここまで下落したのである。だがイタリアの小独裁者たちは、この機を利して皇帝代理の肩書を得ようとする。

何とか自分たちの簒奪した権力を正当化したいのである。コーラ・ディ・リエンツォが古代ローマ復活の妄想を掲げて立ち上ったのは、この時期である。コーラは狂っていたが、マラテスタ、オルデラッフィ、モンテフェルトロ、ヴァラーノ、トリンチら、教皇領諸国の小僭主たちは正気だった。かれらは混乱に乗じて中部イタリアを分割することに成功しつつあったのだ。その上、ヴィスコンティ家のミラノ公国が、半島全体に危険な吸引力を及ぼし始めている。富強を誇ったジェノヴァすら、一三五三年にミラノの手中に落ちた。この勢いが続けば、リソルジメントに五百年先駆けて、ミラノ公国によるイタリア統一の可能性があった。これこそカトリック教会のもっとも怖れた事態なのである。

アヴィニョンの歴代教皇はフランス人だが、イタリア統一の危険を前に大いに動揺した。クレメンス六世の真意は、コーラを利用してローマに教皇権を再興することにあった。だから、第一次の失敗ののちも「護民官」を免訴し、囚人というより客人に近い扱いで留めて置いたのである。まもなくクレメンスは死に、次に立ったイノケンティウス六世は、前教皇とは反対に非常に地味な倹約家であるが、カトリック教会の権益擁護という点では、同様の強硬路線を突っ走った。三年間飼っておいたコーラがようやく理性をとりもどしたかに見えたので、腕利きの枢機卿アルボルノスにつけてイタリアに帰らせる。

ジル・アルバレス・カリーリョ・デ・アルボルノスはスペイン貴族で軍人、戦功によりトレド大司教の地位を得た。枢機卿に任ぜられてイタリアに派遣されると、ついてきたコーラを単独でローマへやり、狂気の再発と民衆のリンチの中に見殺し、自分はフィレンツェに留まり、市政府に資金を提供させて軍勢を集めにかかる。多くの兵は集まらなかったが、教皇領にひしめく群小君主を動揺混乱させるには充分である。交渉を呼びかけ、和平会談のさなかに敵城を急襲するのが枢機卿の常套手段、ジョヴァンニ・ヴィーコもこの手にかかった一人で、和平会議に乗り込んできた時はヴィテルボ、オルヴィエート、アメリア、ナルニ、テルニの五城の主だったのに、会議が終った時は五城とも攻め落されており、コルネートの代官という肩書しか残らなかった。だが最大の敵マラテスタとオルデラッフィはこんな手にはかからないから、この二人を孤立させねばならない。枢機卿は、近隣諸国からの侵略を避けるには教会の後援を得るしかないと群小君主を説得し、次々に味方に引き入れた。

マラテスタは緒戦に敗れると諦めて和を乞うた。アルボルノスは寛大で、まだ破門の解けていないマラテスタに、リミニ、ペサロ、ファーノの三領を残してやった。

残ったオルデラッフィは残忍かつ有能な君主で、その妻チーア・デリ・ウバルディーニは女ながらも武勇にすぐれ、ミネルヴァの化身と言われるほどの猛女である。この兇暴な夫婦を打倒するため、教皇は破門状を書き、アルボルノスは破門者に対する十字軍を直ちに布告、参加者にはきわめて広範な免罪を行ない、大罪を犯した者すら許されるとしたから、泥棒、強盗、殺人者のたぐいが八方から馳せ参じ、教皇軍の陣営を埋め尽くす。一方オルデラッフィは、フォルリの広場で教皇と枢機卿のわら人形を焼き捨てて気勢をあげ、「見ろ、ここにわしが立っておる。破門されたって肉もパンも葡萄酒も結構うまいわい」とうそぶく。

だが戦況は教皇軍の有利に展開した。猛女チーア必死の防戦も甲斐なく、チェゼーナも落城。ところがどういうわけか教皇庁はアルボルノス枢機卿をアヴィニョンに召還、代りに赴任したドラロシェはすべてを台無しにしてしまった。翌一三五七年、アルボルノスが戦線復帰、最初から陣容を建て直し、二十ヵ月に及ぶ死闘ののち、遂にオルデラッフィを降伏せしめた。

教皇軍の占領下にボローニャは全市民投票を行なって、教会への帰属を承認する。投票用紙の代りにそら豆の粒が用いられた。開票の結果は賛成を示す白い豆が千六百四十四個、反対を示す黒い豆はわずか五個。

こうしてエミリア、ロマーニャ、マルケ、ウンブリア、ラツィオの諸州、すなわち中部イタリアの大部分に、再び教皇の支配が行きわたり、フィレンツェも帰順を約した。そこでアルボルノスは、いよいよローマの秩序再建に取りかかる。教皇指名の元老院議員が市の行政に当ることになったが、何はともあれ、ローマ人だけは決して指名してはならない。枢機卿はもちろんこれをよく理解していた。市民の中からも助力者を得たが、すべて民衆出身で、貴族は相手にしなかった。この事業を完成するため、アルボルノスは有名な「エジダ憲章」を発布、これが十九世紀まで教皇領の事実上の憲法となる。

ローマ帰還への道は掃き清められた。一三六二年ウルバヌス五世が即位、前教皇の綱紀粛清方針を堅持、教会内部を引き締め、一三六七年、教皇庁ローマ帰還を宣言。ちょうどフランス王が英国の捕虜となっていた時期である。フランス系の枢機卿は、ペトラルカの美辞麗句と聖女カテリーナの恐喝に屈したとウルバヌスを非難したが、教皇は頑として決定を変えなかった。

一三六七年春、教皇の御座船は、ジェノヴァ艦隊を護衛としてマルセーユを出帆。七十四年ぶりに帰って来た教皇を迎えるため、ローマは凱旋式のような騒ぎとなった。イタリアの君主貴顕は挙ってローマに参集、あるいは入城する教皇の騾馬のくつわを取り、あるいは華麗な鎧に身を固め旗幟を押し立ててサンピエトロ大聖堂まで教皇を護衛する。この日のために大車輪の活躍をしたアルボルノス枢機卿は、少し前に世を去り、晴れの儀式を見ることができなかった。

だが、祝祭が終ると、教皇はふさぎ込んでしまった。ローマは荒れ果てていた。聖パオロ教会は崩壊したままで、サンピエトロ大聖堂の建築すらひび割れが激しく、ラテラーノ宮も最近の火事で半焼、市の大建築はいずれも傾き、下水溝は埋まり、沼が方々に生じ、産業はなく、民衆は貧苦に喘(あえ)いでいる。ヨーロッパ中でもっとも横暴無能なローマ貴族階級の悪政下に長く呻吟しているあいだに、事態はこうまでひどくなってしまったのだ。

陰惨な町の雰囲気にどうしても馴染めないウルバヌス五世は、公共事業費を支出してその執行を市政府に一任したのち、モンテフィアスコーネへ引き移ったが、故国フランスへの想いを絶ち切ることはできなかった。これを知ると、ペトラルカは再三書を送って教皇を励まし、スウェーデンの聖女ブリジドは、ローマを離れたらお命が危いと脅迫する。皇帝カールもこの合唱に加わり、中部イタリアの皇帝権の主張を断念すると厳粛に宣言、みずからローマに来て教皇のくつわを取り、サンピエトロ大聖堂のミサに列席した。

ウルバヌスは一三七〇年まで何とか持ちこたえたが、病に襲われ、なつかしいアヴィニヨンをせめて一目見て死にたいと思い詰めた。同年のクリスマスを待たず、教皇ウルバヌス五世は、アヴィニョンの監房のように質素な部屋で、ベネディクト修道会の粗衣に着替え、眠るが如く世を去った。

次の教皇グレゴリウス十一世は、クレメンス六世の甥で、十八歳の時、伯父教皇から枢機卿に任ぜられた。伯父と同じく福音書よりキケロ、四旬節より謝肉祭を愛した。ウルバヌスの轍を踏む気はさらさらなく、ペトラルカの雄弁にも聖女カテリーナの切望にも耳をふさぎ、アヴィニョンを動こうとしない。

フランス人の枢機卿たちを教皇領諸国に代理として送り、統治を任せたが、かれらは占領軍司令官のように振舞った。悪政の酬いはすぐに現われた。ペルージアで教皇代理の甥が一人の人妻にしつこく言い寄り、その魔手を逃れようとした彼女が窓から飛び降りて死ぬという事件が起った。民衆は怒り、懲罰を要求して立ち上ったが、教皇代理は傲然とこう言い放った。「何を考えておるのじゃ。我らフランス人は皆宦官だとでも思っとるのか」。

ペルージアに反乱が湧き起る。ウンブリア、マルケ、ロマーニャの町々も挙って蹶起、アルボルノスの事業はすっかり台なしになった。教皇支配を認めていた六十四市のうち、一三七五年には、教皇に忠誠を誓うのはただ一市となってしまった。反乱の中心はフィレンツェで、常にもっとも戦闘的な教皇派だったこの町が、今や自由と大書した旗を掲げ、たっぷり資金を提供して、反教皇連盟を指揮しているのである。

グレゴリウスはアヴィニョンにいたまま形勢を逆転しようと、フィレンツェ全市を破門に処す。喜んだのは英仏両国で、自領内のフィレンツェの銀行家や商人の莫大な資産を没収し、国庫を潤した。フィレンツェ共和国はこれに対抗して自国内の教会資産を接収、宗教裁判所を閉鎖、異端審問所を打ち毀し、抵抗する聖職者は投獄、もっとも反抗的な者を絞首台に送り、ローマ市民にも反乱を呼びかける。これでは教皇庁もぐずぐずしてはおれない。教皇帰還を約束してローマをなだめ、忠誠を確保しなければならなかった。

約束を実行する前に、反乱諸市に対して教皇庁の威光を充分に示しておかねばならないのだが、アルボルノスのような人材はもういなかったから、傭兵隊長に任せるほかはない。数十年前からイタリアは傭兵軍団のメッカになっていたが、勇猛残忍で名を売った二人の傭兵隊長を教会は傭い入れた。

一人は英人ジョン・ホークウッドで、イタリア人はこれを訛ってジョヴァンニ・アクートと呼び、虐殺者と綽名していた。この男の率いる無頼漢の集団は、教皇に仕えるがゆえに「神聖隊」と呼ばれ、ファエンツァでは三百人の非武装市民を、敵と通謀する疑いありとして虐殺、隊長は「自分と兵たちの気に入った女だけを留めて」他の全住民を町から退去させた。

もう一人はジュネーヴの枢機卿ロベールで、聖職者であるのに、兇暴さではホークウッドに勝るとも劣りはしない。ブルトン匪賊を率い、詭計をもってチェゼーナを落し、市民・兵計四千を殺戮、若く美しい娘たちを留めて、他の全市民を町から追い出した。

フィレンツェが聖女カテリーナを大使の一人としてアヴィニョンに派遣したのは、この時期である。聖女は教皇の面前で有名な難詰の言を発し、危うく逮捕破門の憂き目を見るところだった。彼女の激訴がどの程度影響したのか知る術はないが、グレゴリウス十一世がその直後に渋々マルセイユを出帆したことは確かだ。一三七七年初めにローマに着いたが、前教皇のような大歓迎は全然なく、それどころか教皇の身辺の安全すら保証できない有様だから、まもなくアナーニまで引き揚げざるを得ない。教皇は路線を転換し、外交によって平和的に教皇領の秩序を再建しようとした。これにはかなり時間がかかった。フィレンツェは最後まで頑強に抵抗したが、ミラノ公ベルナボ・ヴィスコンティの調停で和平が成立、粘りに粘って破門解除料を半分に値切る。それでも八十万フィオリーニの巨額に上ったが、教皇はそれを二十五万までまけてくれた。

グレゴリウス十一世は、平和が完全に回復するのを見届けるだけの寿命がなかった。一三七七年末にローマにもどり、数ヵ月後、「フランス」とつぶやきつつ世を去る。

史上「バビロニア捕囚」と呼ばれるアヴィニョン時代は、こうして終りを告げた。だが今や教会分裂の危機が迫っている。百数十年後の宗教改革の種子はすでにこの時蒔かれていたのである。破局は逃れられず、ただ遅らせることができただけだった。「バビロニア捕囚」は、カトリック教会にとって、まことに大きな災厄であった。東のギリシア正教会がビザンチンの世俗権力の手中に握られたように、西のカトリック教会も、フランスの世俗権力の道具と化していると、多くの人が信じたからである。

事実その可能性は充分あった。フランス王の狙いは、教皇を国王付き司祭の地位にまでおとしめることにあったに違いない。ギリシア正教会の総主教は、皇帝付き司祭以上の何者でもなく、ここでは皇帝が教皇の権力をも兼ねていたのだ。もしフランスが百年戦争の惨劇に踏み込んでいなかったら、多分その狙いは達成されていたろう。

アヴィニョン時代に新任された枢機卿百三十四名のうち、百十三名までがフランス人である。この事実は、教皇庁の実権を掌握し、自国政治の道具と化す意図を、明白に物語っているではないか。これは、教会への反逆者たちにとって絶好の論拠となった。カトリック教会の神政的・絶対主義的構造に対して、英人ウィクリフが最初に攻撃の矢を放ったのは、まさにこの時期であった。

だが当面のところは、教皇のローマ帰還によって、ひとまず破局は回避された。結局教皇庁はローマ以外では安住できないのであった。だがそれは、神が世界伝道の唯一の中心としてローマを指定し給うたからではない。ローマが一民族、一国家の首都でなく、教皇権と対抗すべき世俗権の中心を持っていなかったからである。他のどこにいてもカトリック教会は、民族国家と競合しなければならなかったはずだ。イタリアでは教会が、民族統一、国家形成を妨害することに成功した。アヴィニョン以後、教皇がつねにイタリア人枢機卿から選ばれた真の理由はここにある。かれらだけがいわば無国籍で、国家の利益を考えずもっぱら教会の利益にのみ奉仕することができたからである。

14　教会分裂と公会議

ローマはすぐに教皇庁の場としてふさわしくないことを暴露した。グレゴリウス十一世の後継者を選ぶ会議はラテラーノ宮で行なわれていたが、ローマ市民はこれを包囲し、ローマ人、もしくはイタリア人を教皇に選出しないなら、出席している枢機卿は皆殺しだと脅迫したのである。その場にいた枢機卿のうち十二人が外国人、そのほとんどがフランス人だったが、急いでイタリア人のバリ大司教を教皇に選出し、アヴィニョン時代はよかったのにと愚痴りながら、早々に本国へ引き揚げた。

新教皇はウルバヌス六世と名のり、神は正しい人事を行なうために時には脅迫や暴動をも利用し給うということを、直ちに証明しようとした。市政の責任者には自分の腹心を起用し、お祭りはもう終ったということを市民に理解させるため、警察面に格別の配慮をした。それから教会の改革を宣言、公けの説教の中で高位聖職者の不行跡をきびしく咎め、まず上層部の姿勢を正さねばならぬと言い、それまで何か儀式があるたびに徴収していた「実費」や「謝礼」を撤廃した。それに異議をとなえたオルシーニ枢機卿は、怒鳴られて部屋から突き出されたし、リモージュの枢機卿が口答えをした時は、ウルバヌス六世に飛びかかられてしたたか殴りつけられた。聖女カテリーナは、もう少し穏やかにやるように手紙で勧告したが、教皇は耳を貸さず、どんどんイタリア人の枢機卿を任命して、改革を強引に推し進めようとした。

フランス系の枢機卿はかくてはならじとアナーニに結集、民衆の暴動によって無理強いされた先の教皇選挙は無効だと宣言、一三七八年九月二十日、ジュネーヴの枢機卿ロベールを教皇に選出、クレメンス七世の名をもってアヴィニョンで即位を強行する。筋書きを書いたのはもちろんフランス王だが、ナポリ王、スペイン王、スコットランド王も直ちにこの対立教皇を承認、カトリック教会の大分裂が始まり、以後数十年にわたって激闘が繰りひろげられる。

聖者たちすら分裂した。ウルバヌスの果断さと厳格なモラルが気に入っていたカテリーナは、対立教皇をユダ呼ばわりしたが、ビセンテ・フェレールは逆にクレメンスの肩を持った。両派とも相手側の行なう秘蹟は無効だと決めつけたから、ヨーロッパ人はまる三十年のあいだ、果して正規の洗礼を受けたのかどうか分らぬままに生き、有効な贖罪が得られたかどうか分らぬままに死ぬことになった。

ウルバヌスをボニファティウス八世の再来と見なす歴史家もいる。なるほど両者とも、権威を振りまわし過ぎて破局を惹き起したが、ボニファティウスが教会の権威をもっぱら自己の権威と見なしたのに対し、ウルバヌスは自分を教会の一兵卒と見なしていた。人柄も質朴で信仰心も深く、大向うを唸らせようとする山気もなく、個人的な野心も持たなかった。情熱にはやって誤りを犯したが、権力に固執したことはなかった。だが狂信者の例に違わずかれも残酷だった。反対派の枢機卿七名を拷問の果てに惨殺したこともあり、相手側とのどんな妥協も頑として聞き入れなかった。

本当はこの分裂は個人の性格に起因するものではなかった。民族国家が確立してそれぞれが自国の教皇を望むという政治情勢の、ひとつの帰結であった。だから、二人の主役が死んでも分裂はおさまらなかったのである。ローマはウルバヌスの後任にピエトロ・トマチェリを選出、ボニファティウス九世として即位、一方アヴィニョンからはペドロ・デ・ルーナが教皇に選ばれてベネディクトゥス十三世となる。フランス王は両者が同時に辞任するという妥協案を出したが、アヴィニョン側が拒否して成らず。

こうしているうちに世紀末が近づき、ボニファティウス九世は聖年祭の祝典を布告、これをめぐって両教皇の力づくのねじり合いが始まり、ボニファティウスはその名に恥じない腕力を発揮する。百年前の同名の教皇と同じく、威信と資金の確保のためなら手段を選ばない。フランス、スコットランド、ナポリの三王国が巡礼妨害の挙に出ると読み、先手を打って、旅費さえ払い込めば巡礼者と同様の贖罪が得られると、ローマ派の説教師に宣伝させた。

集めた旅費を着服した説教師は、最後の一文を吐き出すまで容赦なく拷問され、その嫌疑を受ければ無実の者も自腹を切らなければならない。ローマに来るべき巡礼の義務を免除し、うまいもうけの機会を棒に振らせるとは何事ぞと怒ったローマの細民は、説教師たちを街頭で襲撃、リンチにかけた。

一四〇〇年の聖年祭は一三〇〇年ほど派手なショーにはならなかったが、教会のみいりという点ではひけを取らなかった。この資金で己が権力の強化に狂奔するボニファティウスに対し、フランスの息のかかったコロンナ家が八千の兵を集めて反乱、教皇庁に攻め寄せる。教皇はサンタンジェロ城に籠って防戦、そうこうするうちに民衆が反乱軍に対して反乱、形勢は一挙に逆転し、反乱軍の首魁三十余名が捕縛された。ボニファティウスはそのうちの一人に、他の連中の死刑をその手で執行すれば生命を助けてやろうと言った。その男は教皇の条件を呑み、仲間を自分の手で絞首した。その中にはかれの父と兄も含まれていた。

その後まもなくボニファティウスが死に、イノケンティウス七世の代になると、またしてもコロンナ家が反乱、教皇はヴィテルボに避難、ローマの民衆はこの時とばかりヴァティカン宮を掠奪する。教皇旗は泥や汚物にまみれ、書類は窓から放り出され、帳簿や記録の類が路上に散乱した。やがて和平交渉が成功したが、教皇はローマ帰還後時を経ずして病没。

次に立ったグレゴリウス十二世は、アヴィニョンとの融和を提唱、これに対して対立教皇ベネディクトゥス十三世は、両教皇の退位という思い切った逆提案を出す。グレゴリウスは動揺したが、家族が退位に絶対反対。教会統一に傾いていたローマ派の枢機卿たちは業を煮やし、グレゴリウスをくびにするために教皇選挙会を召集したが、今度はどういうわけかベネディクトゥスが退位提案を撤回する。しかしフランス王もアヴィニョン派の枢機卿の多くも、すでにベネディクトゥスを見限っていた。こうしてそれぞれの教皇に愛想を尽かした両派の枢機卿が合流、教会統一回復のための公会議を布告する。場所はピサ、期日は一四〇九年三月二十五日と定められた。

公会議を開けという声は、教会の一枚岩的で権威主義的な構造に疑問を抱く人びとのあいだで、すでに一世紀も前から聞かれていた。例えばウィリアム・オッカムは、教会は教皇のものでも聖職者のものでもなく、信徒全員の共同体であると主張している。この共同体が常に全権力を保持しているので、教皇選出や罷免の権限も、元来この共同体に属しており、その意志は公会議を通じて表明される、というのである。マルシリオ・ダ・パドヴァも同じ考えで、公会議こそがキリスト教会なのだと述べている。そうすると、教会は聖職者の独占物ではあり得ないので、公会議には俗人も参加する権利があり、教皇は公会議決定の執行者以上の何者でもない、ということになる。

熱烈な公会議論者の一人、ドイツの神学者ランゲンシュタインは、その論文でパリ大学を混乱に陥れた。事実が我々の主張の正しさを物語っているではないか、とかれは言う。教皇と枢機卿の力では教会の分裂を克服することができぬではないか。かれらに任せておけばこの危機は乗り切れないのだ。従って、このような危機状況にあっては、教権体制より上位の、あるいは少なくともその外の意志、すなわち公会議の意志に皆が従わなければならない。ジェルソンはこの論理を大胆にも教皇ベネディクトゥスの面前で堂々と述べた。

　この運動の圧力が、両派の枢機卿を公会議布告に踏み切らせたことは確かだろう。しかし、枢機卿たちは追い込まれた袋小路から教会を脱出させる手段として公会議を利用したので、決してそれを目的視したのではない。かれらの真の目的は、教会の統一とともにその一枚岩の教権組織を再建することであり、オッカムら改革者のように一種の民主議会制を作ることを望んでいたわけでは決してなかった。

　ピサの公会議には、枢機卿二十七、総大司教四、大司教十二、司教八十、修道院長八十七、修道会代表、大学代表、教会法専門家合わせて三百、それにヨーロッパ各国の使節たちが参集し、随行の助言者、秘書、筆耕、事務員、護衛、召使を含めると厖大な数に上ったから、衰亡の一途をたどるピサの町に収容しきれたかどうか疑問である。

　この公会議は、「宗規に関する（カノニコ）」と規定され、教会全体に適用される法を発布する権能を持ち、また「全世界の（エクメニコ）」とも規定されて、キリスト教世界全体を代表することになっていた。しかしもちろんギリシア正教会の代表は招かれていなかったし、両派の現教皇も列席していなかった。両教皇には厳粛な招請状を送ってあるのにやって来なかったというので、公会議は二人を廃位し、あらためて枢機卿の中からミラノ大司教を選び、アレクサンデル五世として即位させ、この新教皇に次期公会議の召集を一任する。

この結果は、二教皇の代りに三教皇が並立したというだけだった。ベネディクトゥスもグレゴリウスも、公会議決定を無視し去ったからである。そのうえアレクサンデル五世は即位後まもなく急死したからますます混乱がひどくなった。ともかくかれの後任には枢機卿バルダッサーレ・コッサが選ばれ、ヨハネス二十三世と名乗った。

この教皇は、利にさとく野心的な政治家、有能で貪欲な行政官、俊敏で冷酷な将軍の素質を兼ね備えていたが、聖職にふさわしい素質はまるでなかった。なぜ傭兵隊長にならずに神に仕える道に入ったのかさっぱり分らないし、またなぜかれを、しかもこういう時期に教皇に選んだのか、いっそう分らない。処女、人妻、寡婦、修道女合わせて二百人を犯したと、かれの秘書が証言している。教皇冠を戴いたからといって、この楽しい色道修業をやめるつもりはさらさらなかった。そこで、前任者から受けついだ公会議召集権の行使をできるだけ延ばしているうちに、神聖ローマ皇帝に出し抜かれることになる。

時の皇帝ジギスムントは、教皇庁の危機こそ皇帝権回復の絶好の機会と信じ込み、古代コンスタンティヌス大帝の例にならって教会の内紛調停に当ると、大見得を切った。場所は大帝ゆかりのコンスタンツを選び、一四一四年十一月に公会議を開き、皇帝みずから議事を主宰すると宣言、目ぼしい聖職者、貴族、文化人を残らず招請する。

公会議の参加者総勢五千、クレイトンによればうち千五百は娼婦だったそうだが、それにしても三二五年のニケア公会議以後最大規模の宗教会議だったことは確かである。

会議が始まるとすぐ意外なドラマが展開した。ヨハネス二十三世の逃亡である。婦女誘惑、破廉恥罪、瀆神のかどで公会議から訴追を受ける手筈を、誰かから事前に聞き知ったらしい。こっそり議場を抜け出し、皇帝の敵であるオーストリア公フリードリヒの庇護を求めた。ヨハネスにとってこの訴追を避ける方法はただ一つ、ベネディクトゥス、グレゴリウス両教皇を道連れに退位することしかない。かれは亡命先から有名な教皇回勅『サクロサンクタ』を発する。一説によれば「カトリック教会の公文書のうちでももっとも革命的」な回勅である。この中でヨハネスは、公会議がたたかう教会を代表し、その権威が直接神に由来すると言い、公会議こそがキリスト教界の基本形態だと明言する。教義についても組織についても改革についても、公会議の決定が教皇以下全信徒に対して拘束力を持つと述べ、教会は自今公会議を唯一絶対の最高機関として活動すると、高らかに宣明したのである。

狡猾で脱イデオロギー的なヨハネスは、公会議運動の先頭に立つことによって、状況の主導権を握ろうとしたのだ。まことにかれらしい作戦で、結局成功しなかったとはいえ、自分を見放した枢機卿たちに対する強烈なしっぺ返しとなった。もとより枢機卿たちはこんな公会議全能論に賛成できるはずはなく、教皇選出は枢機卿会の権限であると主張しなければならなくなり、会議場ではひどくやり込められる始末となった。だが当分のあいだ、教会みずからが民主的改革の道を切り開いているように見えた。

詐欺、窃盗、聖職売買など五十四件の訴追を受けたヨハネスは、一四一五年五月二十九日に廃位、ハイデルベルグ城に監禁される。三年後、コジモ・デ・メディチの尽力で解放され、コジモはこの廃教皇を客として迎え、余生の面倒を見てやった。教会の公式の歴史はかれを正規の教皇と認めていない。二十世紀になってもう一度ヨハネス二十三世が出現するのはそのためである。

公会議はパレードを催して勝利を祝ったが、まだグレゴリウスもベネディクトゥスも教皇位に執着しており、背後にそれぞれの信徒を率いているのだから、公会議が新教皇を選出すればまたしても教会は三つに分裂することになる。このジレンマに悩んでいる時、グレゴリウスが度量のあるところを見せた。もっともそれがかれにとってもいちばん賢明な策だったのだが、改めて公会議を開き直し、自分がそれを召集して、その後に退位しようと提案したのである。まず私を教皇と認めなさい、公会議召集権を含む教皇の全権限を私に委ねなさい。そうすれば私が公会議を召集し、その席で退位し、私の全権限を公会議に委託することにしよう、というわけだ。この巧みな戦術によって、権威の源泉が教皇にあり、公会議は教皇の委託によって初めてその権威を行使できるのだ、ということが強調されたのである。これは『サクロサンクタ』の逆転である。枢機卿たちはグレゴリウスの功績を認め、アンコーナ総督の地位をあてがった。

こうして教皇位にしがみつくのはベネディクトゥスだけになった。だがかれはすでに孤立していて、公会議が廃位を宣言しても分裂は起らなかった。哀れなベネディクトゥスは郷里バレンシアの城塞に引き籠り、家中一同に自分を教皇と呼ぶよう厳命した。九十歳の長寿を保ったが、教皇と呼ばれなかったら困ると思ったのだろう、死ぬまで決して外出しなかった。

ようやく統一カトリック教会の教皇を選ぶことが可能になった。一四一七年、枢機卿オッドーネ・コロンナが選出され、マルティヌス五世の名で即位。分裂は終った。

15　教皇庁の反撃

教皇マルティヌス五世は、善きローマ人の常として、まず親類縁者を引き立て、枢機卿や元老院議員や将軍を一族郎党から任命した。だが情状酌量の余地はある。ローマの治安がひどく乱れ、教皇自身が住むに危険を感じて、ジュネーヴ、マントヴァ、フィレンツェと渡り歩いていたくらいで、ともかく信用できる人びとに最小限の秩序をうちたてさせねばならず、親戚以外に信用できる者はなかったのである。

前にも述べたように、教皇領は多くの小僭主国に分れ、それら小独裁者は、教皇代理とは表面だけ、内実は教皇の名を借りて勝手放題に振舞っていた。また、ローマへ通ずるすべての道路はブラッチョ・ダ・モントーネという山賊の支配下にあり、この山賊の考えひとつで補給を停め、町を飢餓に追い込むことができた。それに、先にはアヴィニョンへの移転、後には大分裂という混乱の中で、教皇庁の統治機構もめちゃめちゃになっている。軍も警察も税務署も食糧庁もなくなってしまい、大蔵省もないのだから国庫はからである。

だがマルティヌスは勇敢かつ賢明に対処した。教皇庁の集権制を改革し、教皇の権限を分散せよというのが、かれを選んだ公会議の意志だったのだが、権威主義どころか絶対主義の伝統の根深いローマ人に、どうしてこの任務を委ねる気になったのかまったく不思議である。おそらくかれがその任務の実行を公約し、それゆえに公会議から信任されたのだろう。マルティヌス五世は公約を撤回はしなかったが、巧妙にごまかして実行しなかった。

教皇になるとまず、皇帝ジギスムントを公会議から追い払った。教皇空位のあいだ代りをつとめて下さってご苦労さま、というわけである。新教皇が議事を主宰するから、皇帝には用がない。会議の中では巧みに国家間の対立を利用し、教会改革の大事業を一連の部分的な協約にすりかえ、この協約を具体化するはずの規定は、玉虫色のあいまいな字句で肝腎の部分をぼかしてしまった。もちろんこれには抵抗があったが、教皇は抵抗が消耗し尽すまで待った。公会議はすでに三年も続いていた。列席者にとっては、家庭も仕事も放り出して疲労と出費に明け暮れた三年だった。教皇の方も、ローマの秩序再建が気にかかっていた。だが、この持久戦はついに教皇の粘り勝ちに終った。次回の公会議は五年以内に開くことになった。

一四二〇年、マルティヌスはローマへ帰る。財政にはまだ目鼻がつかないが、軍と警察はととのい、市内の治安は回復している。捕縛した賊の首魁を斬首して、新教皇政治の門出の血祭りとしたが、ローマ市民は喜々としてこの門出を祝い、古き善き時代への回帰を歓迎した。教皇は財政再建策でも古い方式に回帰する。すなわち聖職を売って財政をあがなうのである。こんな方法にたよらなければならぬことを教皇自身が嘆いたが、他に手段はなく、必要は増大する一方である。崩壊に瀕した歴史的建造物を修築し、橋と道路を補修し、下水溝を掘り直さねばならない。義務として課せられた教会改革をなおざりにして公共事業のことばかり考えていると非難した人に対して、マルティヌスはローマ的良識をもってこう答えた。「だって、改革なんかやらないでも教会は十四世紀間歩み続けて来たんだぜ。だが銭がなければ一週間ともたんだろうが」。

そうは言っても義務にも忠実で、一四二三年、パヴィーアに公会議を召集。だが折悪しくペストが発生し、ピサやコンスタンツのような大会議にはならず、まもなく議場をシエナに移す。会議は再び権力の分散を要求、教皇は善処を約束したが、抜本的な処置はとらなかった。まもなくシエナにもペストの脅威が迫り、議事半ばにして散会のやむなきに至る。

この現世的な教皇の関心は、教会よりもむしろ教皇領とその首都ローマに向かっていた。ジェンティーレ・ダ・ファブリアーノ、ピサネッロ、マサッチョら名匠をローマへ呼び、サンタマリア・マッジョーレ教会と聖ジョヴァンニ・イン・ラテラーノ教会の壁画を描かせる。当代最高のヒューマニストの一人、ポッジョ・ブラッチョリーニを秘書に採用したほか、プロスペロ・コロンナ、ジュリアーノ・チェザリーニら、神学には暗いが文学には明るい人びとを、枢機卿に任命する。

マルティヌス五世は、教皇庁に対抗して公会議の立場に立つ教皇のはずだったのに、賢明かつ老獪に立ちまわって、いつのまにか公会議に対抗して教皇庁の立場に立つ教皇になりおおせていたのである。時間さえあれば思惑通り改革運動を眠りこませ、骨抜きにしていたろうが、一四三一年に永眠。公会議が選んだ後継者には、とてもそれほどの能力はなかった。

新教皇エウゲニウス四世は、ベネディクトゥス十二世の母方の甥で、ヴェネツィアの聖アウグスティヌス会に属していた。信仰と徳性には申し分なく、教皇になってからも苦行者のような生活を変えず、粗衣粗食と祈りを信条としていた。だが粗食にもかかわらず、痛風という持病があり、この病気のせいで辛抱がなくなり、人づきあいがまずくなった。その上もともと頑固である。常に伏目で穏やかに慎ましく語るが、他人の言うことには耳を貸さない。

教皇選挙の際に、かれに投票した枢機卿たちは、自分たちの特権を擁護するための組織的措置をとるという約束を取りつけていた。前教皇の一族だったコロンナ家は、守るべき特権が特に多かったから、この約束を実行するよう強く新教皇に迫った。ところがエウゲニウスはこの約束を守らず、自分を選出してくれた枢機卿たちを敵にまわすことになった。一方バーゼルでは、前教皇の召集しておいた公会議が、それまでにも増して戦闘的に教会改革を要求し始めている。

エウゲニウスは公会議の解散を命令、これに対して公会議は教皇の出席を命令する。この機逸すべからずとコロンナ家はローマで反乱を起した。教皇はテーヴェレ川を短艇で逃れ、暴徒の石つぶてを避けつつ、フィレンツェからボローニャへと移動した。こうしてまたもやローマに教皇がいなくなり、その状態が九年続く。

バーゼルでは、せっかくの革命的情勢を皆で食いつぶしていた。トゥールの大司教は、会議の多数を占めるフランス人を代表して、率直かつ粗暴にこう言った。「我々はイタリア人の手から教皇庁を奪い取ってやる。それがだめなら教皇庁を無力な存在にしてしまう。そうすれば教皇庁の所在地がどこであろうと問題にはならない」。大勢は無力化の方向を目ざした。公会議は布令を連発して、役職への叙任や十分の一税の徴収など、教皇の権限を奪い取ることにした。

エウゲニウスはボローニャから布令無効を宣言し、再び公会議解散を命令する。公会議は教皇廃位を決議、アメデーオ・ディ・サヴォイアを新教皇に選出、フェリクス五世として即位させる。こうしてまたもやカトリック教会は分裂した。これを待機していたフランス王シャルル七世は、聖職者、諸侯、法律家をブールジュに集め、一種の「国事詔勅」を布告。それによれば、教会の役職はそれぞれの司教区に属する聖職者の選挙によって決定されるが、その際国王の「推挙」を重んじなければならない、とされており、国王が教会人事をつかさどることになる。教皇への訴願や教皇庁への納税も禁じられている。

勝負は決したかに見えた。教会の古い権威主義体制は瓦解し、「ブールジュの国事詔勅」は民族別の独立教会に道を開き、国王がその事実上の長におさまるのだ。ルターが生まれる前に宗教改革が成功したかに見えた。この間にプラハでも改革の火が燃え上っていた。プラハの枢機卿は説教壇上から教皇を論難、「黙示録の怪獣」と悪罵した。

ここで教皇を救ったのは、従来「失われた兄弟」として半ば敵視してきたギリシア正教会であった。軍事力によってイスラム世界の主導権を握ったトルコは、この頃コンスタンティノープルを脅かしていた。ビザンチンの皇帝ヨハネスとギリシア正教の総主教は、トルコの脅威に対抗するためには西方カトリック世界と同盟する以外に道なしと考え、使節をローマに送って、東西両キリスト教会再統一のための公会議を提議する。エウゲニウスはこの話に飛びついた。そんな大宗教会議が開かれたら、バーゼルの会議などいっぺんにかすんでしまうだろう。そこでバーゼル側も対抗策を考えた。

こうして、東の皇帝のもとへ二つの違った提案が送られた。一つは教皇エウゲニウスのもので、即時フェラーラで公会議を開き、教皇自身が指導、主宰するという内容である。今ひとつはバーゼル側の提案で、バーゼル公会議こそが唯一の正当なカトリック教会の代表であると強調し、その裏付けのひとつとして、皇帝ジギスムントの支持を挙げ、エウゲニウスは世俗権力の支持がなく、それゆえ無力な存在であると述べている。ヨハネス帝は、ギリシア商人の目つきになって両案をじっくり検討した末、エウゲニウス提案を採用すると決めた。こっちの方が安全だと思ったのである。

バーゼル会議にとっては破滅的なショックである。参加者の最良の部分が、反教皇庁闘争よりキリスト教世界統一の方に魅力を感じて、フェラーラへ馳せ参じる。全ヨーロッパの目がこの町に吸い付けられた。一四三八年、東の皇帝ヨハネス、総主教ヨゼフは大勢の名僧知識を従えてフェラーラに到着、教皇エウゲニウスは平素の気難しさや禁欲主義をかなぐり捨てて、厳粛かつ華麗な歓迎の宴を張る。エウゲニウスの勝ちである。バーゼルのことなどだれも構わない。出席者もまばらになった公会議は惨めに散会した。

だがフェラーラでも会議は難航する。対立点を調整するための委員会がいくつも作られたが、最大の障害はやはり聖霊の問題である。カトリック教会は、聖霊が父なる神と子なるイエスから発するとしているが、ギリシア正教会側は、父なる神から子なるイエスを通して発すると考えている。数ヵ月間七面倒な議論をたたかわしたのち、ペストが発生したから、事態はますます混乱したが、コジモ・デ・メディチが議場をフィレンツェに移すよう提議し、会議は喜んでこの申し出を受けた。

アルノ川の岸で討議再開、最初の合意が得られたのは一四三九年を迎えてからだった。両者の考えに根本的な相異がないことを双方が確認した。カトリック側の「父と子より」もギリシア正教側の「父より子を通じて」も、つまりは同じことを言っているので、それゆえ両方とも正しい、ということになったのである。それならどうして四百年間も分裂したままでいなければならなかったのか、まったく不思議であるが、会議の論点がカトリック教皇の至上性という問題に移ると、そのわけがはっきりした。教義論争の真の焦点はここにあったのだ。だから、この問題に関しては双方とも強硬である。教皇は絶対に譲らないし、皇帝はすでに東側の大主教たちに退場を指示している。会議決裂と思われた時、ニカエアの主教ベッサリオンが巧妙な妥協案を考え出した。すなわち、ローマ教皇にキリスト教世界全体の上に立つ権威を認め、それと同時に、東方教会の既得権はそのまま維持する、というのである。

この妥協案は、正確には何を意味しているのか誰も分らなかったのに――いや、まさに誰も分らなかったがゆえに、会議で承認された。一四三九年七月六日、二大キリスト教会合同宣言が、壮麗な大聖堂の、三年前にとりつけられたブルネレスキの美しい円蓋の下で、おごそかに読み上げられた。ギリシア語文をベッサリオン、ラテン語文をチェザリーニ枢機卿が朗読し、二人は互いに友好の接吻を交した。それから、数ヵ月前まで破局に喘いでいた教皇エウゲニウスの前に、まず皇帝ヨハネスが跪き、ついで全員がその例にならった。

だが、世界協和の喜びは、長くは続かなかった。コンスタンティノープルの市民と聖職者は、皇帝と主教たちを、口笛と罵声と泥つぶてで迎えたのである。「裏切り」の張本人と見なされたグレゴリウス主教は逃亡を余儀なくされ、一四五二年までサンタソフィア大聖堂で合同宣言を読み上げることができなかった。フィレンツェの会議は「盗賊会議」と呼ばれ、アレキサンドリア、アンティオキア、エルサレムの主教は挙ってこれを非難した。一方、ローマ教皇は約束を守って援軍を送り、ハンガリア王国と共同作戦を組んでニシュにトルコ軍を破り、ソフィアを一時奪回したが、次のヴァルナの戦で大敗を喫した。

合同派と正統派は、「父と子より（フィリオクエ）」の問題をめぐって互いに破門し合ったが、翌一四五三年、トルコ皇帝メフメト二世が東ローマ帝国を滅亡させ、すべての問題を無意味にしてしまう。

教皇エウゲニウスはローマに凱旋した。ヴィテレスキ枢機卿が先行して、ローマの反乱を強引な手段で鎮圧してしまっていた。教皇専制を廃して公会議に指導権を移そうというバーゼルの旗印は、当分のあいだ、忘れられることになった。

ところで、この教権組織大混乱の時期に、イタリア各地がどうなっていたかを見ることにしよう。ざっと見渡せば、どの地方でもかなり前から自治都市（コムーネ）が危機に陥っており、新しい政体、僭主国家（シニョリーア）が発展の途上にある。

16　自治都市から僭主国家へ

自治都市民主制の細胞は、「近隣の人びとの集まり」すなわち町内会（ヴィチナンツァ）であった。この素朴な人民議会は、町内の教会前の広場で必要に応じて開かれ、その中央のにれの木をシンボルとしていた。町内に住む人びとはこの木の周囲に集まり、領主との関係について相談したのである。神聖ローマ皇帝のお墨付をもらった封建領主は、その封土と住民に対して絶対権力を振るっていた。町内会の結集は、この権力に対処し対抗するためであった。「善き人びと」または「総代（レットーリ）」と呼ばれる複数の代表者が町内会から選ばれ、市民代表として領主またはその代理との交渉に当る。税の減免、通関税の徴収、夫役の軽減、軍役の調整などが主要な交渉事項だった。

大きな町では地区ごとに町内会が開かれた。フィレンツェを例にとると、大聖堂門、聖パンクラツィオ門、聖母門、聖ピエトロ門の四地区にそれぞれ町内会があり、市民も四分されていた。いずれも地区の教会が中心で、町内会長は地区司祭と並ぶ世俗の長と見なされており、租税の徴収に当っていた。フィレンツェ市全体の「計画化」には成功したためしがなかったが、地区ごとの橋や道路の補修、下水の整備などの公共事業にも、町内会が当ることになっていた。

市の中央権力が形成されたのはかなり後のことで、強い反対を押し切らねばならなかった。そしてこの中央権力も、地域権力を服従させてその上に君臨するのではなく、調整機能しか持っていなかった。これが自治都市の弱点だった。「総代」制から「執政(コンソリ)」制に移ると、中央権力の最上層での統一が達成されたが、この新しい政府機構も決してうまく機能しなかった。中央権力に服従することを嫌う他の諸権力が絶えず抵抗して悶着を起すからである。自治都市制のもとでは、全体の利害が特殊な個別の利害をのりこえることができなかったのである。

だが、この弱点を抱えながらも自治都市は発展した。十一世紀初頭以来、封建領主の支配が深刻な危機に入っていたからである。

封建領主は大部分が「蛮族」すなわちゲルマン系で、もともと戦士であるから、都会の生活を軽蔑し、妻妾、家来、馬とともに田舎の城塞に暮らしていた。農村が都市に優越し、土地が唯一の富の源泉であるあいだは、領主の権力は安泰だった。しかし、都市が冬眠から覚めると、領主は予想だにせぬ新しい現実に直面することになった。町の「執政」が領主やその代官よりも有力な存在となり、事実上の町の支配者になりつつあったのである。

執政は最初から資産にもとづいて選出され、たいていは商人階級に属していた。この階級は十一世紀以来、開放的で競争的でダイナミックな新しい経済を開拓し、市壁の外にひろがる広い視野をもっていた。かれらの活動は、アルテと呼ばれる同業組合を基盤としており、この組織が都市の政治のかなめともなった。

十一世紀初頭のフィレンツェには、両替業、医薬業、羊毛業、絹物業、法律家公証人の五組合(アルテ)があり、組合員は雇用者に限られていた。これらの組合が、賃金と価格と労働時間を決め、輸入制限や関税措置を行なって、市の経済を統制していたが、時代が進むにつれて、市への食糧補給、公共建設事業、治安維持まで取りしきるようになり、国家の中の国家という様相を呈する。これに対して被雇用者を結集する労働組合(カピトゥディニ)は、萌芽的な形で存在してはいたが、法制上も事実上もほとんど無力であった。

各同業組合(アルテ)の立派な本部の建物には、事務所、文書庫、書記、会計のほか、法廷まで備わっている。初審は組合の法廷で裁かれ、国の法廷は控訴審しか受け付けない。組合員には相互扶助の義務があり、仲間が誘拐されたら組合が身代金を払い、逮捕されたら保釈金を積み、破産したら負債を肩代りするきまりである。また厳しい道徳の掟もあり、服装すら規制される。各組合にはそれぞれの保護聖者が決まっていて、パレードやイルミネーションで華やかな祭りが年に一度ある。たいていの場合はそれぞれの保護聖者に捧げられた教会堂があり、聖遺物や時には遺体がそこに納められている。どの組合も聖堂の建設や装飾のために資金を寄付し、司教にお布施を渡す。演劇や聖史劇を後援して芸術保護の役割も果し、病院、孤児院、養老院などにも補助金を出す。組合長は執政同様の尊敬を受け、市の祝祭のパレードには、組合の紋章と標語を書いた旗や横断幕を持って先頭に立つ。

商人の主導権は十二世紀まで続いたが、このころから独立の勤労者も同業組合を結成し始め、馬具職、肉屋、革加工職、指物師、桶屋、組紐職などの組合（アルテ）が誕生した。商人たちの組合は大アルテ、これらの新しい組合は小アルテと呼ばれるようになり、小アルテの方も保護聖者、事務所、紋章、規約が備わり、価格、賃金、労働時間を定める。一般に午後六時以後の労働や女子供の使用は禁じられた。大小いずれの組合（アルテ）もそれぞれの製品に明確な検印を押し、偽造品には重い罰金を課した。どの組合員も徒弟を有し、労働を始めるのは平均十二、三歳から、徒弟期間は三〜十三年、一日十時間労働で、賃金はゼロか最小限、その代りに衣食住はあてがわれる。徒弟修業を終えると一本立ちの職人と認められ、自分の道具を持つことができ、多少の金があれば工房（ボッテーガ）を開くこともできる。自分の工房を持てば、師匠（マエストロ）と呼ばれ、組合（アルテ）に加盟する資格が備わる。

「富裕民（ポポロ・グラッソ）」の大アルテと、「庶 民（ポポロ・ミヌート）」の小アルテが、いつか衝突するのは避けられなかった。十三世紀に入ると、各地の自治都市で激しい社会運動が起る。商人階級によって市政から排除されてきた貴族たちも、この闘争に加わる。

かれらはかつての城の住人で、絶えず仲間うちで争い、都市勢力に対抗して団結することができず、敗北を余儀なくされたのであった。都市勢力は、まず自分たちの町を貴族の支配から解放し、ついで農村の獲得に向かい領主たちに最小限年間四ヵ月は町に住むよう強制した。貴族の中には都市勢力と妥協を望む者もあり、自治都市制に忠誠を誓って、農村の所領の一部を安堵してもらった。徹底抗戦を望んだ者は、城塞を打ち壊され、町に永住することを強いられた。かれらはもちろん木造わらぶきの普通の住居では満足せず、小城塞ともいうべき石造の堅牢な館を建て、高さ八十メートルにも及ぶ四角い物見の塔を作り、この塔の周囲に一族郎党の住居を集めて家門の団結を誇示し、町の支配者ブルジョアジーに対する敵意をむき出しにしていた。

貴族階級は「庶民（ポポロ・ミヌート）」と組んで市政を握るべく、巧妙なデマゴギーで民衆をたきつけ、商人階級に敵対させた。ここから党派闘争が生じ、自治都市体制を危機に陥れる。十二世紀中葉には、自治都市の執行権力は、執政から大法官（ポデスタ）と民兵団長（カピターノ・デル・ポポロ）の手に移る。民兵団長は市内と郡部から徴兵される軍の指揮権を持ち、大法官は実質上の元首で、「市民評議会（コンシリオ・チッタディーニ）」から選出された。だがこの評議会はしょっちゅう内紛を起して分裂し、大法官の足を引っぱる。その上たいていの場合、大法官自身が党派に属し、反対派から憎まれ、そのためますます市政は円滑を欠くようになった。

この不都合を避けるため、多くの自治都市では、外国人を大法官に選ぶことにした。これなら党派争いに無縁だろうというわけだ。そこで、できるだけ遠くの都市の要人や官吏から人選をした。フィレンツェはたびたびミラノやローマから有能な人材を選んで大法官に任じたし、エミリアの町はトスカーナから、ロンバルディーアの町はヴェネトかリグリアから、優秀な人を連れて来た。

選ばれた人は、まず出身市の承認を得なければならないが、否決されることはまずない。新任大法官の到着は数日前に報知され、市民評議会は歓迎の祝祭の準備にかかる。司教と民兵団長は伴廻りを従え、騎馬で城門の外に出迎え、民衆は道の両側に並んで、花やオリーブの枝を打ち振る。新任の大法官が気に食わない場合は、棒やプラカードを振り廻すこともある。

市の一員になったことをあかし立てるため、新大法官は評議会と人民の前で、市の法律に従う旨を宣明し、最初の日曜日に「施政方針演説」をぶたなければならない。

腐敗や買収を防ぐため、大法官が個々の市民と親しく交際すること、夕食後に外出すること、招待したりされたりすること、許可なく市外に出ることは、市の法によって禁じられている。任期満了となると、評議会に詳細な市政報告を提出、これが承認されて初めて御役御免となる。

この新制度は、党派闘争によって危機に瀕した民主主義を守るために考え出されたものであったが、肝腎の民主主義の方が、しばらく前から空洞化していた。イタリアの自治都市が同業組合(アルテ)に基礎を置き、それゆえ寡頭的・身分秩序的な土台の上に乗っていたから、どんなに民主的な制度に見えても、中味は民主的になり得ないのだ。自治都市体制を中味まで民主化＝民衆化しようとする数々の試みは、流産するか、さもなくば非常に短命に終るのが常であった。

その中でもっとも長命だったのが、一二九二年フィレンツェの民主改革である。この改革の指導者はジアーノ・デラ・ベッラ、富裕な貴族で、何度か市の総務（プリオレ）に選ばれている。総務とは行政の監督に当る役職で二ヵ月ごとに選挙されるが、ジアーノはこの地位にあった時、広場に大衆を動員し、その圧力でいわゆる「正義の憲章」を総務会に可決させた。これによって、大アルテと小アルテが平等の権利をもつことになったが、ジアーノはさらに進んで、すべての指導部門から「上流市民（マニャーティ）」と呼ばれていた大アルテの指導者三千余名を追放してしまった。公職から追放され、絶えず監視される身の上となった上流市民は、だれか民衆から告発されればたちまち逮捕され、バルジェッロ宮殿の塔に放り込まれる。これ以後その塔は、「上流市民の牢」という名で呼ばれるようになった。告発から五日以内に大法官（ポデスタ）は裁判を始めることになっており、もしぐずぐずしておれば各組合（アルテ）はゼネストを宣言し、工房を閉じて労働者をロックアウトする。

最初のうち上流市民は団結して事態に対処することができず、「正義の憲章」によって守られている民衆には手出しできなかったから、自分の不機嫌を仲間どうしでぶつけ合っていた。しかし、時がたつにつれて、これではいけないと気付き、共通の敵に対して共同行動を起す気運がしだいに高まった。

一二九四年末、町に騒動が起り、死者が出た。これが上流市民反攻ののろしとなった。ジアーノが権力を私するために騒動を使嗾したのだとかれらは非難し、遂に政権奪回に成功、ジアーノは亡命したが、新政権は欠席裁判で死刑を宣告した。

たとえ短期間にせよジアーノの改革が成功した理由のひとつは、上流市民が分裂して党争をくり返し、市政を麻痺させていたことである。この種の党派争いは、フィレンツェに限らずどの自治都市でも、大なり小なり燃えさかっていた。このセクト的で騒乱的な政治風土のなかから、僭主国家（シニョリーア）が芽生えてくる。

大法官（ポデスタ）または民兵団長（カピターノ・デル・ポポロ）が、党派闘争をうまく操る能力をしだいに身につけ、何度も再選されているうちに、市の全権力を握り、情況の絶対的支配者となるケースが多くなった。市民は反乱を起さなかった。無秩序と見分けのつかなくなった自由に疲れ果て、そんな自由よりも秩序を望むようになり、専制と見分けのつかない秩序でも、アナキーな自由よりはましだと思うようになっていたのだ。

十三世紀中葉の文書を調べると、一部の自治都市ではすでに大法官を「市民の支配者」（ドミヌス・キヴィターティス）と規定し、その任期を終身としていたことが分る。例えばフェラーラは一二三〇年から十年間、サリングエルラを支配者と仰いでいるし、トレヴィーゾではエッツェリーノ・ダ・ロマーノが民衆を富裕民にけしかけて君主の地位に上ることに成功した。同様の例が、ミラノ、コモ、アレッツォでも見られる。

だがこれはまだ、本格的なルネサンス型僭主国家ではない。世襲の原理が確立されていないからである。「市民の支配者」が死んだら称号と職務がその嫡子に譲られるという形が確立して初めて、ルネサンス型僭主制（シニョリーア）となるわけだが、すでに新体制の輪郭は十三世紀末にはほぼでき上っていると言える。

主要な都市について、その展開を追うことにしよう。

17 ヴィスコンティとスフォルツァ

ミラノでは、枢機卿オットーネ・ヴィスコンティが、市の支配権を甥のマッテオに委譲すべく画策を進めた。五万フィオリーニを献金した甲斐あって、皇帝ハインリヒ七世は、マッテオに皇帝代理の肩書きをくれた。ヴィスコンティ家は、このお墨付を振りかざして、ミラノだけでなく、内紛で弱体化していた近隣都市の支配権をも掌中に収める。

マッテオ死後もヴィスコンティ家の支配が続いたが、真の意味での僭主国家（シニョリーア）を築いたのは、四代目のルキーノ・ヴィスコンティである。かれの治下でミラノ公国は、君主の世襲財産として一枚岩の国家になった。かれが死んで弟ジョヴァンニがあとを継いだ時、市民評議会は国家主権がヴィスコンティ家によって相続されるという原則を宣言した。これは民主主義の自殺、自治都市の終焉にほかならなかった。

ヴィスコンティ家の家風の特徴の一つは分割相続だったので、ジョヴァンニの遺産も二人の甥ベルナボとガレアッツォが分割相続した。すなわち、クレモーナ、ベルガモ、ブレッシア、ローディ、ピアチェンツァ、パルマがベルナボに、コモ、パヴィーア、アスティ、トルトーナ、アレッサンドリア、ノヴァーラ、ヴィジェヴァーノ、ボッビオがガレアッツォに割り当てられ、ミラノの町も東西に分割された。ベルナボはミラノを、ガレアッツォはパヴィーアをそれぞれ首都とした。

一三七八年ガレアッツォ没、その子ジャンガレアッツォが地位を継承する。ベルナボは既存の租税の取り立てをきびしくしたばかりか、新規の税をも課したので、住民のあいだに不満がつのり、ミラノの町は不穏の気に満ちた。この機逸すべからずとジャンガレアッツォは、兵五百を率いてミラノに向かい、一兵をも損ずることなく入城し、サンタンブロジオ教会前でベルナボとその子らを逮捕、全市を制圧、ミラノ公国の再統一に成功した。

その後この国が領土拡大のために繰りひろげた戦争の経緯は省略するが、十四世紀末にはロンバルディーア、ピエモンテ、リグリア、エミリア、ヴェネトにまたがる大公国となる。ナポリ王国と並んで、イタリア半島最大の強国となったのである。

ジャンガレアッツォは賢明な開明君主で、中世的な考え方をすでに脱却しており、自治都市がその役割を終え、民族国家の時代が来たことをよく理解していた。かれは、ヴィスコンティの家紋のもとにイタリアを統一するという野望を抱いていたが、国家を一族の私産と考える傾向からは脱け出られなかった。枢密院と司法会議を創設し、前者を外交、国防、刑事訴訟に当らせ、後者に民事訴訟を任せたが、法とは君主の意志と都合の別名にほかならぬと信じていた。

ため自白を引き出すため証拠を捏造した。自白を引き出すため

政敵を処罰しようとして、何も証拠がない時は、証拠を捏造した。自白を引き出すための拷問も、手が込んでいた。もっとも怖しいのは「四旬節(クアレジマ)」の拷問で、犠牲者はまず関節を絶たれ、ついで舌を抜かれ、そのつぎに鼻をそがれ、最後に耳を切り落される。四十日かけての拷問なので四旬節と呼ばれたわけだが、囚人が最初の十日を生き延びる例は稀だったと言われている。

反逆のかどで逮捕されたパスクイーノ・カペッリに対する拷問は、もっと残虐だった。裸にして牡牛の皮にすっぽり包み、パヴィーア城内の壁に生きながら塗り込めたのである。ヴィスコンティ家の主権を認めようとしない封建領主にも、似たような懲罰を行なった。命に逆らうものは獄に投じ、城を奪い、塔を毀った。臣下となった領主たちからも、封建的特権を取り上げ、独自の牢を作ることを禁じた。

封建制は中世の暗黒に深く根ざしていたから、ジャンガレアッツォの強腕をもってしても絶滅には至らなかったが、致命的な打撃を与えたことは確かである。聖職者の特権にたいしても闘争したが、教皇への納税は妨げなかったし、国家の利害にかかわらぬ限り教会内の問題にも介入しなかった。のみならず、宗教行事を振興し、戦勝のたびに感謝の祈りを捧げ、巡礼に補助金を出し、瀆神瀆聖にきびしい罰を課し、修道士を保護し、聖堂建設を援助した。有名なパヴィーア修道院(チェルトーザ)の最初の礎石をみずから置き、一三八三年にはミラノ大聖堂建立のために最初の援助を行なった。以後十三年、このゴシックの大建築のため

に総額一万二千四百十六フィオリーニを寄付し、市民にも喜捨を奨励した。

若いうちから病弱だったが、年とともに鬱病がひどくなり、そのせいでますます不健康になった。ミラノのポルタジョヴィア城かパヴィーアの本城に閉じ籠り、日がな一日、黙って考え込むか、古典に読み耽って過した。一四〇二年のペストがこの独裁者をあの世へ送った。遺言により、遺骸から心臓を抜き取ってパヴィーアの聖ミケーレ教会に納め、残りの部分をヴィエンヌの聖アントアーヌ教会に送って葬った。ヴィスコンティの家風に従って屍体まで分割したのである。気難しく暗鬱で好感の持てない人物だったが、その奇癖、残忍、暴虐にもかかわらず、ミラノがヨーロッパの大都市に成長したのはひとえにかれの力による。

二百五十年前皇帝フリードリヒ一世によって完膚なきまでに破壊されたミラノは、ジャンガレアッツォ・ヴィスコンティの手によって、かつてよりも豪華な町に生まれ返った。新市街建設のため当代最高の建築家が何人も呼ばれ、正真正銘の建築ブームをまき起し、市域は倍に拡大した。家屋総数一万四千、教会二百余、鐘楼百三十、修道院十五、病院も十五を数える。四十名ほどの専門医のほか、外科医が百五十名、公証人が千五百人もいたのに小学教師数は百に達していない。肉屋四百余軒、パン屋三百余軒、その他の店舗は合わせて千軒に達している。住民は職とパンにありつき、飢饉の不安は消えた。

ミラノが今日の大商業都市への道を選んだのはこの時代である。イタリア内外から多くの商人が移り住み、この町にイギリス、フランス、ドイツ、ヴェネツィア、フィレンツェの諸企業が進出した。商品は多種多彩、香料、錦織、絹、絨緞から珍獣奇獣のたぐいまで、売ってないものはない、と言えるほどである。町の周辺には石工、鍛冶、武器製造の工房が点々と並び、ここで作られる剣、槍、楯、鎧、兜を全ヨーロッパが争って買い求めた。ミラノ市民は娯楽も好きだった。祝祭、騎馬試合、舞踏会などが生活にうるおいを与え、戦争、ペスト、大葬などの非常時以外は中断されることがなかった。ジャンガレアッツォ公の大葬の時は、数日にわたって催し物が中止された。

ジャンガレアッツォには嫡庶合わせて息子が三人あり、ヴィスコンティの家風で遺領も三分された。とは言っても、庶子のガブリエーレにはピサとクレーマが与えられただけで、公国のほとんどの部分が二人の嫡子に分割された。兄のジョヴァンニマリーアがミラノ公の称号を継ぎ、弟のフィリッポマリーアは新たにパヴィーア伯となった。

公太妃カテリーナが摂政として息子たちの後見に当る。まだ若くて美しかったが、統治能力はゼロだった。亡き公の侍従長だったフランチェスコ・バルバヴァーラに国政を任せたが、公太妃と前侍従長のあいだの浮いた噂がひろがっていた。宮廷は新公派と公太妃派に二分して争い、カテリーナはこの党争に敗れてパヴィーア城に逃れたが、一四〇四年に世を去る。毒殺されたようだ。だが新ミラノ公ジョヴァンニマリーアにも幸運は訪れず、一四一二年五月十六日、サンゴッタルド教会のミサに列席中、刺客に襲われて暗殺される。

こうしてパヴィーア伯フィリッポマリーアがヴィスコンティ領の単独の支配者となる。父の野心と狡智だけでなく、陰鬱偏狭な性格をも受け継いでいた。生まれつき蒲柳の質で、十歳まで乳離れしなかったという。父の死後は、先祖伝来のパヴィーア城に閉じ籠り、ティトゥス・リヴィウスとペトラルカを耽読して過し、フランス語がうまく、武勲詩にも熱中した。

球戯と散歩が好きで、ティチーノ河畔を散歩しながら花や若草を摘み、小姓たちに与えるという変な趣味があった。みずから小姓の選抜と教育に当り、つねに側近に置いて腹心としていた。小姓に選ばれると、生まれ育った家族と縁を切らなければならず、主君の許可なく他の廷臣と話すことも禁じられていた。フィリッポマリーアはこの小姓たちを秘書として使い、時には大臣や外交官の仕事をも命じた。そうした用事のほかは、いつも主君の傍に仕えていなければならなかった。朝は着換えを手伝い、食事も乗馬も狩猟もともにし、夜は寝所までともにした。

公は暗殺の恐怖の中に生きていた。毒殺を怖れるあまり、膳部の者が毒見を済ますまでは、一口も食べようとはしない。年をとるにつれて肥り、腹が出て、顔つきも重苦しくなった。寝る前には扉と窓に念入りに鍵をかけ、寝所の周囲に衛兵のベッドを半円形に並べて楯とする。暗闇を怖れ、燭台をつけたまま眠る。至るところに亡霊を見、しばしば夜半に夢魔にうなされて目ざめ、枕の下に常備した刀を引き抜いて虚空に切りつけ、口から泡を吹きわけの分らぬ言葉を叫びながら、刀を振り上げ振り下す。時には寝所を替え、暁の光が射し初めるころにやっと眠れることもある。

夜の悪夢に苦悶したのち、朝になると、東西に向かって跪き、胸を打ちながら声を挙げて祈る。普段は寡黙で、しゃべっている相手の顔から常に目をそらしている。好きな話題は戦争と馬と犬で、たまに機嫌がよいときわどい冗談も言うことがあったが、すぐに後悔して神に祈り始めるのだった。

美食を好み、酒を愛したが、そのせいかしばしば肝臓の激痛に襲われた。一四四七年、その肝臓病で急死、遺言を残す余裕も世継ぎを決めるひまもなかった。翌日、一群の貴族が「自由万歳」を叫んで蜂起、ミラノ公国を廃し、アンブロジアーナ共和国樹立を宣言。民衆は税の減免を要求してポルタジョヴィア城を襲う。この機を逸せず、服属都市の多くが自由回復に起ち上り、一方ミラノの最強の敵だったヴェネツィア共和国も、どさくさにまぎれてピアチェンツァ、ローディの二市を奪取する。

そこで、新生アンブロジアーナ共和国は、フィリッポマリーアの女婿、クレモーナ領主フランチェスコ・スフォルツァに軍の指揮を委ねた。この将軍は傭兵隊長ムツィオ・アッテンドロの子で、父の業を継ぎ、ヴェネツィア、ミラノ、フィレンツェの各国から戦争を請け負っていた。武将としてはこの時代の第一人者、長身で頑丈な体軀と男らしい美貌に恵まれ、勇猛果敢、剣と弓の達人で、常に兵士と同じ幕舎に眠り、同じ糧食で腹を満たし、突撃には必ず先頭に立ち、退却には常にしんがりを守った。

このフランチェスコ・スフォルツァの妻はミラノ公の一人娘だったから、当然かれが公位継承の第一候補である。この人物に自国の防衛を委ねるとは、アンブロジアーナ共和政権もとんだ愚行を演じたものだ。スフォルツァ将軍はヴェネツィア軍を破り、二市の奪回に成功したのち、ひそかに敵と協定を結び、若干の領土と引き換えに、自分がミラノ公国を継承することを承認させ、とって返してミラノを攻め、町を包囲する。共和国はしばらく抵抗したが、兵糧攻めに音を上げて開城、こうしてスフォルツァ家支配のミラノ公国の歴史が始まる。時に一四五〇年。

フランチェスコの統治は十六年続いたが、財政が苦手で、ひどく大まかな費い方をしたから、公国は破産に瀕し、フィレンツェの銀行の融資で辛うじて救われた。かれは移入民を歓迎し、労働力の流出を禁じ、多産の市民を表彰し、避妊や堕胎を処罰し、みずから嫡子二十人、庶子八人を得て、市の人口増加に貢献した。スフォルツァ城とマッジョーレ病院を建てて国庫に赤字をもたらしたが、この二大建築は町の宝となり、かれの治政のもとでミラノはかつてない大都会に成長した。

フランチェスコは好色で、絶えず愛人を作って妻を激怒させた。公妃はヴィスコンティ家の伝統を守り、夫の愛人を殺して憂さを晴らした。公は若い頃からリューマチに悩んでいたが、年とともに悪化し、夏は毎年ボルミオの鉱泉に行き、厳格な食餌療法を守り、瀉血も欠かさなかったが、目に見えた効果は現われなかった。戦争と国事に明け暮れて教養を積むひまはなかったが、他人の研鑽を奨励することはできた。高名なヒューマニスト、フィレルフォを宮廷に招き、文学と芸術を保護後援する。また、ミラノ絵画アカデミーに力を入れ、ブレッシァからヴィンチェンツォ・フォッパを招いてその責任者とした。

一四六六年、フランチェスコ・スフォルツァは水腫のため世を去る。哀悼の合唱と借財の山があとに残された。

長子ガレアッツォマリーアが後を継いだが、母方ヴィスコンティ家の異常淫虐の血がこの若者の性格を狂わせていた。コリオの証言によれば、若い公は卑猥淫乱、ハレムを作って娼婦を集め、乱交パーティを主催し、もっとも破廉恥な淫行に耽っていたという。誇大妄想癖があり、宮廷の装飾に莫大な費用を投じ、矮人、道化師、楽師を大勢召し抱え、千一夜物語風のお祭り騒ぎを演出する。旅行に出るときも大勢の供を連れ、その行列のきらびやかさで沿道の目をそばだたせた。一四七一年のフィレンツェ訪問には、騎士二千名、騾馬二百頭、犬五百匹、鷹十羽を連れて行き、この一度の旅で二十万ドゥカーティを使い果たした。こんな調子だから国庫はすぐにからになったが、そうなると税を重くし、滞納者を投獄、時には死刑に処する。

領民はかれを憎み、貴族のあいだでも嫌われていた。一四七六年十二月二十六日、ミラノの聖ステファノ教会のミサに列席中、三人の若い貴族が襲撃、短刀に刺されて即死。犯人の一人ランプニャーニは公の護衛に捕えられてその場で惨殺された。あとの二人、ヴィスコンティとオルジアーティはいったんは逃げおおせたが、きびしい探索にあって遂に逮捕され、即決裁判ののち、生きながら八つ裂きの極刑に処せられる。

公の遺児ジャンガレアッツォはまだ七歳だったから、母の公太妃が摂政となったが、彼女は国務の運営を腕利きの宰相チッコ・シモネッタに委ね、亡夫の弟二人、バリ公スフォルツァマリーアとモルターラ伯ルドヴィーコを呼び寄せて、幼い公の補佐役とした。

ルドヴィーコはフランチェスコ・スフォルツァの第四子、ミラノ市民は「イル・モーロ」という綽名で呼んでいた。ムーア人、黒人の意味で、肌も目も髪も黒かったからである。ルドヴィーコはこの綽名が気に入り、ムーア人風の衣裳や徽章を愛用し、黒人奴隷を身辺に置いた。長身で堂々たる体軀だったが、美男子ではなく、顔立ちは不揃いで、鼻は鷲鼻、えらが張り、唇は薄く引き締まって、表情にはいつも他人に命令し慣れた尊大さがうかがわれた。美女と美食を好んだが、耽溺することは嫌った。野心に充ち、厚顔で、懐疑的なくせに迷信深く、度量は大きいが嘘も平気でついた。フィレルフォを家庭教師として学んだからラテン語とフランス語に堪能で、哲学論を好み、美術にもいいセンスを持っていた。

チッコ・シモネッタは、かれを疎外しようと試みたが、相手の方が一枚上手だった。イル・モーロは宮廷に多くの味方があり、公太妃の愛人アントニオ・タッシーノもその一人だった。この方面から手を廻して公太妃を動かし、その調停でいったん宰相と和解したのち、突如クーデタを起してシモネッタを斬首、公太妃を追放して、みずから摂政となり、ミラノ公国の全権を握る。かれの統治のもとで、ミラノは栄光の頂点に達する。

だがここで目を東に向け、ヴェネツィア共和国の状況を見ることにしよう。

18　ヴェネツィア共和国

十四世紀末イタリアの最強国はヴェネツィア共和国である。

十一世紀の初めにはすでにヴェネツィアの商船団がアドリア海、地中海を我がもの顔に往来し、浅瀬の中に浮かぶこの町を、ヨーロッパ商業の中心地に押し上げていた。絨緞、香料、緞子、奴隷など東方からの商品が毎日港に荷上げされ、それと入れ替りに羊毛その他の製品が船に積み込まれた。船主の知恵、船長の胆力、外交官の手腕があいまって、バルカン半島と小アジアの市場もヴェネツィアの手に入り、各地に「商館（フォンダコ）」が建つようになる。商館と言っても単なる一個の建物ではなく、銀行、商店、旅館、教会の群立する一街区の総称で、免税、治外法権等さまざまの特権があり、現地の政府もこのヴェネツィア商人の居留地の出来事には首を突っこもうとしない。この「租界」の最高責任者は、本国総督（ドージェ）から任命された「館長（バリーヴォ）」で、領事としての役割だけでなく司法権をも持ち、区民に対して生殺与奪の権を握っている。この前線基地が本国の繁栄をもたらし、ヴェネツィア経済躍進の基礎を築いたのである。

だがもし本国が堅固な国制に守られていなかったとすれば、繁栄も優位も長続きはしなかっただろう。ヴェネツィア国制の頂点に立つのは「総督（ドージェ）」であるが、実際には貴族階級の寡頭支配だと言える。十二世紀中葉以来、三十五名より成る大評議会が総督の補佐に当り、やがて六名の「賢人」より成る小委員会がそれにつけ加わる。大評議会は立法だけでなく、政治と軍事の全面にわたって決定を行ない、定数も次第に増加する。大評議会が総督を選任し、また解任することもできたから、総督は「六賢人」の補佐のもとに、法案を批准するだけで、いわば象徴的存在に過ぎないが、それだけにいっそううやうやしく奉られ、神様のような尊崇を受けることになっていた。

総督職に付随する数々の尊称のなかには「いとも貴き君主」というのもあり、ヴェネツィア総大司教とサンマルコ大聖堂参事は総督指名によるとされている。総督宮は金、大理石、モザイクに飾られ、絹織物と絨緞を敷きつめ、豪華絢爛という点では、手本としたビザンチン帝宮に勝っている。総督の一挙一動がそのまま儀式であって、外出するとなると、太鼓と鐘が鳴らされ、触れが出されて、全市民に知らされる。鼓手、旗手、高級官吏が先導に立ち、そのあとに豪奢な衣裳の総督が金糸の錦織に覆われた駕に乗って現われ、その上から華やかな色合の重そうな日傘がさしかけられる。大評議会の議員連がそのあとに続き、高官貴顕、外国の使節、大聖堂参事らもこの絵巻物のような行列に加わる。

遠い昔、七世紀には、ヴェネツィアとその周辺の島々の住民は、蛮族から身を守るために一致団結し、民主的な自治のもとに暮らしていた。その後自治権は民衆から奪い去られたが、総督制を飾るこの大がかりできらびやかな儀式は、素朴な民主制への郷愁を忘れさせるために役立ったに違いない。東ローマ帝国の支配を脱した直後には、総督もコンチオ・プブリカ、すなわち人民集会によって選出されていたのだが、人口が増大して階級分化が生じると、決定権は一部富裕市民の手に移り、民主主義は跡形もなく消えてしまったのである。

十三世紀末、ヴェネツィアは寡頭支配の色彩を一段と強める。それまで、少なくとも法文上は、すべての市民が大評議会に選出される権利を持っていた。しかし現実には、富裕な二、三百家族の銀行家、船主、大商人が議席を独占し、金権貴族制を形づくっていた。この町では、血統の貴族よりも金銭の貴族の方が重きをなしていたのだ。だがこうした独占は、排除された人びとにとっては腹立たしいものである。だから、それを合法化し、正当づける必要があった。

一二九七年、総督ピエトロ・グラデニゴは、議員資格を規定する法案を大評議会に提案する。これは、それまでの選挙で公職についていた者及びその子孫に資格を限る内容の法案で、大評議会はこれを可決し、有資格者の名は政庁の「黄金の書(リブロ・ドーロ)」に書き込まれた。

一三一九年、議員定数を大幅に増す一方、毎年行なわれていた改選制度を廃止する。この結果、大評議会は図体が大きくなって動きがとれなくなり、その機能の多くを政府機関に委任せざるを得ず、従って寡頭支配はますます強化されることになった。

元老院(セナート)が生まれたのは十三世紀中頃だが、当初は事務的な権能しか果さなかった。それが十四世紀に入ると、大評議会の委託を受けて政治指導に当るようになる。時が進むにつれて元老院の権限は拡大し続け、航海、通商、国防にかんするすべての問題を取りしきることになり、コンスタンティノープル以外に派遣する大使の任免権をも握るに至る。元老院の最重要の任務は外交であって、和戦の決定、条約や同盟の締結、大使への訓令は、すべて元老院の権限に属し、大使は毎週元老院に報告を提出する義務があり、諜報員のメモは元老院で読み上げられる。今も残るそれらの報告の記録は、当時のヨーロッパ諸国の宮廷の情況を細密に描き出し、ヴェネツィアとそれら諸国との関係を、生き生きと浮かび上がらせている。ともかくも、共和国の全権能が元老院に集中していたのである。

一三一〇年、バイアモンテ・ティエーポロという貴族が陰謀を企て、権力を掌握して個人独裁を敷こうとする。グラデニゴ総督の創り出した寡頭政治は民衆に重苦しくのしかかり、不満を醸成していた。ティエーポロはこの不満を梃子に、民衆の一部を味方につけたが、時機熟さぬうちに陰謀発覚、かれは総督に自首して処分を委ね、生命は助かったがダルマツィアへ追放されることとなった。

愕然とした大評議会は、このような事件を二度と起さぬため、十名より成る公安委員会を創設、ほとんど無制限に近い権限と完全な独立性をこの委員会に与えた。この

「十人会（ディエーチ）」は市民の公私の生活をあらゆる角度から調査し、被疑者を取り調べ、匿名の告発書を審査し、根拠のあるものは受理して裁判にまわし、証人を集め、密告を奨励する。当初二ヵ月だった任期も、まもなく二年に延長された。委員は共和国に対して絶対の忠誠を守らなければならず、また腐敗したり買収されたりすることは決してあってはならない。従って委員の選任は非常に慎重を要し、さまざまな厳格なテストが行なわれた。

公安委員になった人は、任命されたその日から、神秘の後光に包まれ、近づき難い存在となる。言動は慎重になり、祝祭や公の儀式にも姿を現わさず、毎日秘密会議を開き、何者もその談合をうかがい知ることができない。よほど特別の場合でなければヴェネツィアの町を離れず、週三回間諜や腹心の者から情報を聴取する。つまりは本格的な秘密警察で、ゲーペーウーやゲシュタポの元祖である。

一三五五年、マリン・ファリエーロの陰謀が発覚した。この人物は名門の出で、前年アンドレア・ダンドロの後を襲って総督に就任したばかりであった。豪胆な野心家だったから、象徴的存在であることに我慢できず、実権を手に入れようとする。ティエーポロと同様、自分の所属する貴族階級に対して庶民の反感を煽り立てる以外に道なしと判断、数百人の船員と港湾労務者を集め、四月十五日夜に行動を起そうとした。ジェノヴァ艦隊が大挙してヴェネツィア沖に攻め寄せるという噂をかれらにふりまかせ、全市を恐慌状態に陥れ、貴族全員がサンマルコ広場に集まって来るところを、四方の路地にひそませた手兵が跳び出して皆殺しにする、という手筈である。この大胆な計画は、総督みずからが張本人であるだけに着々と進み、遂に当日を迎えた。だが、定められた刻限の少し前に、加担者の一人が、ファリエーロの名前だけは伏せて、事の次第を公安委員に告白した。この委員は仰天して総督のもとへ駆けつける。ファリエーロは最初そんなばかなことはなかろうと笑い飛ばし、ついで私はもうその件について報告を受けていると言ったから、ひどい矛盾に陥ってしまった。一味がつぎつぎに逮捕され、尋問が進むと、もはや白を切り通すことができず、自己の罪を認めざるを得なかった。翌日、十人委員会と二十名の特任判事から成る緊急法廷で死刑が言い渡され、四月十七日、「巨人の階段」の上で斬首。総督就任の儀式と同じ場所だった。

諜報部も十人委員会に属していた。共和国のスパイはヨーロッパ中至るところで活躍し、とりわけジェノヴァでの活動が目立つ。何度も述べたように、ジェノヴァはヴェネツィアの最大のライバルだったからだ。両海洋国家の活動舞台は広大で、地中海全域に及び、主要な港町には必ず両国の居留地が置かれていた。海上交通の優先権をめぐって、両国の衝突は毎日のように繰り返された。

一二九八年のクルツォーラの海戦ではジェノヴァ海軍が敵艦隊を潰走させた。

一三八〇年、ジェノヴァの艦隊は不敵にもキオッジアの潟まで押し出して来た。これを迎え撃ったヴェネツィア快速船団は、敵を包囲殲滅、ほとんど全船を撃沈。翌年、トリーノで和平条約が結ばれ、ヴェネツィアの海上の優位が確立する。

十五世紀、ヴェネツィアは半島でもっとも繁栄した華やかな町となり、殷賑をきわめた。商人貴族たちの夢のように美しい館が大運河沿いに立ち並び、独特の魅力を町にふりまく。華奢な螺旋円柱、薔薇窓を背にした繊細優雅なバルコニー、対に並んだ可愛い小窓――それがこの魔法めいた建物に、レース編みのように美しい軽快さと、細密巧緻な金細工のように夢幻的な華麗さを与える。ビザンチンとゴシック、洗練の極に達したこの二大様式が、ここに完璧に融け合っているのだ。

内部の華麗さも外観に劣らぬ。室内には見事な家具類がふんだんに置かれ、壁はモザイク、つづれ織りの壁掛け、額絵で飾られ、丸天井にはフレスコ画、腰板は金メッキがほどこされている。コンタリーニ、グリッティ、フォスカリ、ティエーポロ、ロレダン等の名家は、館の建築と装飾のためにヴェネツィアの一流美術家を動員した。総督や総大司教もそれにならい、荘麗華美を競った。

ヴェネツィアは十五世紀美術最大の殿堂の一つとなるが、この地位を築くために、もっとも大きく貢献したのは、ベリーニ一家の工房である。創始者ヤコポ・ベリーニは、ジェンティーレ・ダ・ファブリアーノの門で絵画を修業し、ヴェコーナ、フェラーラ、パドヴァを遍歴、パドヴァではアンドレア・マンテーニャを識り、娘をかれに嫁がせた。ヴェネツィアに戻って工房を開き、息子を画家として育成する。

二人の息子はこの時代のもっとも天才的な画家になった。兄のジェンティーレは、人物素描や遠近法で義兄マンテーニャの影響を強く受けたが、しだいに独自の画風を確立した。かれが総督宮大評議会室を飾るために描いた板絵は、一五七七年の火災で焼失してしまったが、その素描は数点残っていて、これを見ると、かれの描線の絶妙な語り口がよく分る。肖像画家としても一流で、コンスタンティノープルへ招かれてメフメト二世の肖像を画き、この偉大な回教君主の姿を後世に伝えた。

ヴェネツィアにもどると注文が殺到した。福音者聖ジョヴァンニ教会教区組合からの注文は、奇蹟の治癒、聖体の行列、聖十字架断片の発見を三枚の板絵に描けというものだった。ジェンティーレ・ベリーニはこの三つのテーマをうんと発展させ、その舞台を当時のヴェネツィアにとった。この絵を一目見ようと群集が詰めかけ、サンマルコ広場に列を作った。かれの絵筆の運びは綿密で、そのパレットからは変化に富んだ微妙な色がつぎつぎに取り出された。最後の仕事は『アレキサンドリアで説教する聖マルコ』だったが、作半ばにして病没、弟のジョヴァンニがこの絵を仕上げた。

ジョヴァンニ・ベリーニはジェンティーレの二歳年下、兄より八年長生きする。マンテーニャの色彩技術を完全に習得し、かれの天才は主として色彩面に発揮されたが、出来のいい作品の中には、深い心理洞察と絶妙の語り口が見られる。かれの絵は市民の憧れの的となり、方々の教会、僧院、邸宅の注文で数十枚の聖母像を描き、現在はそれが世界中の美術館に散在している。

ジョヴァンニ・ベリーニは政府の御用画家でもあり、歴代総督の画像を一手に引き受けていた。長いあいだ荘重でいかめしい老人を描き続けているうちに、飽きて来たのに違いない。発想を変えて、古典神話に題材を求め、アレゴリー画を描くようになった。『神々の祝祭』（ワシントン国立画廊蔵）には、野外の風景の中に艶っぽい美女たちと半裸の酔漢の群れを描き出し、異教的で官能的な生活感覚を発散させつつ、十五世紀ヴェネツィア風俗を忠実に写し取っている。ベリーニ一家は当時のヴェネツィアのすばらしい「解説者」でもあったのである。

いわゆる「第二芸術」も共和国の栄華に一役買っている。教会や宮殿の壁面を飾るモザイクは実に見事な出来映えだし、ムラーノのガラス工場では、花瓶、茶碗、高杯（ゴブレット）などの名作が、続々と生産された。製法の秘密を守ることに汲々としていた政府は、このガラス工場を国家の監督下に置いた。武器製作も繁昌し、金銀の精妙な細工を施したヴェネツィア製の甲冑、楯、短剣は、ヨーロッパのどの宮廷でも垂涎（すいぜん）の的であった。

花ざかりなのは美術界だけではなかった。人文主義（ヒューマニズム）はフィレンツェのように早く発展しなかったし、またフィレンツェほど多くの学校やアカデミーは生まれなかったけれども、熱意は決して劣らず、十五世紀には文化と教養が非常に高く評価されるようになった。本を持たぬ貴族はなく、どの館も挙って文人詩人に門を開き、貴婦人たちは神学者や哲学者をサロンに招く。学校は庶民の子弟にも門戸を開くようになった。

活版印刷の発明によって文化の間口が拡がり、古今の名著が一般読者の手に入り易くなった。十五世紀後半、ヴェネツィアは印刷出版の最大の中心地となり、その出版物は印刷の鮮明、紙質の良さ、字体の美しさで好評を博している。この世紀の終りにはヴェネツィアだけで二千八百三十五点の書物が刊行されているが、その大部分はアルド・マヌーツィオの手によって出版された。

この天才的な印刷出版業者は一四四九年、ヴェレートリ近郊のバッシアーノに生まれ、幼時からローマで育ち、ラテン文学に精通するようになった。その後フェラーラに住み、ギリシア古典の翻訳にたずさわり、プラトン、トゥキディデス、キケロについて講演を行なって、博識を披瀝する。一時期は教育にも熱を入れ、ピーコ・デラ・ミランドラも弟子の一人だった。マヌーツィオの学識に感服したピーコは、甥のリオネッロとアルベルトの教育をかれに任せた。この二人の甥がのちに、マヌーツィオの出版事業開始に当って、資金を提供することになる。

ギリシア古典の廉価版を出版して万人の手に届くようにしたいというのがかれの理想だったが、ただ値段さえ安くすればいいというものではなかった。原典の諸種の写本の比較照合が大仕事だったし、販売市場も作り出さなければならない。ヴェネツィアに移ったのはおそらくそのためで、一群の古典学者をこの町で動員し、原典批判と注釈を委ねた。この事業は成功し、死後は息子がその業を継いだ。

活版印刷がこれほど迅速かつ広汎にその威力を発揮した町は、メディチ家治下のフィレンツェのみであろう。十五世紀のヨーロッパで、文化と芸術の分野でヴェネツィアと対抗できた都市は、フィレンツェだけである。

19 祖国の父

十四世紀から十六世紀にかけて、フィレンツェ共和国が、イタリアだけでなく全ヨーロッパにその優位を誇り得たのはなぜか。この疑問に納得の行く答を与えた人はだれもいない。富の力だ、などというのは答にならない。どうしてそれほどの富を蓄え得たかが問題だからである。フィレンツェの自然条件は決して良好とは言えない。貧寒とは言えぬとしてもたいして豊かでない農村地帯の中に位置し、資源に恵まれず、地理的にも絶好の場所ではない。アルノ川も乾期には水量が減じて遡行ができなくなるし、他に水路はない。

その上、この都市の政治は、秩序と平和を維持することができなかった。政府は不安定そのものだし、国家諸機関は互いに権限を奪い合い、侵し合って、すぐに麻痺状態に陥ってしまう。

「正義の旗手(ゴンファロニエーレ)」が執行機関の最高責任者であり、八名の「総務(プリオリ)」が一種の内閣を形成し、「人民評議会」が代議機構を代表していた。いかにも民主的で機能的なように見えるが、紙の上だけである。「人民(ポーポロ)」という言葉があてはまるのは、アルテ、すなわち各種同業組合の成員だけで、これがまた大アルテと小アルテの二群に分れている。法律家公証人、梳毛業、毛織物、絹織物、商人、銀行、医師薬剤師の七つの職業が大アルテで、高級で富裕だと見なされている。小アルテは石工、肉屋、酒屋、大工、左官など、平凡な職業の組合で、全部で十四ある。

かつてはこの両系列が団結して、土地貴族階級と闘争し、十三世紀末にはその目的を達している。丘の高みから町を制圧し、交通、交易、物資補給を脅かしていた領主の城は、フィレンツェ市民の手で大部分が打ち壊された。町のブルジョア政権は、土地貴族を統制するために市内への移住を強制したから、破壊を免れた城も主を失った。市庁舎は山の城塞に対する何世紀ものたたかいに遂に勝利したのである。都市が農村にたいして優位を誇る時が来たのだ。

だが、目標を達成してしまうと、団結も崩れた。先に述べた通り、市民権、参政権を持つのは同業組合の成員だけだが、ヴィラーニの記述によれば、十四世紀中葉のフィレンツェ総人口九万のうち、参政権を有する者はわずか三千余人に過ぎない。これはたいへんな差別だが、この三千の特権層の中にも、階層分化が進んでいた。大アルテの成員は「脂肥りした人民（ポポロ・グラッソ）」、小アルテの成員は「ささやかな人民（ポポロ・ミヌート）」と呼ばれて区別されていたのである。

「脂肥りした人民」は商工業と銀行を握っていて、全経済権力を押えていた上に、総務四名以上、人民評議会の半数以上を大アルテの成員より選出すると決められていたから、政治権力をも思いのままに動かすことができた。小アルテの方がずっと加盟員が多いのに、それに相応した役職配分を受けていなかった。

歴史家の中には、フィレンツェの政治制度を民主主義の鑑のように讃える人もあるが、事実はまったく反対である。これは一種の同業組合国家で、大衆は体制の外に放り出されていた。だから不満はしょっちゅう爆発したのである。

一三四五年には暴動を企てたかどで九名が死刑となり、一三六八年にも同じ理由で数名の首が斬り落された。その十年後、有名な「チオンピの騒乱」が勃発する。チオンピとは毛織物工場の労働者のことで、ミケーレ・ディ・ランドの指揮下に蜂起、一時は政権を握ることに成功した。握った権力の使い方が拙かったから、まもなく没落したが、その後の反動体制の中で不満はくすぶっていた。

だが、こうした政治的・社会的不安にもかかわらず、フィレンツェの「経済奇蹟」は全ヨーロッパに比肩し得るものがなかった。一都市だけで、エリザベス朝英国の総生産を上まわる数字をあげていたのだ。エドワード三世はフィレンツェの八十の銀行から総額百五十万フィオリーニの融資を受けていたが、これは現在の金に直せば二百億円を軽く越えるだろう。一、二の商人や銀行が破産しても、すぐれた組織力によって他の商人や銀行がそれを建て直し、フィレンツェの経済に破綻を来すことがなかった。かれらは小切手、信用手形、担保、複式簿記など、さまざまの新しい経営方式を編み出し、とりわけ株式所有によって工業と安定的に結合しているのが強みだった。

フィレンツェの繊維工業は、良質の染料の開発によって、激しい競争に勝ち抜いた。フェデリーコ・オルチェラーリは、東方へ旅行してオルチェッラという苔の一種を発見、これからすばらしい紫の染料を抽出することに成功して、巨万の富を得た。オルチェラーリという姓も、この苔にちなんだものである。染色業者は、自分が株主になっている銀行から資金を引き出して設備投資を行ない、羊毛染色の労働を三十の工程に分ち、各工程をそれぞれの専門家に監督させた。手工業から資本制大工業への移行が進みつつあった。

ダンテの時代には、資本家と土地貴族が町の支配権をめぐって抗争していた。銀行家チェルキ対土地貴族ドナーティの争闘は、白派対黒派の死闘という形に具体化し、数十年にわたってフィレンツェの市街を血に染めた。今はそれも過去の話となり、主役は交替し、土地貴族は退場した。バルディ、ペルッツィ、ストロッツィ、ピッティ、ルチェライ、リッチ、リドルフィ、ヴァローリ、カッポーニ、ソデリーニ、アルビッツィなど、町の有力者は皆ブルジョアジーの出身である。

アルビッツィ家がしばらくの間最大の実力者だった。だが表面には立たず、民主制を覆そうともせず、用心深く蔭で政治を操った。フィレンツェ民主制は、かつて一度も真の民主主義だったことはなく、十四世紀末には完全に形骸化していたけれども、市民は民主的な形式にひどく執着していたから、アルビッツィ家は黒幕的存在に終始し、「地下政府」の技術を身につけ、それを駆使して貧民の税制改革の要求をいなし続けた。

だが資本家階級の協和一致が長続きするようではフィレンツェらしくないのだ。一四二一年、ジョヴァンニ・デ・メディチが正義の旗手に選ばれた時、資本家たちは双手をあげてその就任に賛成した。メディチ家は大銀行の経営者で、仲間だと思っていたからである。ところがジョヴァンニは、思い切った税制改革を断行し、資本に対して七パーセントの税を課することにした。今でこそこれくらいの税金は笑って済ませるが、当時は許し難い強奪、権力濫用に見えた。喜びは困惑に変り、ついで憤激に転化し、ジョヴァンニは「階級の裏切り者」と見なされた。

メディチ家は新興成金で、姓の由来も、金地に六つの球（のちに三個に減る）を描いた紋章の意味も、はっきりとは分らない。先祖のだれかが医者（メディコ）だったのかも知れない。十三世紀初頭に市参事（コンシリエーレ）がこの家から出ているが、社会的地位と資産の基礎ができたのは十四世紀初め、アヴェラルドの代になってからである。時あたかもダンテの時代、黒派が白派を圧倒した頃である。アヴェラルドはもちろん勝つ方に賭けており、富裕階級内の「白派協力者」のリストを作成して「粛清」に協力し、その功によってこれら「通敵分子」の家の掠奪を一手に引き受けることが許された。今も昔もイタリアでは、こんなことくらいにしか政治が役立つことはないのだ。アヴェラルドはこの政治商売の先駆者であり、家門の地位を躍進させた。掠奪品をもとでに銀行を開き、この銀行が巨利を博し、この巨利が権力を実らせ、そして権力は再び富を倍増させた。

ジョヴァンニが一四二八年に死ぬと、息子のコジモが後を継いだ。二十万フィオリーニに及ぶ遺産によってトスカーナ最大の資本家となる一方、父の断行した資本税(カタスト)のおかげで、フィレンツェ無産階級の旗手でもある。父が死んだ時、コジモはすでに四十の坂を越えていて、うまく投資する術だけでなく、うまく金を費う術も心得ていたし、さらに感情や野心を巧みに覆いかくす術にもたけていた。市の役職にもつきたがらず、戦時だけしか機能しない国防十人委員会の委員になっただけだった。

ところが、折よくと言うべきか折あしくと言うべきか、戦争が始まっていた。フィレンツェの支配に抗してルッカが反乱を起したのである。コジモはこの反乱の鎮圧を指揮しただけでなく、戦費もすべて自分の金でまかなった。国庫の金を一文も費わずに戦争に勝利したから、コジモの人気は沸騰した。

「脂肥りした人民」は、ここでメディチ家をやっつけなければおしまいだと思った。メディチの擡頭で打撃を受けたアルビッツィ家の当主リナルドは、コジモが独裁者になろうと企てたと告発し、正義の旗手グアダーニに迫って逮捕状を出させる。対抗策をとることも、逃亡することも、簡単にできたのに、コジモはおとなしく逮捕された。アルビッツィ家の私兵の監視下に大衆集会が開かれ、コジモ死刑を決議する段になっても、何の手も打たず、軽減した。

ただ正義の旗手に「袖の下」を贈っただけだった。グアダーニは、死刑を十年の追放刑に軽減した。

コジモはヴェネツィアに移った。財産の大部分はすでにそこに前もって移してあったのである。ここでもかれは上手に金を費ったので、まもなく総督は、コジモ召還をフィレンツェ政府に勧告した。だがその頃、フィレンツェでも政変が起って、アルビッツィが失脚したから、総督の勧告を待つまでもなかった。新政府は独自に召還を決定し、コジモ・デ・メディチは凱旋将軍のような歓迎を受けた。アルビッツィ追放を聞いて、驚き悲しむふりをして見せ、復讐なんて夢にも考えなかったと言ったが、自分の手で復讐する気は確かになかっただろう。他人がやってくれればそれに越したことはないのだ。そしてメディチ家に慕い寄る人の数は急増していた。コジモの血は氷のように冷たく、記憶力は抜群だった。

かれも民主制を廃止しようとはしなかった。市の役職にも、しばらくついたのちに、権力は心身を腐敗させると称して、引退してしまった。しかし、要職はすべてメディチ派が押えており、大衆はかれの味方であり、金持も多くはメディチ銀行の融資を受けていた。

コジモは恩情に厚い穏和な独裁者だった。ある時、反乱の謀議が未然に発覚して、首魁と目されたベルナルド・ダンギアーリが死刑を宣告され、高い塔の上から突き落された。これは残酷すぎると抗議した人に対して、コジモは微笑をふくんでこう答えた。「祈りを唱えながら国家を統治することはできないんですよ」。

しかし、残酷な行為を好んだわけではもちろんなかった。それどころかかれは、一滴の血も流さず、税制を変えるだけで、一個の社会革命を成し遂げるという奇蹟をやって見せた。累進所得税と「賃金エスカレーション」の政策を、ヨーロッパ史上最初に実行したのはかれである。これによってフィレンツェ共和国の収入は、二十年間に五百万フィオリーニの増加を見た。富裕な人々、特に土地貴族は、査定された税額を払えないか払う気になれないかのどちらかだったから、フィレンツェを捨てて田舎の古城に引き揚げた。かれらはかつての「塔の会」のメンバーで、フィレンツェの町にいかめしい品格を与えていた人々であるが、コジモはその流出を憂えなかった。「あの連中の代りを作ればいいんでしょう。赤い布が何尺かあれば貴族が一人作れる御時世ですよ」。

銀行業務も正確無比にやってのけ、特に投資対象の選択は的確そのものだった。ボローニャの司教に無担保で大金を貸しつけ、出資者が文句を言ったことがあったが、その司教はまもなく教皇ニコラウス五世となり、ヴァティカンの金融をメディチ銀行に独占させた。

夜明けに起床して繁忙な仕事を片づけ、夜は鶏肉の焙ったのを寝室に持ち込んで葡萄酒を飲みながら質素な夕食とした。この規律正しい生活と質素な食事のために、七十五歳まで元気に働くことができた。家庭生活もきちんとしていた。ただ一度だけ、女中と間違いを犯して、子供を生ませたことがある。個人的な贅沢はしなかったが、フィレンツェの町を飾るためにはけちけちしなかった。ブルネレスキら建築家、ドナテッロ、ギベルティら彫刻家、ボッティチェリ、ベノッツォ・ゴッツォリ、フィリッポ・リッピ、アンジェリコらの画家、ピーコ・デラ・ミランドラ、マルシリオ・フィチーノ、アルベルティらの哲学者や文人を招聘し、仕事を依頼するために、私費四十万フィオリーニ（六十億円以上）を投じている。その時代の最大の愛書家であったニッコロ・デ・ニッコリが、ギリシアの写本を買い過ぎて破産に瀕していた時、コジモはメディチ銀行から無制限の融資をしてやり、かれが亡くなった時は蔵書八百冊を六千フィオリーニで買い取って遺族を助け、そのほとんど全部をサンマルコ修道院の図書館に寄贈した。

フィレンツェの知識人はすべて、コジモを敬愛した。ボッティチェリ、ベノッツォ・ゴッツォリ、ポントルモの三大画家がかれの画像を残しているが、讃美と感謝の気持から、どれもかなり実際よりも美化して画いたのではないかという感じがする。三つの画像を見ると、中背で肌は浅黒く、眼窩は落ちくぼんでいて、眼光鋭く、鼻は高い。

民主派に属する歴史家も、コジモをもっとも開明的な独裁者と見なしており、ヴァルキはかれをヨーロッパ文化再興の最大の功労者と評価している。

外交家としても有能だった。イタリアの運命がミラノ、ヴェネツィア、フィレンツェ、ナポリの四国間の均衡にかかっていることを理解し、あらゆる手段を尽してその均衡を強めようと努めた。フィリッポマリーア・ヴィスコンティが死んでミラノが危機に陥り、ヴエネツィアがその虚につけ込もうとした時、コジモはただちにスフォルツァに資金援助して対抗させた。ヴェネツィアがナポリと結んでフィレンツェを攻めようとすると、コジモはその両国の領内の自己の債権を取り立てるという手段で、その企てを封じてしまった。ヴェネツィアもナポリも、メディチ銀行の資金を引き揚げられれば、経済がもたなかったからである。

コジモ・デ・メディチは「祖国の父」と呼ばれた。祖国とはもちろんフィレンツェ共和国を指すのだが、かれはイタリア全体の父でもあった。おそらく国民統一を夢見たこともあろうが、それが現実的でないと悟り、現実に可能な、唯一の、最善の目標を追求した。すなわち、イタリアの四強を団結させ、外国の侵略から半島を守ることである。

これが十五世紀末までメディチ家の政策となる。この賢明な政策のおかげで、イタリアは六十年の平和と前代未聞の繁栄を謳歌することができた。この平和と繁栄がなければ、ルネサンスの奇蹟もまた実現しなかったであろう。

20　ロレンツォとジロラモ

　コジモが一四六四年に世を去ると、息子ピエロが後を継いだ。莫大な遺産と権力のほかに、かれは父から持病の痛風をも受け継ぎ、そのために「痛風病み（ゴットーゾ）」という綽名を得、この病気で早死にすることになる。コジモの精励と芸術保護と規則正しい生活習慣は受け継いだが、洞察力と政治技術までは受け継ぐことができず、父の葬儀が済むとすぐ貸してあった金を取り立てるという失敗をやった。破産の危険にさらされたフィレンツェの諸名家は、自由を叫んで革命を企てた。ピエロは辛うじてこの危機を乗り切り、一四六九年に死ぬまで何とか権力を維持した。

　コジモは、息子が病身で長生きはできないだろうと推測していたので、生前、とくに孫ロレンツォの教育に心を配っていた。この少年の優秀な素質を花開かせるために、最善の家庭教師をつけている。ギリシア語はアルジロプーロ、哲学はフィチーノ、政治と商業実務はコジモ自身である。

　ロレンツォは、父が死んだ時まだ二十歳になったばかり、弟のジュリアーノは十六歳だった。家業のほかに政治にまで手を出す気はないとロレンツォが宣言したから、党首を失ったメディチ党の指導部は驚きあわて、「市民代表団」を編成してメディチ家を訪れ、政治から身を引かぬようロレンツォに懇願する。非常にためらいながらも、ロレンツォは遂に説得に屈した。その後の成り行きを見ると、かれはこの説得を待ち構えていたに相違ないが、祖父譲りのおとぼけで、そんな気振りはさらさら見せなかった。かれは弟にも政治に参与するよう勧めたが、ジュリアーノは兄を非常に尊敬していたし、それに詩や音楽やスポーツや女の方が政治よりも遥かに好きだったから、その勧めを断った。

ロレンツォは美男子ではなかった。背は高く、がっちりした体格で、肌は祖父に似て浅黒かったが、容貌にはどことなく品の悪い感じがある。顎が張って鼻孔がひろがり、ボクサーのように鼻全体がひしゃげている。不気味な異相と言うべきであろう。その上、発声器官に異常があったのか、声にはいつも不快な鼻音がつきまとった。ところが、かれと会って五分間も話せば、誰でもその魅力のとりこになってしまったのである。すべての証人が、かれの優雅な礼儀正しさと、相手と一体化する不思議な能力に魅せられずにはいられないと、異口同音に語っている。詩人と話せば詩人になり、政治家を相手にすれば自分も政治家になり、悪党と取引きする時はそれに輪をかけた悪党になったのである。

二十歳の時、ローマの公女クラリーチェ・オルシーニを妻に迎えたが、この婚儀を取り決めたのは母のルクレツィア・トルナブオーニである。この母は、コジモが「わが家族中唯一の男」と呼んでいたほどの女傑だったが、嫁選びの基準を「体格が良くて色白」という点に置いた。ルクレツィアは、痛風の業病にとりつかれたメディチ家の血を改良しようと決心していたから、まるで牛市へ牝牛を買いに行くように、ローマへ嫁を探しに行った。ローマの女はフィレンツェの女よりずっと体格が良く、乳もよく出るというのが定評だったからだ。「私はこの娘がフィレンツェの娘たちよりずっといいと思います」と、現地調査のすえ彼女は夫に書き送っている。「ロレンツォにはもう引き合わせました。気に入ったかどうか、あなたから聞いてやって下さいませ」。

ロレンツォはあまり気に入らなかったが、その娘を妻に迎えることにした。母の意を損じないためもあったし、またかれ自身も家系の体質改善を真剣に考えていたためでもある。だが何よりもまずこの時代には、結婚したからといって何ら行動を束縛されることがなかったから、唯々諾々と好きでもない女と夫婦になったのである。婚礼の後も、愛人ルクレツィア・ドナーティとの関係を続けていたが、妻に対する義務も怠らなかったと見え、六人の子をなしている。上から順に、長女ルクレツィア、長男ピエロ、次女マッダレーナ、次男ジョヴァンニ、三女ルイーザ、三男ジュリアーノである。

祖父と同様に役職につかず、一私人にとどまることを好んだが、メディチ党の統治を不動のものとするため、一種の枢密院を作り、議員を指名し、その任期を終身とした。最初は臨時の機関だったが、やがて常設の指導国家機関となり、七十人評議会と呼ばれた。

最初はあまり順調とは言えなかった。ヴォルテルラの鉱山をフィレンツェ共和国有とした時、ヴォルテルラ市民が所有権を主張して紛争が起った。ロレンツォは、祖父コジモなら決してやらなかったような強引な弾圧に出て、多くの流血を見た。もっともかれはすぐ誤りに気付き、修正に努めた。

外交でも大失策を演じ、かれは権力を、国は独立を、もう少しで失うところまで行く。名義上は教皇領であったイモラを、充分に手を打たぬままフィレンツェに統合したのが失敗だった。教皇シクストゥス四世は、親戚縁者に分け与えるためにいくらでも土地が必要だったから、持ち前の癇癪を爆発させ、報復としてヴァティカン金融の独占権をメディチ家から取り上げ、メディチと仲の悪いパッツィ家に与え、それでもまだ気が済まずに、メディチ政権打倒をそそのかし、パッツィ家に暗殺計画を立てさせたのである。

計画は一四七八年の聖土曜日のミサの時間を選び、フィレンツェ大聖堂で決行された。ロレンツォは供も連れず武器も持たずこのミサに参列していた。弟のジュリアーノは家にいたが、陰謀の一味に欺かれて、遅れてミサに連なる。聖体拝授の時間となり、司祭が列席の信徒に聖餅を渡し始めた時、暗殺者たちは突如メディチ兄弟に襲いかかる。その中には大司教サルヴィアーティの姿もあった。ジュリアーノはバンディーニに刺されて倒れたところを、フランチェスコ・デ・パッツィの短刀でとどめを刺される。ロレンツォは腕で身を庇い、友人たちに守られ、手傷を負いながらも聖器室へ逃れ、内からかんぬきをかって防戦する。暗殺者たちとその一味は市庁舎前広場に飛び出し、民衆に蹶起をうながして「自由を！　自由を！」と常套句を叫ぶが、民衆はそれに対して「球を！　球を！」と叫び返す。球とはもちろんメディチ家の紋章である。

報復の懲罰は厳しく、八十人が死刑に処せられた。大司教の身でありながら教会内で、しかもミサ最高潮の時刻に短剣を振るって兇行に及んだサルヴィアーティは、フランチェスコ・デ・パッツィとともに絞首された。当時二十六歳だった画家レオナルドは、虚空に浮かぶ絞首の情景を、独特の筆致でスケッチしている。パッツィ家の当主ヤコポは、死刑になった後にまた墓をあばかれ、屍体を街路に引きまわしたのち、アルノ川に投げ捨てた。ロレンツォは兇刃に倒れた弟のために墓碑銘を書き、ボッティチェリに依頼して記念の壁画を市庁舎に描かせた。

教皇は陰謀を是認していたけれども、具体的計画にまでは参与していなかったようだ。だが大司教を殺されては黙ってはいられない。これを絶好の口実として、ロレンツォと市の高官全員を破門し、市の聖務を停止、フィレンツェに対する「聖戦」を開始した。ナポリ王フェルディナンドがさっそくこの聖戦に参加、ロレンツォの身柄を教皇に引き渡せ、さもなくばナポリ軍は進撃を開始するという最後通告をフィレンツェ政府に発する。

メディチ特有の知恵で、ロレンツォは市の総務会にナポリ王の要求を吞むよう勧め、自分が犠牲になって町と国を救おうと申し出た。だが総務会はこの申し出を却け、ナポリの挑戦に応ずる覚悟を定めた。戦争が始まるとフィレンツェ軍はポッジボンシで一敗地に塗れ、陣容を建て直すために税を重くした。このまま続けばいつかは民衆が辛抱できなくなり、ロレンツォのために自分たちまで犠牲になるのはいやだと叫び始めるだろう。こう考えたロレンツォは、ひそかに単身町を脱出し、ピサから船に乗ってナポリに向かい、大胆にも敵の王フェルディナンドの前に姿を現わした。

このナポリの王様はひどく評判の悪い人物で、つい最近も傭兵隊長ヤコポ・ピッチニーノを客として招いた上で、騙し討ちにしている。客人でもこんな目にあわされるのだから、現在交戦中で、しかも半ば敗者の位置にある敵をどう扱うか、分ったものではない。ナポリ軍は進撃を続けており、教皇は執拗にロレンツォの身柄を要求していた。

ところがロレンツォは、わずか数日のうちに、その人間的魅力と銀行預金の力で、ナポリ王国と固い友情を結んでしまったのである。特に王国外相格のカラーファ伯は、熱烈なロレンツォの擁護者となった。フィレンツェが弱まればそれだけ教皇国家が強化されるが、それは教皇領と境を接しているナポリ王国にとって好都合であろうはずがない。それに、戦乱がこれ以上続けば全イタリアがトルコ軍の脅威にさらされることは必至である。トルコはすでにコンスタンティノープルを征服し、強力な海軍を擁して地中海制覇に乗り出しているのだ。ロレンツォはこのように説いたのである。

フェルディナンド王もこの敵手の勇気に感銘し、その人柄に惹きつけられ始めていたので、結局その理屈に屈服することになった。王はロレンツォを教皇に引き渡さないでフィレンツェと平和友好条約を結んだ。ロレンツォは嵐のような歓呼を浴びて凱旋将軍のように帰国する。教皇シクストゥスは怒り狂ったが、トルコ軍オトラントに上陸という報を受け、この厳しい現実の前に妥協を決意せざるを得ない。すかさずロレンツォは教皇庁に特使を派遣、信仰と謙譲の溢れる言葉を教皇に伝えさせる。すでに形勢が完全に逆転したことは認めざるを得なかった。教皇は腹の虫がおさまらず、特使を冷遇し、面罵したが、気を取り直して仏頂面のままロレンツォに友好の手紙を書き、トルコ軍征討のため十五隻の軍船を調達するよう依頼した。

これ以後、サヴォナローラが現われるまで、ロレンツォ・デ・メディチの権力は、微動だにしなかった。

ジロラモ・サヴォナローラは一四五二年フェラーラに生まれ、幼少の頃修道院に入る。若禿で扁平な額、肌は浅黒く顔は骨張っていた。大きな鼻は形が歪んでおり、厚い唇は微笑を妨げている。粗野で武骨なこの顔の中で、美しいのは目だけだった。灰色がかった黒い目で、ある時は怒りがその瞳にきらめき、ある時はかすかに憂愁の影をたたえた。おそらくこの瞳が人を惹きつけたのだろうが、自分では意識していなかった。顔がまずいと言えばロレンツォも似たりよったりだが、ジロラモにはロレンツォのように身から泌み出る優雅な雰囲気がまるでなかった。内気と傲慢は双子だと言うが、サヴォナローラの内面でも両者は分ち難く結びついていて、それが動作をぎこちなくさせ、身なりに構うことを頑固に拒否させていた。

ボローニャの聖ドメニコ修道院で修行を積んだのち、一四八一年、フィレンツェのサンマルコ修道院に転任。サンマルコは数あるフィレンツェの教会聖堂のうちでも、とりわけメディチ家の保護が厚い。コジモは名匠ミケロッツォにこの修道院を改築させ、三万六千フィオリーニの大金を投じてベアート・アンジェリコに壁画を描かせ、その上膨大な量の図書を寄贈して、ここを美術と文化の殿堂と化していたのである。ロレンツォも祖父の例にならってサンマルコ修道院にすばらしい庭園を寄進し、そこに古代の彫像百余体を集めて展示していた。フィレンツェの彫刻家はだれでもここに来て、古代彫刻を研究し、その模造を作ることが許されていた。若き日のミケランジェロ・ブオナローティもここに日参していた。

サンマルコの修道院長はジロラモを「教導」すなわち新参修道士の教育係に任命した。これは重要視されていた職務で、資格が要求された。サヴォナローラは少し前にレッジョ・エミリアの講習会に出て、その資格を取っていた。ちょうどその時、レッジョではある討論会が開かれ、かれもそれに出席した。この会合でひときわ目立ったのは、弱冠十八歳ですでに天才の名をほしいままにしていたミランドラ伯ピーコだった。

討議が学術的な領域に止まっているあいだは、ジロラモ修道士は沈黙して、だれもその存在に気づかなかったが、教会と世俗界との関係という問題に触れるや否や、ばねに弾かれたように起立し、聖職者の世俗化と腐敗を痛烈に告発し糾弾した。列席者は驚き慌てたが、誰よりも衝撃を受けたのはピーコだった。かれは人文主義(ヒューマニズム)の教養を身につけていたから、この種の弁舌がひどく新鮮に響いたのである。この異相の修道士の弁論は、かれの脳裡に焼きついた。

フィレンツェに帰ったジロラモは、教導職に専念したが、そのうちに説教にも派遣されるようになった。フィレンツェでは、宗教弁論の最高の檜舞台は大聖堂と聖ロレンツォ教会で、サンタマリア・ノヴェッラ教会とサンタクローチェ教会がこれに続いた。サヴォナローラが派遣されたのは、ベネディクト派のムラーテ僧院とかオルサンミケーレ教会とかの、あまり映えない舞台だった。しかし、この程度の舞台でも、サヴォナローラの説教はフェラーラ訛りが強く、あまりにも説教臭が強すぎたため、評判が悪かった。

かれは職務に熱心で、かつ宗教弁論家としての野心も強かったから、訛りを直すためにきびしい発音練習に取り組み、その甲斐あってか時とともに説教にも上達の兆が見えて来た。精進を認めた修道院長は、聖ロレンツォ教会という晴舞台を提供してくれた。

結果は無惨だった。ここでは聴衆は懐疑的で意地の悪い知識層が主だったから、かれの田舎臭い説教を受けつけず、何週もたたぬうちに、聴衆は二十人ほどに減ってしまった。

その二十人だって、皮肉な目付きと嘲弄に充ちた微笑で説教者をどぎまぎさせるのが面白くて、残ったに違いない。それがトスカーナ気質というものである。

この大失敗に懲りたのか、院長は一四八六年、サヴォナローラをロンバルディーアに転任させた。捲土重来を期すジロラモは、この地でしかつめらしい説教調をやめ、情熱的・攻撃的・黙示録的な新しい直截なスタイルを身につけ、すばらしい弁論家に変身する。

四年の「島流し」ののち、ロレンツォの要請があって、サヴォナローラはフィレンツェにもどることになった。ロレンツォはこの修道士とまだ面識がなかったはずで、ピーコ・デラ・ミランドラの熱心な推挙に動かされたのであろう。サンマルコ修道院長はかれを教導に再任したが、ロレンツォがわざわざ名指しで復帰させたという噂はすぐ町中に拡がっていたし、ピーコが知識人のあいだで熱心に宣伝したから、サヴォナローラの帰任は大きな関心を呼び、その講義には新参修道士だけでなく、ポリツィアーノ、フィチーノら世俗の知識人も聴講に来るようになった。聴講者が増えすぎたため、教場は庭に移り、美しい庭園の、ダマスク産の薔薇の茂みの蔭で講義が行なわれた。

だがこれは講義と言うものではなかった。今や聴衆を前にして臆することのなくなったサヴォナローラは、言々句々魔術的な雰囲気を醸し出し、その雰囲気にみずからも酔った。講義は説教に変じ、それが聴衆を納得させたかどうかは別として、ともかく常に異様な反響を呼び起し、聴衆の数をますます増やすのだった。粗野で幼稚だと感じる人もあり、演説くさくて芝居がかっているとけなす評もあったが、聖書以外にいっさい引用せず、学者臭や文人気取りのまったくないかれの弁舌の、力と熱と真剣さには、誰しも心打たれずにはいられなかった。この百年間、フィレンツェは、かくも粗野でかくも真情に溢れた弁論を聞いたことがなかった。こうしてサヴォナローラは町中にセンセーションを捲き起し、論議と話題の中心人物となり、その講義を聞きに来る人数は増す一方だった。遂に一部の信徒の尽力で、再び説教壇に登る手筈がととのった。

ジロラモ修道士の「カムバック」を見ようとする大聴衆がサンマルコ教会に押し寄せた。ジロラモは大いに張り切ったに違いない。この緊迫した雰囲気は、かれの気質にぴったり合っていた。かれは自信に満ちた足取りで壇に登ると、大きく手を拡げ、真正面から猛烈な勢いで聴衆を攻撃し始めた。この日のために選んだ題材は黙示録、説教の趣旨とぴったり合っていた。四年間ロンバルディーア各地の説教壇でやった説教の繰り返しだったろうが、フィレンツェの聴衆はそれを即興だと思った。この強烈な弁論家が教会の悪徳と腐敗を糾弾し、必ず神罰が下ると断言し、「宗教改革」を予言した調子には、それほどの迫力が感じられたのである。

聴衆は攻撃、糾弾、脅迫の説教よりも媚び甘やかす調子に慣れていたから、この狂気のような絶叫や身振りに、最初のうちは抵抗を感じたに違いないが、やがて我を忘れ、催眠術にかかったように聞き入った。説教が終ると拍手することも忘れて、感動を深い溜息で表わした。大喝采を受けるよりもずっと大きな成功であった。

しかし、知識人の多くはこんな催眠術にかからず、サヴォナローラは低級な煽動家にすぎない、無教養を絶叫や脅迫の言辞でカバーしているのだと考えた。かれらは、この修道士が正体を暴露するまで好きなように叫ばしておいた方がいいと思い、適当に褒めそやしておいて、一人一人個別にサンマルコ修道院を訪れた。ジロラモがいくら巧妙な煽動家でも、膝つき合わせた会話では得意の催眠術も効かぬだろうから、きっとお粗末な正体を暴露するにきまっていると、確信していたのである。ところが案に相違して、会話の方が説教よりもなお魅惑的だった。サヴォナローラが文化や教養を軽蔑しているのは、決して無知だからではなく、風俗の乱れを惹き起すのを憂慮しているからだということを、どの訪問者も認めざるを得なかった。世俗的な功名に目がくらむような男ではないということは、だれの目にもはっきりした。この宮廷全盛の時代に、ジロラモは宮廷を歯牙にもかけなかったし、サロンやアカデミーの名士にもなりたがってはいなかった。その哲学不信は、人間不信、理性不信の反映であった。

その後約一年半、サンマルコ教会での説教が続いたが、増え続ける聴衆と高まり続ける熱狂を容れるには、この会堂では手狭に過ぎる。遂に一四九一年の四旬節、民衆の声に押し上げられるように、サヴォナローラは大聖堂サンタマリア・デル・フィオーレの説教壇に立つことになる。

　これは最高の晴舞台であるが、それだけに影響力も大きく、この舞台での言動は慎重を要する。サヴォナローラの熱烈なファンたちはこの栄誉を喜んだが、その中には、これがまずくすると修道士の破滅につながるのではないかと危惧する人びともあった。ジロラモはほのめかしや婉曲語法の技術にはたけていないように思われたのである。かれらはジロラモにこう忠告した。あなたは今まで「嘆かわしい」とか「天罰が下る」とか言い過ぎて「絶望の説教師」と綽名されるようになっているが、今度もそれを繰り返せば、結局は信用がなくなってしまう。それに、あなた自身の「霊夢」については話さぬ方がいい。それが教会によって認められ、権威づけられていない以上、必ずインチキだという声が上り、教会とのあいだに確執をかもすだろう。しかしとりわけ必要なのは、宗教と道徳の範囲を越えて政治の領域に踏み込まないことだ。この点はくれぐれも慎重にやって欲しい。

　サヴォナローラはこの忠告に従うと約束した。当日、巨大な花の聖母の伽藍は大衆に埋め尽され、期待の空気が充満していた。壇上に登った修道士は、いつもより激烈かつ明快に攻撃の弁舌を振るい始め、しかもその攻撃が世俗権力、すなわちメディチ家の政治に真向から迫るものであったから、忠告した友人たちは仰天した。「……今や聖霊の御賜物で売り買いされぬものは何もありません。貧しい人々は重税に打ちひしがれ、五十の収入から百の税金を搾り取られています……よく考えて見なさい。富裕な人びとよ、あなた方の上に必ずや劫罰が下されますぞ。この町はもはや花の都ではない。恥辱の都、流血の都、盗賊の巣窟だ……」。それからかれは、自分の「霊夢」について語り始めた。

忠告に従うと約束しながらそれを覆した理由を、かれ自身がのちに『啓示大要』のなかでこう説明している。「一四九一年、大聖堂の説教壇上に立つときまった時、霊夢について話そうと予定していたが、直前になってからそれを止め、将来も二度と自分の霊夢について触れまいと思い決めた。そして土曜日一日とその夜にかけて、他のテーマを見つけようと一心に努力した。けれども何も思い浮かばない。暁の光が射し始めた時、徹夜に疲れ果てて祈る私の耳許に、一つの声が聞えた。——愚かな奴だな、主はお前がこれまで歩んで来た道を歩み続けよと望んでおられる。それが分らぬのか——そこで私はあの日、あの怖ろしい説教をしたのだ」。

友人たちは茫然自失したが、民衆は湧いた。五十年ものあいだ、支配者に対して抗議の声を公然とあげた例はなかった。しかし支配者たちは、多分ロレンツォの指示で、この修道士を鄭重に招待し、政庁の中で政府要人と官吏に対して説教してくれるように要請した。ロレンツォ・デ・メディチは、イル・マニフィコ、すなわち「雅量ある人」と綽名されていたが、サヴォナローラに対するこの柔軟な対応は、まったくその綽名にふさわしく、優雅さと賢さを物語っている。ジロラモ修道士もこれには意表をつかれたらしく、いくぶん困惑した調子でこう語り始めた。

「政府のお偉方が前に揃っておられますので、私も教会の中でのように落ち着いた気持ではいられません。パリサイ人の家でキリストがなされたように、私ももっとスマートで節度ある態度を取らなければいけないのでしょう。しかし、フィレンツェの都の善も悪も、すべてその指導者にかかっておりますゆえに、ここにおられる皆さんは、たとえ小さな罪悪についても、責任が大きいと思います」。

ここまでは、自戒した通りスマートで節度があった。だがそのあと、神秘の力に引きずられるようにこう続けた。「僭主はその慢心のゆえに矯正不可能です。僭主はへつらいを好み、不正に取り上げたものを返そうとしません。貧しい人びとの言に耳を傾けず、富んだ人びとの非を咎めず、貧者や百姓は自分のために無料奉仕して当り前だと思い、投票を買い、関税を押しつけ、民衆を抑圧しています……」。

これは要約なので、この通りに喋ったわけではないが、僭主というのがロレンツォを指していることは誰にでも分るので、これを聞いていた政府の高官たちは、かなり当惑したに違いない。ジロラモはさらに続けて、「あなた方は不和を排し、公正を行ない、正直の徳を再興しなければなりません」と言った。聴き手は皆、幻想抜きの良識を基礎とするメディチの教えを受けて育った人ばかりだから、こんなおめでたい説教をする人間は、政治の分らぬ夢想家に過ぎぬと思い、安心したであろう。

しかしイル・マニフィコは、かれらよりずっと懐疑的でずっと遠大な視野を持っていたから、心を痛め、憂慮を深めたに違いない。かれは市民の中から五人の名望家を選び、サヴォナローラに意見してもらいたいとたのんだ。こんな無茶なことを続けていると、フィレンツェから追い出される危険があると、その五人は、自分たちの意見として、修道士に警告した。ジロラモは、裏で誰が糸を引いているかをすぐに悟って、こう答えた。「かれのしたいようにするがよろしい。でもこのことは知っておいてほしいと思います。私は外国人です。かれはこの町の住人でしかも筆頭市民です。それにも拘らず、私はこの町に留まらねばならず、かれは去らねばなりません。いいですか、ここに留まるのは私で、かれではありません」。

ロレンツォはそんな脅迫は平気だったが、サヴォナローラのこうした無作法さには不愉快を感じたろう。しかし、今度も自分の手で報復しようとはせず、マリアーノという有名な説教師に、サヴォナローラに反論する説教を依頼した。廷臣根性と嫉妬心に満ちたマリアーノは、この役目に目の色を変えて飛びついた。主君の気に入ると同時にライバルをやっつけるのだから、一石二鳥である。

噂は拡がり、市民はこの対決を見ようと、聖ガッロ教会に詰めかけた。ロレンツォもピーコもポリツィアーノもその群れの中にいた。マリアーノは、熱が入ったあまり度を失ったのか、それとも大群集と期待の雰囲気にあがってしまったのか、節度とバランス感覚を失っていた。まっすぐにサヴォナローラ非難に踏み込み、教会より酒場にふさわしい調子で、低劣な非難、卑俗な中傷、下品な毒舌をまき散らし、聴衆をげんなりさせた。ロレンツォがまっさきに吐き気を催した。マリアーノのこの失敗がジロラモの最大の成功を意味することと、これ以後は、決して巨人でないジロラモが、だれの目にも巨人と映るだろうということを、かれは痛恨の念で理解した。

ひと月後の七月、ジロラモ・サヴォナローラはサンマルコ修道院長に任命された。この任命に先立って、ロレンツォが異を唱えれば、ドメニコ会もこの人事を強行できなかったに違いない。だがかれはジロラモの就任を妨害しようとはしなかったのである。

それまでの慣例では、新任の修道院長はメディチ家を訪問して挨拶し、日頃の保護の礼を述べることになっていた。ジロラモはこの慣例を無視し、ロレンツォの寛容な心を踏みにじった。ある人が新修道院長にその慣例を思い出させ、メディチ家に挨拶に行くというのは何も思想信条の問題ではなく、たかだか礼儀の問題に過ぎないではありませんか、と意見した時、かれは木で鼻をくくったようにこう答えた。「だれが私を院長にしてくれたのですか。神様ですか、それともロレンツォですか。御礼ならロレンツォにでなく、神様に申し上げたいと思います」。この話を聞いたイル・マニフィコは、首を振って、居合わせた友人にこう言った。「聞いたかい。外国の修道士が私の家に住もうというのに、引越しの挨拶にも来ないんだとさ」。

この挿話を伝えているのは、大のサヴォナローラ崇拝者であったブルラマッキである。かれはこの話がサヴォナローラの名誉になると思ったようだが、実は逆にロレンツォの名誉になったのであり、暴君などと決めつけたのがいかに無茶な誤りだったかを示しているのである。

牙を剝いて嚙みついてくる手に負えない修道士に対して、イル・マニフィコはどんな感情を抱いていたのか。この辺が尽きせぬ謎である。この時期メディチ体制は堅固であって、ロレンツォは権力も権威も思うままに行使できたのであるから、たとえ法衣をまとっていようと、敵対者を市から排除するのは雑作もなかったはずだ。数十年間の平和と繁栄をもたらしたイタリア四強同盟の心棒はロレンツォで、教皇もそれをよく知っていたから、かれの意向を無視することはできなかったろう。それに、この平和と繁栄の恵みにもっとも多くあずかっていたのは、他ならぬフィレンツェの町であって、自由の名において失ったものを、秩序と公正という形でとり戻していた。サヴォナローラが何を言おうと、メディチ税制はその時代としては模範的なものであり、フィレンツェの貧民といえども、他のイタリア諸国の貧民よりずっと恵まれていたことは確かである。自由のノスタルジアにしがみつく一群の不満分子以外に反対派はいなかったし、党派闘争の自由以外の自由など、フィレンツェにはかつて存在したことがなかった。

過激で粗野で無作法なサヴォナローラに、イル・マニフィコがあれほど寛大な態度を取ったのは、すべての面で自信に充ちていたからであろうが、それだけではなかったはずだ。かれは何度も私人としてサンマルコを訪れ、ジロラモの黙示録風の説教を聴聞している。

群集の中に紛れ込んでいるメディチ家の当主の姿を、壇上の修道士がそれと見分けたかどうか分らぬが、もし見分けたとしても、そのために気後れしたり、調子を柔らげたりしなかったことは確かだ。院長になってからも、腐敗した政治、祝祭、娯楽、古典学、カーニバル、要するにロレンツォが体現しているすべてのものに対して激しく吠え立てることを止めなかった。

この不断の無礼にも拘らず、イル・マニフィコはサンマルコに通い続けた。帰りぎわには戸口の慈善箱に献金を忘れなかった。金貨が袋ごと入れてあった時もある。修道院長はすぐに誰の献金かを悟り、急いでその金を救貧院に送り、次の日、説教壇上から厭味たっぷりにこう言った。「忠実な犬は、骨を投げられても、主人のために吠えることをやめません」。

だがこの不遜の言辞もロレンツォを怒らせず、むしろ好奇心をそそったようである。ある日かれは、サンマルコ修道院の美しい庭に散歩に来た。例の彫像群を見に、と言っていたが、内心では院長に直接会う機会を求めていたのだ。二人でゆっくり話し合えば、すべてはまるくおさまると信じていたふしがある。今までイル・マニフィコの発散する人間的魅力、機知、穏やかなユーモア、心を柔らげずにはいない礼儀正しさに抵抗し切れた人はだれもいなかった。だが、自分の人間観を真向から否定するかに見える人物にたいして、強い好奇心が働いていたことも確かだろう。祖父コジモは、友情も敵意も結局は金額で解決する問題だと、実例を挙げて教えてくれた。ここの修道院長を金銭で買収できないことは明らかだが、かれの信念だって何かであがなえるはずだ。

脹れて痛む足を引きずり、時々腰を下して休みながら、ロレンツォは何時間も散歩を続けた。庭係の修道士がかれの姿を認めて院長に報告にかけつけ、歓迎の挨拶をしに行った方がよくはないかと尋ねた。

「私に会いたいと申されたのか？」

「いいえ」

「では散歩をお続けになっていればいい」

正午が近づくとロレンツォは諦めて出口に向かった。ジロラモが会うのを避けて故意に知らぬ顔を決め込んでいることをかれは知った。そして、それにも拘らず二人の出会いが近いことも、かれは知っていたのである。

近年健康は急激に悪化していた。父をあの世へ送ったのと同じ病気で、その経過は熟知していたから、自分の死期が迫ったことをすぐに悟った。一四九二年四月、駕籠でカレッジの別荘へ運ばれ、ここへ政治家と文学者が集まった。修道院長がロレンツォと教皇とナポリ王の死を予言したという話は、かれらから聞いたのである。あとの二人については、年齢を考えれば予言は容易だった。しかし、ロレンツォはまだ四十三歳だった。

ポリツィアーノの語るところによれば、四月七日の夜半、最後の聖体拝受のために神父が呼ばれた。「この部屋にお通しして」とロレンツォは言った。「立ってお迎えしたいから、ちょっと起してくれないか」。すでに腎臓は腫れ切って、起き上るのは非常につらそうだったし、たいへん危険でもあった。だが、信仰心というよりはむしろ習慣化した礼儀正しさで、友に腕を支えられて神父を出迎え、その足もとに跪いて聖体を受けた。

その直後に、名医の誉れ高いティチーノ・ロガリオが、最後の思い切った治療を試みたが、これがかえって悪く、ロレンツォの容態は急転、危篤状態に陥った。だが、かれの意識を苛んでいるのは、病苦だけではなかったようである。イル・マニフィコは突然サヴォナローラの名を口にし、苦しい息の下から、ここへ呼んで来て欲しいとたのんだのである。

伝記によれば、その使いを受けた修道院長は、躊躇した挙句に行く決心をした。ロレンツォとジロラモの最後の対話がどんなものだったかについては、二説ある。

一つは、その場に居合わせた唯一の証人ポリツィアーノによるものである。ロレンツォは息子ピエロを呼び寄せて、永訣の言葉と最後の説諭を与え、ピーコ・デラ・ミランドラと親愛に充ちた別れの挨拶をしている時、修道院長が入って来た。かれはロレンツォに、最後まで信仰を堅持するよう訓戒し、もし神がこの病を癒し給うならば、以後は罪に染まらぬ生活を送ること、またもし神が死を望み給うならば、勇気をもって平静に死を迎えることを勧奨した。ロレンツォは、自分の信仰が堅固であり、罪深い行為を拒否する決意があり、動揺なく死を迎える勇気も揺るいでいないと答えた。そこでサヴォナローラは退出しようとしたが、ロレンツォはそれを引きとめ、祝福を乞い、謙遜な姿勢で頭と目を垂れ、「礼式に従って」ジロラモの「言葉と祈り」を復唱した。修道院長が退出すると、ロレンツォは最後の塗油を受け、真珠と宝石に飾られた十字架に口づけて、静かに死を待った。さわやかな気持であの世に旅立ったに違いない。

だが、サヴォナローラの心酔者たちは、もっとドラマティックな終幕を描き出している。かれらの伝えるところでは、修道院長は臨終のロレンツォに完全な懺悔を要求し、次の三条件を認めなければ免罪を与えないと言った。第一、神の慈悲を心から信じること、この要求はすぐに満たされた。第二、不当に取り上げたものをすべて返還し、また返還させること、これにはロレンツォは長くためらった後、苦渋の色を浮かべて承知した。最後にサヴォナローラはすっくと立ち上り、雷のような声でこう宣告した。「第三、フィレンツェの人民に自由を回復すること！」ロレンツォは無慈悲に自分を睨みつけている修道士を睨み返し、最後の力を振りしぼってかれに背を向けた。そしてジロラモは臨終の人に贖宥を与えずに帰った、というのである。

サヴォナローラの擁護者たちで、この臨終の場面に居合わせた者はだれもいなかったのだから、その情景を想像で作り上げたのだろう。こんな話は作らない方がよかった。死に行く人にこんなひどい態度をとったとすれば、サヴォナローラの値打が下るだけである。だが残念ながら、そんなことでもやり兼ねない人物だったことは確かである。

21　メディチ文化の担い手たち

メディチ家支配が確立した時、フィレンツェはすでにヨーロッパ文化の押しも押されもせぬ首都であった。この町では、ダンテとともに偉大な詩が、ボッカチオとともに偉大な小説が、ペトラルカとともに偉大な博識が、ジョットとともに偉大な絵画が、アルノルフォとともに偉大な建築が誕生した。市民を芸術と文学に自然に誘うものが、何かこの町にはあったのだ。メディチ家はこれに気付いて、世の賞讃に値する誠実と知恵と雅量をもって、この自然の傾向を推し進めた。「文化の保護後援という点で、メディチ家に及ぶ家系はかつて一つもない」とデュラントは言う。

この伝統の創始者はコジモである。かれは、アテナイ、コンスタンティノープル、アレクサンドリアで古典の写本を蒐めるために一財産投げ出しただけでなく、プラトン・アカデミー創設という一大事業を果した。これは、イタリアとヨーロッパの思想を方向づけるために決定的な役割を果すことになる。

当時、ギリシア哲学についてはほとんど知られていなかった。アリストテレスだけが多少知られていたが、それも聖トマスとその後継者を通じての間接の知識で、アリストテレス論理学の中から都合のいい部分だけを拾い集めたものだった。ヨーロッパでは哲学は神学に他ならず、神学は聖書とアリストテレス論理学の混合に他ならなかった。聖書に示されている真理が決して理性と矛盾するものでなく、逆に理性によって確証され保証されるものだということを証明するために、アリストテレス論理学を利用したに過ぎなかったのだ。プラトンについてはなおさら無知だった。少なくとも、どこがアリストテレスと違うのか誰も知らなかった。

しかし、コジモの要請によって一四三九年、東西両教会合同のための世界公会議がフィレンツェで開かれた時、事態は一変する。東ローマ帝国から皇帝自身がこの会議に臨席し、スコラリウス、ベッサリオン、ゲミストゥスら大学者たちが、皇帝のお供をしてやって来た。先に述べた通り、結局合同の試みは失敗に終ったのだが、フィレンツェの知識層はこの討議に熱狂し、ギリシアの客人の弁証法に完全に脱帽した。東方の碩学たちは古代の二大哲学者をそらで引用し、イタリアではその存在すら知られていなかった論理を用いて、議論を展開したのである。

これは一大啓示であった。公会議の敗北者は文化の勝利者となった。ゲミストゥスはイタリア人の無知に気付いて、プラトンとアリストテレスの相違を説明するラテン語の入門書を書いてくれた。かれは熱烈なプラトンの信奉者で、別名をプレトンと称していたほどたスコラリウスとガザは、その偏向を烈しく批判した。かれの同僚でアリストテレス主義者だっトラズボンのゲオルギウスが介入して直接原典を引用し、プラトンを男色家、盗人と攻撃するに及んで、論争は民衆レベルにまで拡大し、ベッサリオンはこの大哲人を擁護するために筆を執る必要に迫られた。

だが異常（というより滑稽）だったのは、何も知らないイタリアの知識人が熱狂的にこの論争に加わったことだ。プラトン、アリストテレスの対比論が流行となり、フィレンツェ知識人の多数がプラトンびいきになり、プラトンを読まないうちからプラトンを応援した。

この熱意に呆れかつ感動したゲミストゥスは、これを利用しない法はないと考え、プラトン・アカデミーをフィレンツェに創設してはどうかと、コジモ・デ・メディチに建議した。コジモは趣旨に賛同し、マルシリオ・フィチーノをその主任に推した。これはコジモの侍医の子で、古典研究にぴったりの素質を持った青年であった。

フィチーノは十五世紀ヒューマニストの典型である。非常な美青年だったから慕い寄る女が大勢いたが、かれにとってはどんな女より書物の方が魅力的だったのである。女には見向きもせず、ギリシアの哲人に惚れ込み、弟子たちに「キリストにおける兄弟たちよ」と呼び掛ける代りに「プラトンにおける兄弟たちよ」というのを常とした。それにも拘らず四十歳になると聖職に入り、聖堂参事となる。だがその後も、十字架像を置くはずのベッド脇にプラトン像を飾り、燈明を上げる習慣を捨てなかった。

フィチーノは大哲学者として通っていたけれども、独自の思想は何もなかった。方法は折衷的で、批判が的を射ることは稀であった。だがその博識は大へんなもので、アレクサンドリア学派の編んだ浩瀚なギリシア哲学注釈をすっかりラテン語に訳している。この注釈書の特徴は、プラトン、アリストテレスの二大学派の対立点に照明を当てていることだが、アリストテレス学派が自然の働きは無意志無目的だとするのに対して、プラトン学派はそれを精神と意識に帰着させる。だとすれば、キリスト教の教義に適うものは、プラトン説の方だということになる。なぜなら、キリスト教では、被造物（世界、自然）は創造主（神）の神聖かつ普遍的な霊の現われだからである。アリストテレスは、物質を支配する法則の盲目の貫徹を見るのみである。

この対立点は、フィレンツェにやってきたギリシアの学者たちの論争の基軸となっていたのだが、フィチーノはその重要性を理解していなかった。どんな文献でも手当り次第に引用し、孔子やゾロアスターまで借用して、和解不可能の対立を和解させようとし、異教とキリスト教を折衷しようとした。主著『プラトン的神学』は、西欧の知性が初めて哲学思想に触れた時の大混乱を如実に物語る資料としてのみ価値がある。古代人の一言一句のすべてに夢中になって熱狂したから、たとえそれらが相互に矛盾していても、何とかすべてを正当化しようとした。古代人の主張ならどんな愚論でも真理の啓示に見えたのだ。だから、イエス・キリストの啓示でも、古代の文献の中の啓示と対応しなければ妥当ではないと思っていた。

プラトン・アカデミーは、フィチーノの指導下に、こうした「頭の体操」の舞台となる。イタリア、フランス、ドイツ、イギリスの各地から馳せ参じた知識人がどれほど熱狂していたか、今からは想像も及ばぬほどだ。ピーコ・デラ・ミランドラやポリツィアーノを初め、若いミケランジェロに至るまで、すべての人がこの熱狂の渦中にいた。かれらが集まるのはメディチ邸、今メディチ・リッカルディ宮と呼ばれているあの建物で、各人がプラトンの「対話篇」のあれこれの登場人物の役割を演じ、あまりにも力演したため、時には言い争いから乱闘に及んだほどである。

プラトン哲学をキリスト教の枠内にうまく納めることは大へん難しかったが、たくさん偉い聖職者が出席していたのに、キリストの教えを思い出す人は少なく、たまに思い出すと、詭弁か比喩で逃げるのが常だった。議論に疲れると、引用句を吟じたり、安置した不滅の哲人の像に頌歌を捧げたりする。プラトン誕生日と命日はともに十一月二十七日であると信じられていたので、この日はキリスト教の祝祭と同様盛大に祝われた。

フィチーノの弟子であったロレンツォ・デ・メディチは、もっとも熱心な出席者の一人だった。政治業務を非常にうまくシステム化してあったので、その暇が生み出せたのである。対ナポリ戦争の厳しい試練の後、ロレンツォはフェルディナンド王、ミラノ公ガレアッツォマリーア・スフォルツァ、教皇イノケンティウス八世を説いて、平和維持の同盟を結んだ。最強国ヴェネツィアだけが埒外に置かれたが、群小国は重力に引かれるようにその同盟に参加した。

内政は七十人評議会に任せ、最高の監督の役割だけを自分に課し、主力を美術や文学の振興と社会風俗の改良に注いだ。「雅量ある人」（イル・マニフィコ）という称号は、元来はすべての君主に贈られたものだが、歴史はこの尊称に値する人としてロレンツォ一人を選んだ。かれの文化事業は充分その栄誉に値するものである。

フィレンツェ市民は、文化と学問だけでなく、パレードや仮装舞踏会にも熱狂し、カーニバルは国家的行事となった。ロレンツォはこの華やかな娯楽に興じ、その趣味とスタイルを完成させた。一流の画匠を動員して祭りの山車を飾らせ、夢幻的で派手な衣裳の若者たちがこれに乗り、旧大橋（ポンテ・ヴェッキオ）から大聖堂（ドゥオーモ）広場まで、都大路を練り歩く。このパレードの終りに行なわれる「凱旋」というショーは、ロレンツォみずからが演出に当った。有名な『謝肉祭詩集』も、このショーのためにかれが作詩したものであるが、サヴォナローラはこうしたお祭り騒ぎを忌み嫌い、悪魔の業と罵った。だが民衆はカーニバルの賑やかな祭典を好んでいたし、また何もフィレンツェだけが祝祭に興じていたわけではない。ロレンツォはただその祝祭の水準を高めただけである。かれはこうした祭典演出の天才で、自分もそれを楽しんだ。

イル・マニフィコの人間性は広大かつ複雑で、すべての要素がそこに見出される。プラトン哲学の諸問題についてフィチーノと高遠な議論をたたかわすその同じ人が、農夫とは収穫について、アルベルティとは梁や柱の組み方について、スクアルチャルーピとは音楽について論じたのである。しかし、その豊かな性格の中でもっとも強力な要素は、「大衆性」だったのではあるまいか。数多くの友人のうちで、『大モルガンテ』の著者ルイージ・プルチに特に好意を持っていたのは、その一つの証拠である。

プルチは酒場の匂いのする庶民版のセルバンテスである。代表作『大モルガンテ』の中で武勲詩のヒーローたちをさんざんに茶化したが、いかにもフィレンツェ人らしく、グロテスクに対する鋭い感覚、烈しい論争癖、辛辣な毒舌、豪快な哄笑、庶民的な語り口にすぐれ、それゆえにイル・マニフィコに愛され、かれの食卓の友となった。メディチ家の担当司祭は、「あの男はまるであなたの球の吸い口みたいに張り付いているではありませんか」と非難の口調で書いている。球というのはもちろんメディチの紋章を指しているのである。イル・マニフィコはラテン語やギリシア語の研究を奨励し、プラトン・アカデミーに資金を提供していたが、教養が博識に圧倒され、古典の二番煎じに変ってしまう危険を痛感していた。プルチを愛したのは、この男がそんな方向へ進みそうもなかったからだ。ロレンツォも詩人としてはその方向を避けており、イタリア文学には珍しく庶民的な詩想を打ち出し、精妙な自然感覚を見せている。

　イタリア語がダンテ以来の教養人の言語としての地位を保ったのは、ロレンツォのおかげである。ラテン語かぶれのヒューマニストに任せておいたら、イタリア語の地位は失われてしまっただろう。ロレンツォの宮廷でイタリア語は洗練され、その時代の世界のどの言語より豊富で優雅で肌ざわりのよい言語になったと言われる。ロレンツォはラテン語もギリシア語も読み書きできたが、話すのはイタリア語だけで、食事の時に客が古典語を話すのを嫌っていた。メディチ邸の食事には、古典文化に心酔した当時の大学者たちがすべて集まって来ていた。

　その常連の中でひときわ目立つのがポリツィアーノである。かれはロレンツォに二つ大きな貸しがあった。一つは詩作を教えたこと、もう一つは命を救ったことである。大聖堂でパッツィ一族の刺客に襲われた時、兇刃の下で身をもってロレンツォを庇い、聖器室に逃がしてかんぬきをかけたのが、他ならぬこのポリツィアーノだった。かれは、いい意味で完璧な宮廷人だった。教養深い洗練された社交人、魅惑的な会話の名手で、メディチ邸の寄食者であり続けたが、この邸の主人を心から愛しており、死ぬまで忠誠を捧げた。だが、ポリツィアーノもまた、ヒューマニストの運命を免れなかった。二十歳になったばかりでジュリアーノ・デ・メディチの騎馬試合を主題とするすばらしい八行韻（オッターヴァ）の詩を書き、ペトラルカ以後最高のイタリア語詩人と目され、天才の名を謳われていた。しかしその後、ペトラルカと同じく流行の古典主義に心酔し、博識の学者として成長するに伴って詩人としては衰えた。ギリシア詩を手本としてラテン語で詩を書き、詩論と文献学の巨匠にはなったが、独創的な作品はもはや生み出さなくなってしまう。だが最後まで、低劣さや貧しさや嫉妬心とは無縁な、完成された紳士としての姿勢を崩さなかった。

メディチ家を取り巻くエリートたちの、もう一人の代表選手が、ピーコ・デラ・ミランドラである。ポリツィアーノの美しい記述によれば、ピーコは眉目秀麗、ほっそりした繊細な感じで、物腰は柔らかいが、その顔はいつもどこか神聖な内面の光に輝いていたと言う。宮廷生活より図書館暮らしを好むこの貴族は、異常なほどの秀才で、「知恵の不死鳥」と呼ばれた。焼くような知識への渇望によって、何もかもすべてを知りたいという衝動に常に駆り立てられていたからである。しかし、かれは確かに何でも知っていたが、その知識は浅く、しばしば間違っているということが、後に明らかになった。二十七ヵ国語の知識を誇っていたが、その多くは数個の単語を知っていたに過ぎない。だがかれは博覧強記だったから、自説を多くの引用でふくらませることができ、それゆえ博識家の尊重されたこの社会では、多大の崇敬を博したのである。

ピーコはフィレンツェを第二の故郷とし、ロレンツォの庇護を得、すっかり知り尽したと信じていた人間の全知識を、九百の命題にまとめ上げた。この雑然たる科学・哲学の「ダイジェスト」を提示し、反論や批判があれば、だれに対しても受けて立つと宣言したのであるが、この挑戦に応じる者はなかった。

これらの人びとが、メディチ邸とプラトン・アカデミーを中心とするフィレンツェ文化の花形であった。この二つの中心から、現在では理解のできない激しさで、学問思想上の大論争が燃え上り、それが西欧知識界を揺るがすと同時に、フィレンツェのサロンや街頭や酒場にまで飛び火して、熱気をはらませる。この町には、もてあまし気味のエネルギーを発散させるべき政治闘争がもうなくなってしまったから、何かイデオロギー的な騒ぎの中にそれを吸収しなければならないのだ。霊魂とは何か？　プラトンの説くようにイデアなのか、それともアリストテレスの唱える通り形相なのか？　罪障は有限なのに、なぜ劫罰は永劫無限なのか？

ロレンツォ時代のフィレンツェ人を悩ませたのはこんな問題だった。もっともそれは、単に知的な関心、弁証法の遊び、社交上の流行に過ぎなかった。女性もこの論争に参加し、ギリシア語で詩や論文を書く女性すら現われた。しかも、こういう流行は上流階級だけにとどまらなかった。ポリツィアーノは、イタリア知識人の常として、教養を高貴な身分の独占物にしておくべきだと考え、そう進言したが、ロレンツォはそれを却け、ベルナルド・チェンニーニがフィレンツェ最初の活版印刷所を作ろうとした時は、直接に資金を提供し、またクリストフォロ・ランディーノが、古今の名著を完全に校訂して印刷出版しようとする事業でついに破産状態に陥った時は、館を一軒進呈してこれを助けた。イル・マニフィコは民衆文化に強い関心を持ち、新しい普及の手段に訴えて、大衆の文化水準を引き上げようとしたのである。

職人階層の教養がゆたかなのは、現代も続くフィレンツェの伝統だが、この伝統が生まれたのはロレンツォの時代である。画家や彫刻家や建築家が宮廷や教会で仕事をする一方、金細工師や彫物師などの小工房にも、フィニグエルラ、バルディーニ、ライモンディらの巨匠が出て、新しい方法や技術を開発し、古代の方法や技術について、徒弟たちと論じ合った。かれらは美術史に通じ、諸流派諸様式を比較検討し、ヴィトゥルヴィウスやレオン・バッティスタ・アルベルティの著書を縦横に引用した。ちなみに、ヴィトゥルヴィウスの『建築論』を印刷刊行させたのはロレンツォ・イル・マニフィコであり、レオン・バッティスタ・アルベルティはイタリア最初の美術評論家である。

そのアルベルティはフィレンツェ亡命者の子としてヴェネツィアに生まれた。かれもまた長身頑健の美男子で、古典の造詣深く、数学、天文学、音楽をよくし、馬術と弓術の名手でもあった。コジモに招かれて父の故国に帰り、博識奔放、機智と情熱に充ちた話術でフィレンツェのサロンを魅了した。貴婦人たちは競ってかれに言い寄り、かれも彼女らの愛を粋に受けこなしたが、そのあとでは友人たちとさんざん彼女らを嘲笑するのが常だった。女嫌いではなかったが、閨房の快楽より精神の快楽の方がなおよかったのである。毛皮にくるまり、蠟燭の燈で、アリストテレスやルクレティウスに読み耽って夜を過すことが多かった。「人間はやる気になれば何でもできる」というのが口癖で、自分でそれを実行して見せた。あらゆる分野の知識を探究し、生涯に著した多くの著書のうちで有名な『絵画論』は、ピエロ・デラ・フランチェスカやレオナルド・ダ・ヴィンチの教科書となった。かれの才能は百科全書的で多岐にわたり、その万能ぶりはしばしばレオナルドと比較される。画家としては慎重で気難しく、自作になかなか満足しなかった。一枚の絵を描き上げるとまず子供たちに見せ、かれらがきれいだと言わないと、公表しなかったと言われる。

かれが名声を得たのは、建築の分野である。古典古代に魅せられたアルベルティは、何度も長期のローマ旅行に出て、綿密な調査をおこなっている。遺跡を研究し、記念碑を計測し、パンテオン、大闘技場（コロッセオ）、マルケルス劇場などのフリーズや装飾を写生し、かれの鉛筆は聖堂の正面（ファサード）や館の内部の意匠を素早く的確に写し取った。聖フランチェスコ教会の改築のためリミニに招かれると、この教会を堂々たる異教風の殿堂に変貌させた。もっとも多くの仕事をしたのはフィレンツェで、サンタマリア・ノヴェッラ教会の大理石の正面、聖パンクラツィオ教会の気品あるルチェライ礼拝堂が代表作である。イタリアの多くの都市が聖俗の建築をかれに依頼し、マントヴァでは聖アンドレア教会の正面の設計に当り、古代ローマに想を得た大アーチでこれを美しく飾った。ヴァザーリはその著『美術家列伝』の中で、レオン・バッティスタ・アルベルティをこの時代最高の建築家の一人と讃え、かれに勝る者はただ一人、巨匠ブルネレスキあるのみと述べている。

そのフィリッポ・ブルネレスキは、新しい建築様式の生みの親で、それまでのゴシック様式を拒否しつつその長所を取り入れ、それを鋭い近代的な空間把握の中に消化した。「数百年間道に迷っていた建築に新しい形態を与えるため、天はこの世にフィリッポ・ブルネレスキを下し給うた」とヴァザーリが書いている。

かれは一三七七年、フィレンツェの豊かな公証人の家庭に生まれている。父は息子に家業を継がせたかったが、この少年は日がな一日、絵を描いたり寺院や宮殿を眺めて暮らした。十歳になると金細工師の工房の徒弟となり、彫金と彫刻の技術を習得し、ドナテッロと識り合う。

しかしかれの情熱は彫金や彫刻よりも建築に向かった。ドナテッロとともによくローマを訪れ、苦行者の忍耐と考古学者の熱意で遺跡を探索した。鋭い目付きでフォルムの遺跡をうろつく二人を見て、ローマの人びとは鉱山師かと思い、かれらを「宝探し」と呼んだ。ブルネレスキはパンテオンの威容と壮大な円蓋に心を打たれ、のちにフィレンツェ大聖堂の円蓋を作る時に手本とした。

この大聖堂の屋根をどう処理するかは、建築家や技術者にとって、頭の痛い難問だった。高くて優雅で壮大であることが要求され、フィレンツェの他のすべての建築を凌駕し、地平にくっきり姿を現わして、この町の宗教的高揚と精神的充実をあかし立てるものでなければならぬとされていた。その屋根を乗せる部分は八角形で、幅四十六メートルもあるのに、外側に支え壁はなく、内側に支柱をつけることもできないのだ。ブルネレスキは尖頭アーチの円蓋を設計したが、フィレンツェの建築家は皆、こんなものが立つわけがないと言って反対した。そこでフィリッポは一個の卵を取り出し、その端を割って、テーブルの上に立てて見せた。卵と円蓋ではものが違うと反論を唱えたのは一人だけで、他の建築家は皆ブルネレスキの設計案に賛成した。

この設計を実現するのに、一四二〇年から一四三四年まで、計十四年かかった。材料の高騰とライバルたちの妬みに妨げられて、工事は予期したよりも難航した。遂に、支壁上四十四メートルに及ぶ大円蓋が完成すると、市民は先を争って眺めに来た。これを見ようとわざわざやって来る外国人も少なくなかった。ミケランジェロは、この円蓋から想を得て、サンピエトロ大聖堂の円蓋を設計したが、かれ自身が認めているように、「こっちの方が大きいことは大きいが、あれほど美しくはない」。

フィレンツェ大聖堂花の聖母のこの円蓋がブルネレスキの代表作だが、他にも作品は少なくない。サンタクローチェ教会のパッツィ家の礼拝堂もその一つで、大胆なアーチを真中に、外側に数本の円柱を置いてアクセントをつけ、内壁は付け柱で区切り、天井は小規模の円蓋でおおうという構想である。遺作となったサントスピリト教会も、ラテン十字架、三身廊のプランではあるが、総体として同じ古典様式で設計してある。ブルネレスキはこの教会が完工する前に世を去った。遺体は大聖堂の円蓋の下に置かれ、フィレンツェを挙げて厳粛な葬儀が行なわれ、すべての芸術家が参列、もちろんドナテッロもその中にいた。

ドナテッロは本名ドナート・ディ・ニッコロ・ディ・ベット・バルディ、フィレンツェ生まれでブルネレスキより五つ年下である。出生や生い立ちの事情は定かでない。若くしてギベルティの門に入ったが、彫刻の初歩を習っただけでこの師を離れ自立した。二十二歳の時すでに、かれの腕前は全フィレンツェに知られ、高く評価されていた。オルサンミケーレ教会の外側の龕に置く影像を依頼されて、二人の使徒の力強い立像を刻んだが、これは十五世紀フィレンツェ彫刻の最高のモニュメントとなる。その一つ、聖マルコ像を見て感嘆したミケランジェロは、「この通りの人間が福音書を書いたということを、誰だって信じずにはいられまいよ」と叫んだ。

二十三歳の時、大聖堂参事会からダヴィデ像の注文を受けた。巨人ゴリアテを倒す羊飼の少年ダヴィデは、ドナテッロ得意のテーマで、以後いくつもダヴィデ像を制作しているが、そのうち、現在バルジェッロ美術館収蔵のものは、及び難い完成度に達している。この作品では、ダヴィデは右腰に長剣を帯び、足許にギリシア風の兜が置かれ、腕は軽く曲げて腰に当て、左膝をわずかに折って右足に重心をかけている。その裸身はいかにも柔軟で、筋肉の張りも明確に表現されており、ギリシア古典彫刻の影響が感じられる。

大聖堂の洗礼堂と鐘楼を飾るための彫刻を作ったのち、ローマ、シエナ、ヴェネツィアを歴訪、一四四四年にパドヴァへ移り、ルネサンス最初の大騎馬像に着手する。ヴェネツィア傭兵隊長エラズモ・ガッタメラータのこの騎馬像は、ローマのカンピドリオ広場にあるマルクス・アウレリウス騎馬像から想を得ているが、より劇的でダイナミックな作となった。モデルとなった人物の威厳が具体的な特徴を備えて写し取られており、顔の輪郭は明確で力強く、表情は男らしく、腕は指揮の身振りを示している。この記念像の制作期間六年、経費千六百五十ドゥカーティ。

十二年間郷里を留守にしたのち、コジモに呼び返され、その仲介で聖ロレンツォ教会やサンタクローチェ教会の仕事をした。ドナテッロとコジモは大の仲好しになり、二人で彫刻や詩や哲学を論じて一日を潰すこともあった。コジモは彫刻料としてたっぷり謝礼を渡したが、ドナテッロはそれを工房の天井から釣り下げた籠の中に無雑作に放り込んでおいたから、工房の連中は誰でもその金を自由に持って行くことができた。メディチ家の庇護のもとに幸福な生涯を送り、八十歳まで長寿を保った。死後、聖ロレンツォ教会の地下室に鄭重に葬られる。

かれは十五世紀最大の彫刻家だった。彫像に新地平を開き、中世美術から閉め出されていた裸体を復権し、新しいリアリズムの始祖となった。絵画の分野でこのリアリズムの傾向をもっとも鮮明に打ち出したのは、マサッチョである。

一四〇一年、フィレンツェ近郊のサンジョヴァンニ・ヴァルダルノで生まれたマサッチョは、本名をトンマーゾ・グィーディと言い、いつもぼんやりして身なりがだらしないので、こういう蔑称で呼ばれるようになったのである。若くしてマゾリーノ・ダ・パニカーレの門に入り、絵画の技法、とくに遠近法、透視画法を学んだ。またギルランダイオの工房にも出入りして、解剖学を学んだ。

マサッチョは二十七歳の若さで亡くなったから、多くの作品は残せなかった。代表作は、サンタマリア・デル・カルミネ教会内ブランカッチ礼拝堂を飾る壁画の連作で、聖ペテロの生涯を描いたものである。その一つ「皇帝への納税」には、マサッチョ絵画の特質が見事に浮き出ている。すなわち、品格の高い素描、威厳ある人物、統一に充ちた構図、適切な遠近法、充実した心理描写である。ヴァザーリはこの孤独な天才画家の様式を「近代的」と規定したが、マサッチョは確かに以後のトスカーナ絵画の進路を決定したと言えよう。ブランカッチ礼拝堂はこの時代の画家たちの目標となり、学校となった。ここへ勉強に来る画家たちの中に、ベアート・アンジェリコ、フィリッポ・リッピ、ボッティチェリの姿もあった。

フィレンツェ近郊農村のムジェッロから来たグイード・ディ・ピエトロ・ダ・ヴェッキオは、その深い信仰と温順の徳によって、ベアート・アンジェリコと尊称されることになる。二十歳の時ドメニコ修道会に入り、トスカーナ各地の修道院を遍歴したのちサンマルコ修道院に赴任、ここで、生涯の大部分を過し、祈りと絵画に明け暮れた。かれはこの修道院の食堂、回廊、寝室、宿房に、福音書や聖者伝から題材を得て、たくさんの壁画を描いた。聖体を拝受し、祈りを唱えてからでないと決して画筆を執らず、修道院長の許可がなければ決して謝礼を受け取らなかった。甘美で神秘的な理想主義がかれの全作品に浸透っており、人物、とくに女性像は、謙譲な優しさに充ち、肌は柔らかく白く、輪郭は繊細、手は長く紡錘形で目はものうげにたるく、身振りは端正で信仰心に溢れ、衣服は豪華に金糸で縁取りし、刺繡の模様が華麗を誇る。

教皇ニコラウス五世はアンジェリコをローマに呼び、自分の個人礼拝堂の装飾を任せたが、ヴァティカン宮廷の生活は豪奢で頽廃的だったから、質素で温和なこの修道士の気質にはとても合わず、一年の後フィレンツェに帰り、一四五五年に没す。享年六十八歳。人文学者ロレンツォ・ヴァラが墓碑銘を草した。

甘美で神秘的で壮麗なアンジェリコ様式が、フィリッポ・リッピの筆に移ると、どことなく世俗的な味わいを含んで来る。リッピはフィレンツェの肉屋の倅だが、二歳で両親に死に別れて伯母に引き取られ、八歳で修道院に送られ、先輩修道士の導きで絵画を学ぶ。初期の作品は今は残っていないが、ヴァザーリに言わせれば、ブランカッチ礼拝堂のマサッチョと肩を並べるほど美しく、完成度の高いものだったそうだ。二十七歳で修道院を去った後も僧衣を着続けたが、僧衣はかれを誘惑から守るに充分ではなかった。フィリッポは疲れを知らぬ漁色家で、女の尻を追っかけるためなら絵具も絵筆もすぐ放り出した。あんだという。

る時、コジモ・デ・メディチが絵を注文したが、女に気を取られて中々着手しないので、業を煮やしたコジモはかれを画房に閉じ込め、外から錠をかけてしまった。その夜リッピは燃え上る情欲を鎮めかねて、窓からシーツを垂らして通りへ逃げ出し、売春宿へ飛び込んだという。

かれの主な得意先は修道院、それも女子修道院が多かった。プラートの聖マルゲリータ女子修道院でルクレツィア・ブーティという修道女を識り、いい仲になって駆け落ちした。ルクレツィアはかれの絵のモデルとなり、その面影はリッピが描いた数々の聖母像に写されている。それはルネサンスの数ある聖母像のうちでも、もっとも甘美で優雅である。一四六一年、教皇ピウス二世は、コジモの願いを容れて、フィリッポを聖職の誓いから解放してやった。いつまでも若い気でいたリッピは、年とともに肥って病気がちになったルクレツィアを捨て、ある少女に恋し、誘惑してわがものとした。怒った少女の親は、復讐のためにかれに毒を盛った。フィリッポ・リッピが残した多くの作品は、今も教会、修道院、公館、私邸を飾っており、かれが残した一人の弟子は、師を凌ぐ名声をかちえた。

サンドロ・フィリペーピはフィレンツェの貧しい家に生まれ、幼くして金細工師ボッティチェリの工房に入る。サンドロ少年はよく精進して彫金の技術を学び取ったので、師匠の名を継ぐことを許され、かれ自身がボッティチェリとして歴史に名を残すこととなった。その後フィリッポ・リッピの弟子となって絵画に転じ、二十歳の時に工房を開き、メデイチ家はその最上のお得意先となった。ロレンツォ、ジュリアーノの兄弟とは友人づきあいで、よく食事にも招かれ、かれらのためにギリシア神話を題材にとった異教的な絵を無数に描いた。代表作「春」もその一つで、ロレンツォが「バッカス讃歌」で歌い上げたルネサンス的な美と愛の夢を、驚嘆すべき巧みさで描き出している。だがその後、何か深く心傷つくことがあったのか、そうしたエピキュリアン風の優美さが、急激に消え失せて行った。一四八五年ごろ、サヴォナローラの説教を聴いてその黙示録的弁論のとりこになり、おのが芸術を宗教のために捧げようと決意した。『神曲』の挿絵を八十八枚画く一方、聖母、聖者、使徒の画像をたくさん描いたが、ジードが言う通り、善い意図だけでは善い芸術作品は生まれない。ボッティチェリの絵画は聖者鑽仰（さんぎょう）的な誇張に陥り、かつての迫力と色彩の妙は弱まり、信仰が深くなった分だけ才能は減退した。

サヴォナローラの非業の死は、かれの晩年をいよいよ暗くし、誰からも忘れられて、孤独のうちに六十六歳で世を去った。しかし、サンドロ・ボッティチェリは十五世紀の最後の大画家だった。かれとともに十五世紀フィレンツェ美術はその絶頂に達したのである。

だが我々のイタリアめぐりに立ちもどらなければならない。エステ家治下のフェラーラへしばらく立ち寄って見よう。ここは、ルネサンス期イタリアの、もっとも活気に溢れた、もっとも華麗な都市のひとつであるから。

22　エステ家治下のフェラーラ

エステとは、十世紀末に皇帝オットー一世がカノッサ伯アッツォに封土として与えた小さな伯爵領の名である。神聖ローマ帝国と教皇庁は、ボローニャ、ミラノ、ヴェネツィアを結ぶ三角形のほぼ中心に当るこの土地の理論上の支配権をめぐって、何世紀間も争い続けたが、エステ家、すなわちカノッサ伯家はこの両者のあいだで巧みに遊泳する術を心得ていた。教皇と皇帝の争いをうまく利用して、エステ家は十三世紀初めにフェラーラの領主となり、両方の権威から承認をとりつけて、侯爵の称号をもって統治するようになった。

当時のフェラーラは、町というより村に近い小都市だが、地理的条件には恵まれていて、エステ家はこの利点を最大限に活用した。この時代の通例で、エステ家の君主たちも道徳や法律にあまり縛られることなく、領内の反対勢力を黙らせたり、周辺の土地をかすめ取ったりするために、毒杯や刺客を利用するくらいは平気でやった。しかし、必要もないのに遊び半分でそんな手段を濫用するところまでは行かなかった。エステ家はほどほどに人を殺したし、それも大抵は私利私欲ではなく国家のためにやったことである。

かれらは血に渇くというよりむしろ金銭に飢えていた。金を欲しがったのも貯め込むためでなく、気前よく費やすためであった。エステ家は公益というよりもむしろ公楽のために金を遣ったけれども、税を払わされる民衆はこの享楽に不満ではなかった。少なくとも目を楽しませ、郷土の誇りを満足させたからだ。だから、教皇クレメンス五世がエステ家の反抗を咎めてフェラーラから追放した時、市民は教皇に対して反乱を起し、次の教皇にその追放令を撤回させたのである。エステ家は教会にいくばくかの寄付を約束しただけで許され、大手を振ってフェラーラに帰って来た。

この家系の特徴を体現していたのはニッコロ三世で、一三九三年から一四四一年まで約五十年間フェラーラ侯として統治し、戦争と浪費と結婚を繰り返した。戦争で人口が減った分は、殿様があちこちの女に子を生ませる分で充分埋め合わされ、おつりが来るくらいだと、家臣は言っていた。フェラーラは現在でも私生児の多い町だが、この伝統は多分ニッコロ三世の治下に創始されたのであろう。

だがこの天衣無縫の色豪も、遂にはその閨房で罰を受けることになる。かれは三度目の妻に死別したのち、二十歳も年下のパリジーナ・マラテスタを妃に迎えて可愛がっていたが、この若妻は、同い年の義子ウーゴと破滅的な恋愛に陥ってしまった。これを知ったニッコロは、イタリアの良き夫の通例で、自分のして来た不義は棚に上げ、妻の不貞に烈火の如く怒った。そこで、妻と子を斬首しただけでなく、不貞を犯した人妻は死刑に処すという法律を発布したから、恐怖のけいれんが町を走った。男だけの町になってしまうのじゃないかと皆が心配した。実際にはこのばかげた法律の犠牲になった人妻は一人だけだった。彼女はほかならぬニッコロ侯の愛人だったので、言い逃れができなかったのだ。数年後この法律が廃止された時は、フェラーラのすべての夫はほっと安堵の吐息をついた。かれらもやはり、妻の浮気の方がやもめになるよりましだと思っていたのだ。

この劇的で血なまぐさい閨房の一幕を除けば、ニッコロ侯は太っ腹で明朗ななかなかの名君であった。祖先の遺風に逆らって税を軽減、これをばねとして商工業を発展させ、フェラーラはヴェネツィアとミラノからライバルとして危険視されるに至った。ニッコロ侯は、戦争と女に明け暮れて、教養を積む暇がなかったが、他人の教養を尊重し、文化というものが重要かつ有用であることをよくわきまえていた。古い歴史を持ちながら資金難で閉鎖されていたフェラーラ大学を再開し、権威ある学者を各学部に招いたから、イタリアでも屈指の学園となった。

ニッコロ三世は子供運にも恵まれた。三人の息子は皆庶出だったが——いや多分庶出だったがゆえに、それぞれ優秀だった。かれの後を継いだレオネッロは、ルネサンスの理想を体現した人で、思弁的知性と実践的知恵とがこの人物の中で稀有の結合を見せていた。政治家としては一貫して平和政策を追求し、侯領とその周辺の平和を保ち、小国間の不断の戦乱の中で、慎重に調停者の役割を演じた。レオネッロ侯の庇護を受けていたヒューマニストたちは口を揃えて侯を讃美したから、その威信はますます高くなった。そのうちの一人、有名なフィレルフォがフェラーラの宮廷にとどまったのは、侯のラテン語とギリシア語を自在に使いこなす能力に惚れ込んだからであった。事実、レオネッロの古典学の水準は相当高いもので、当時外典に入っていた聖パウロ宛てのセネカの手紙を偽書だと見破ったのは、どうやら侯自身だったようだ。領国統治には法秩序だけで事足りるとし、毒杯も刺客も用いなかった。一四五〇年、まだ四十歳で亡くなった時、この時代のもっとも開明的な君主の死を嘆く声が、全イタリアに満ちた。

後を継いだ弟のボルソは、兄ほどよくできた人柄ではなかったらしい。少なくともそれほど好感の持てる人物でなかったことは確かである。ラテン語もギリシア語もほとんど解さず、もっぱら政治に力を注ぎ、その性格は執念深くて権威主義的だったが、兄の平和政策を維持して成功した。地位の昇進を渇望していたが、その野心を実現するために文化も必要だと分るだけの賢明さがあったから、兄が呼び集めた学者たちの庇護を続けた。フェラーラ公に昇進しようとして教皇庁に働きかけたが、なかなか実現しないので、父ニッコロが併合しておいたモデナとレッジョの公爵称号を皇帝から買った。

侯から公に昇進するのは手間がかかり、費用も高くついた。一四五二年、やっと望みがかなって、その苦労に見合うだけの盛大な祝祭を催し、フェラーラの町は数ヵ月ぶっ通しでお祭り騒ぎに酔い痴れた。イタリア中の王侯貴族がきらびやかなお供の行列を従えて祝いに駆けつけた。この祝祭の反響が大きすぎたので、数年後にボルソがフェラーラ公になった時は、外国君主の多くが勘違いして、「イタリア王」に宛てた贈り物を大使に持って行かせた。

フェラーラ公ボルソ・デステは一四七一年に没し、後を継いだ弟のエルコレは鷹揚で雅量があり、陽気で祝祭好きの家風を維持するために巨額の金を費った。頭がよく、瀟洒で教養深いエルコレ公は、芸術家や文学者との交際を好み、かれらを厚く遇した。教会にも気前よく出費し、聖堂や修道院の建築を補助し、修道士を保護した。妃にはナポリ王の娘エレオノーラを迎え、花火を揚げ公開の舞踏会を開いて華やかに祝賀した。だが、舅が教皇に使嗾されてフィレンツェを攻めた時は、ためらわずロレンツォ・デ・メディチの味方となった。これに含むところあった教皇庁は、一四八二年、ヴェネツィア共和国と組んでフェラーラを攻囲、公は痛風で病臥中だったが、市民が勇敢にたたかって町を守り切った。

この戦争で国庫がからになってしまったので、エルコレ公は税を引き上げるほか、神聖な場所で悪態を吐いたり冒瀆的な挙動に出たりした者に、きびしい科料を課すことにした。これは名案で、国庫は毎年六千クローネの増収を見た。この頃、フェラーラの人口が急増、住宅不足が深刻になっていたから、この面でも金が入り用だった。エルコレ・デステは新都市計画を立て、市壁を拡げて新市街を作り、旧市街は切開手術して道幅を拡げ、必要な部分をまっすぐに直したから、数年のうちにフェラーラはヨーロッパ屈指の近代都市となり、その機能性と合理性を誇った。

だが、新しい都市計画も、住民の習慣までは変えられない。民衆は大聖堂前広場、貴族はニッコロ侯の建てた城に、集まり続けた。この城の、迷路のような地下室は牢獄に当てられていたが、その上には壮麗な広間がいくつも設けられ、各広間の円天井は石膏で飾られ、壁には壁画を描き、床には柔らかい絨緞を敷きつめた。そこに繰り拡げられる宮廷生活は、祝祭、酒宴、仮面舞踏会、音楽会などの華やかな催しに充ちていた。将軍と矮人、官吏と道化、芸術家と芸人がここで入り混り、貴婦人たちは自室に騎士を迎え入れて、恋の武勲詩を歌わせた。公妃エレオノーラがサロンを主宰し、彼女の周囲にフェラーラの社交界が展開した。

一方、知識人は大学の講義場やグアリーノ教授の研究室に集まった。グアリーノは生まれたのはヴェローナだが、養父がフェラーラの人で当代屈指の碩学である。一三七〇年の生まれで、コンスタンティノープルで五年間学問修業し、ギリシアの写本を数個の箱に詰めて帰路についたが、航海の途中にその一箱を失い、落胆のあまり髪が白くなったと言われる。ヴェネツィア、ヴェローナ、パドヴァ、ボローニャ、フィレンツェと教職を歴任したのちフェラーラに招聘され、フェラーラ大学で修辞学とギリシア語を担当するかたわら、ニッコロ侯に請われてエステ家の家庭教師となった。

かれの名声を伝え聞いて、イタリア各地や外国からも多くの学生がやって来た。グアリーノ教授の講義はいつも満員になり、席を取るための列ができた。かれは顧みられていなかった古典劇を発掘、プラウトゥスやテレンティウスを訳してみずから演出上演した。

殺風景なぼろ家に住み、生活も質素で、収入は貧しい学生への援助に費い、困窮学生を泊めて、食事もともにした。ある年代記によると、グアリーノ教授は一日一食で、それも豆だけの時が多かったというが、本当なら極度の粗食で、妻と十三人の子供がこんな食事で満足したかどうか疑問である。一四六〇年、九十歳で世を去るまで講壇を去らなかった。かれの力でフェラーラはルネサンスの学芸の一中心地となり、ボイアルド、トゥーラ、コッサ、デ・ロベルティら、一流の文学者や美術家がこの町に集まって来た。

エステ家の外交官をつとめたマッテオマリーア・ボイアルドは、領内有数の名門スカンディアーノ伯家の出で、博大な人文学の教養を積み、使節行のあいまに宮廷の貴婦人に捧げるマドリガルをたくさん書いた。かれは女に弱く、女もかれに弱かった。タッデア・ゴンザーガと結婚したのちはマドリガルを止め、叙事詩に移る。一四八六年まで書き続けた『オルランド恋慕』は、美女アンジェリカに対する騎士オルランドの苦しい片恋の物語で、全六万行は決闘、騎馬試合、戦争、死にちりばめられ、筋は複雑に入り組んでいる。一歌章ができ上るたびに、作者はそれを宮廷で朗読した。のちにルドヴィーコ・アリオストがこの作品の続篇として『オルランド狂乱』を書くことになる。

コスメ・トゥーラは一四五八年から一四九五年まで、フェラーラの宮廷画家であった。

何代にもわたってエステ家に仕え、公の夏の別荘とされた美しいスキファノイア宮の装飾を担当。ウルビーノの宮廷画家だったラファエッロの父は、トゥーラ描くところの人物像の堂々たる威厳と重々しい落ち着きに感嘆し、当代最高の画家の一人と絶讃した。多くの弟子のうちもっとも才能を発揮したのがフランチェスコ・デル・コッサで、スキファノイア宮の壁画にかれの代表作が残っている。

こうした巨匠の周囲にいわゆる「第二芸術」すなわち絨緞、細密画、金銀細工などの名匠が集まって、フェラーラの宮殿、邸宅、聖堂にそれぞれの名作を残した。まるで祭りの楼や舞台を組むために設計されたようなこの町で、陽気な祝祭気分は年中続き、カーニバルで頂点に達するが、四旬節にも中断することはない。それというのもフェラーラでは、宗教儀式や説教にさえ、どこか現世的でお芝居風の要素が、必ず混じっていたからである。

この町と同じく陽気で貴族的なムードの支配していた都市は、ナポリである。ただしナポリでは、フェラーラよりもやや明暗のコントラストが強い。

23　ナポリ王国

一三四三年、アンジュー家のロベルト王が没すると、姪のジョヴァンナが位を継ぎ、以後四十年間女王として君臨、ナポリ王国の政治を滅茶苦茶にしてしまう。十六歳の時、伯父王はハンガリアのアンドレア公を姪の婿に迎えた。この婿は斜視で粗野で下品な男だった。一方ジョヴァンナは滅法いい女でグラマーだったが、幼馴染み（おさななじみ）のこの夫を忌み嫌った。夜になると寝室の扉を閉して夫を閉め出したと言うが、ジョヴァンナは男なら誰でも寝室へ引っ張り込んだともっぱら噂される淫婦だったから、かれだけを拒んだとすれば、よっぽどいやな野郎だったに違いない。小姓、楯持、大膳職、貴族、将軍、大臣が入れ替り立ち替り彼女のベッドで寝たが、その下には大きな穴があいていて、図に乗った愛人を毒殺してはその穴に放り込んだということだ。こうなれば愛人というよりは神風特攻隊なみの勇気が必要だったろうから、つぎつぎ新しい情夫に成り手があったのは、まことに不思議と言うべきではなかろうか。

アンドレア公は、妻の不貞に目をつぶる代償として、次から次へと妻の侍女に手をつけた。妻の女王は、これを口実に夫を締め殺させたが、嫉妬のためではなかったようだ。女王はタラント公ルイージと結婚したがっており、すでにかれの子を宿していた。ナポリ市民は怒って犯人処罰を要求したが、暗殺の張本人がジョヴァンナ女王であることをよく知っていた。女王は地位を失うことを恐れて、共犯に引き込んでおいた侍女のフィリッパと公証人ダ・メリザーノを犠牲の羊に仕立て、逮捕して八つ裂きの刑に処した。少しのちに男児を産み、教皇みずから洗礼を行なった。

ハンガリア王ルイスは、弟アンドレア暗殺の仔細を知り、復仇にナポリに攻め寄せたが、女王はすでに逃げ去っていた。ハンガリアの大軍は飢えた狼群のように掠奪に耽り、市民の災難はいつ果てるとも知れなかったが、そのうちペストが発生、急いで撤退した。

この間にジョヴァンナは、宮廷の意見を却け教皇の認可も受けぬままに、タラント公と結婚していたが、ハンガリア軍撤退の報を聞くや、夫とくつわを並べてナポリへ帰る。数年もたたぬうち、タラント公は妻との烈しい房事に精力尽き果てて死ぬ。女王は喪に服するどころか、この機を利してマヨルカ公を引っかけることに成功。美貌で陽気で感じのいいプレイボーイ、無一文ではあったが若くて頑健で、爆弾に当っても死ぬまいと思われるほどだったのに、女王の尽きせぬ性欲を満足させるために日夜奮闘した結果、七年後には前夫と同様すっかり精力を吸い取られ、見る影もなくやつれてあの世へとみまかった。

飽く事を知らぬジョヴァンナは、すでに更年期も過ぎていたのに、今度はブランシュヴイク侯オットーを夫に迎えた。侯は前夫や前々夫の轍を踏むまいと思い、女王のベッドへ行くのを遠慮した。これは情人を大ぴらに持ってもいいということだと、ジョヴァンナは理解した。そして、つぎつぎに情人を始末して、もっと若いのに取り換えた。

市民の不満は高まった。ナポリでは女王の人気はよくなかった。淫乱なのは当時の風潮としても、残酷さが人のよいナポリ気質には合わなかった。だから一三八二年、カルロ・ディ・ドゥラッツォがクーデタを起し、女王を絞首した時、町中が喜びに沸いた。

このカルロが一三八六年に没し、後を継いだその子ラディスラオが二十八年間王国を治めたのちに亡くなると、妹のジョヴァンナが女王となる。彼女も同名の女王の淫乱ぶりを受け継いでいた。即位したのち、ジョヴァンニ・デラ・マルカと結婚したが、この夫は、妻に統治をさせまいとして、一室に女王を繋ぎ、何年も虜囚のように扱っていた。民衆が女王の不幸な運命に同情し、反乱に蹶起して彼女の権力を回復したので、やっと鎖から解放された。

自由になったジョヴァンナ女王は、すぐにセルジャンニ・カラッチョーロという色男に目を付けた。いい体格をして野心にも充ちていたが、どういうわけかひどく内気で、女王の顔を見ると紅くなってうつむき、すぐに逃げ出してしまう。セルジャンニが鼠を怖がることを知ったジョヴァンナは一計を案じ、ある日チェスの相手を命じて自室に呼び込み、少し駒を動かしてから一つがいの二十日鼠をとび出させた。慄え上ったセルジャンニは、前後の見境なく女王の寝所に逃げ込み、ベッドのシーツの中にもぐり込んだ。そこへ愛欲に燃える女王が時を移さずすべり込んだことは言うまでもない。この日からかれは女王の側近ナンバー・ワンになり、国事を左右するようになった。

この男は、ナポリをシチリアと合体して往年の両シチリア王国を再建しようと夢み、シチリア王アルフォンソを女王の養子とし、王位継承者に指名したが、その後アンジュー家からの働きかけで気が変り、アラゴン家との養子縁組を解消することにした。セルジャンニがあまりに図に乗っているので、重臣たちばかりか、女王までが警戒心を抱いた。一時の熱が冷めていたジョヴァンナは、かれを厄介払いしようと決意、一四三二年八月、祝祭に湧き返る王宮の中でセルジャンニを謀殺、屍体はベッドの脇の血の池の中に放置された。三年後、ジョヴァンナ女王も死に、アンジュー家のレナート（ルネ）が王位を継ぐことになったが、シチリア王アルフォンソは軍を率いてナポリを攻め、レナートを追い、王国を掌中に収め、南イタリアを半島部、島部併せて再統一する。時に一四四二年、アラゴン家の支配は一五〇一年まで動かない。

ベネデット・クローチェはその著『ナポリ王国史』の中でこう述べている。「ナポリはアンジュー家の歴代の王を愛し、特に最後の女王に対しては、子が母親に寄せるような親愛の情を捧げて守り続けたのに、アラゴン家のアルフォンソ王には何の愛情も感じなかった。アルフォンソは所詮外国人であり、かれ自身も外来の征服者という姿勢を変えなかった。広大な領土の支配者として、ナポリ王国を力づくで保持できるだけの権力があることを、臣民に分らせようとしたのだ。かつての王たちが地元の豪族に与えていた官職を、自分の周囲のカタローニャ人、アラゴン人、カスティーリャ人に与えたが、かれらは傲慢、悪習、専制によって住民の憎しみを買い、ひいては王も憎まれることになった」。

そうは言ってもアルフォンソは慎重で賢明ななかなかの名君で、ナポリを豪華で能率的な都市に育て上げた。古ぼけて薄汚れた旧市街を壊し、一流の建築家を招いて新市街を建設、代表的な彫刻家や画家をその装飾に当らせた。マスキオ・アンジョイーノを建て直し、その中央をルチアーノ・ラウラーナ設計の大アーチで飾った。また、防波堤を拡張し、船蔽を修復し、道幅を拡げ、新しく溝を掘り、低地帯の治水を計った。アルフォンソ王も祝祭が好きで、莫大な費用を払ってナポリの祝祭を絢爛たるものにした。文化尊重の心も深く、文人、哲学者、詩人、美術家を庇護した。ロレンツォ・ヴァラを始め、フィレルフォ、マネッティ、ファツィオらが、ナポリの宮廷で活躍する。

ヴァラは一四〇七年ローマに生まれ、レオナルド・ブルーニの門に入り、古典研究を志した。良きヒューマニストの例に洩れず、ラテン語に夢中になった挙句、イタリア語を廃してカエサル時代の古典ラテン語を復活しようと主張する始末であった。一時パヴィーアで修辞学を教えていたが、法学者バルトロといさかいを起して講壇を去る破目になり、文筆で立つことになる。一四三一年『欲望と真の善について』と題する対話篇を著わし、すべての快楽は過度にわたらぬ限り健全であると論じた。かれに言わせれば、純潔など無用かつ非人間的な愚行に過ぎず、百人の修道女は一人の娼婦にも及ばず、禁欲は不健康で社会の役に立たないのである。

ロレンツォ・ヴァラは有言実行の人、情婦に囲まれ、贅沢と遊蕩を熱愛し、気性が烈しく喧嘩早いので敵が絶えず、しばしば失業してイタリア中を求職に歩いた。職はアルフォンソ王の宮廷で見つかった。王は鄭重にかれを迎え、俸給もよかった。ヴァラはナポリで『コンスタンティヌス寄進状偽書論』を書き、これがかれの論文のうちもっとも有名なものとなった。古代ローマのコンスタンティヌスが、イタリアの広大な領土をカトリック教会に寄付したという言い伝えがあり、これが教皇世俗権を正当化する一つの根拠とされていて、問題の「寄進状」はその唯一の証拠文献なのであった。ヴァラはこの論文で、その文書がいんちきであることを完膚なきまでに暴露し、教会が自己の世俗権を合法化し正当化するためにでっち上げた大詐欺であると決めつけ、さらにもし大帝が本当に教会に領地を寄進したのだとしても、聖職者の犯罪、貪欲、腐敗によってすでに無効となったと考えるべきだ、と付け加えている。

ヴァラは強烈な反教権主義者だった。「死者だけでなく生者をも攻撃する」と宣言し、前代未聞の激しさで歴代教皇に食ってかかり、イタリアのすべての災厄の根源は教皇だと説き、反教皇庁の反乱を起すようローマ市民を煽動する。教皇エウゲニウス四世は、かれを異端審問所に告発した。身に危険が迫っている中でヴァラは、外典に入っていたアブガルスのイエス宛ての手紙が他愛もない偽書であることを証明し、ついでに使徒たちの無知と無教養をも暴露して見せた。このヒューマニストは思想信条を圧力で曲げるような男ではなかったが、もしアルフォンソ王がかれを煽動し、かれの後楯となってくれなかったら、こんなにはっきり自分の思想を打ち出しはしなかったろう。王は教皇を憎み、教皇は王を憎んでいた。王は教皇に打撃を与えるために、ヴァラの筆鋒を利用したのである。

だがアルフォンソは一流の政治家だったから、教皇庁との和解が必要になると、ためらわずして和解した。ヴァラは風向きが変ったのを察知して、すばやく姿勢を転換し、今まで教会を攻撃批判した言行をすべて撤回し、謝罪の手紙を書いて教皇の許しを乞う。エウゲニウスは許さなかったが、次の教皇ニコラウス五世はかれを秘書に任命し、ラテン語とギリシア語の翻訳を任せた。カリクストゥス三世はかれを聖ジョヴァンニ・イン・ラテラーノ教会の参事に任じ、ここでかつての聖職者泣かせが、今は自分も聖職者となり、多くの聖職者に取り巻かれて、聖職者として死んだ。

学芸保護の偉業を讃えて「寛厚王」と呼ばれていたアルフォンソも、その翌年に世を去った。教会と激しく論争したとはいえ、かれはかれなりに良きカトリック教徒で、特に晩年は、教皇と和解したこともあって、信仰が厚かった。聖史に通じ、聖書を通読すること四十回に及び、枕頭に常に聖書を置き、その長い章句を諳んじていた。信仰以外の情熱の対象は女性で、多くの女を愛したが、妻のマリーア・ディ・カスティーリャだけは愛さなかった。王の最愛の寵姫は十八歳のアマルフィ娘ルクレツィア・ダラーニョで絶世の美女だった。もし教皇がマリーアとの離婚を承認していたら、年の差なども のともせず、このうら若い美女を妃に迎えていたはずである。事実、彼女を王宮に住まわせ、王妃として扱い、公式の儀典にも側に坐らせていた。カパッチョは彼女を「貞淑この上なきヴィナス」と呼んで讃え、のちに教皇座につくピッコローミニは「アルフォンソ王は彼女以外の女性を誰も相手にしなかった」と述べているが、これはどうも信じ兼ねる。この王の性格を見ても、あちこちで生ませた庶子たちを見ても、一人の女に情熱のすべてを注いだとは到底考えられない。かれの後を継いだドン・フェランテ（フェルディナンド）も、庶子の一人だった。

フェランテの母は、イハールのマルガリータと言うが、性的にルーズな女性で、王の秘書を長年勤めたポンターノの証言では、フェランテは実はアルフォンソ王の子ではなく、キリスト教に改宗したスペイン系ユダヤ人の子だという。ドン・フェランテは、不格好でずんぐりしており、小さな目がとび出していて、長い鼻には瘤があり、頬はこけていた。慎重かつ賢明な実務家で、父王の浪費で空になった国庫を再建、産業を刺戟し、貿易を増やし、私企業を奨励し、税を減じ、数年間関税を廃した。ジェノヴァ、ヴェネツィア、フィレンツェ、カタローニャからの移民を歓迎し、住民に嫌われていたユダヤ人にも門戸を開放した。一四九〇年、一部の過激な修道士の煽動で反ユダヤ暴動が起ったが、王は動ぜず、ユダヤ人追放の要求に耳を藉さなかった。猜疑心が強く、寡黙で、権威主義的だったが、政治家としては優秀だったのである。

外人が流入し、商館や支店が開かれ、そのうえ土豪（バローネ）の暴圧に耐え兼ねた百姓たちが大挙して首都へ移動したから、ナポリの人口は十万を越し、新居住区を作るため、市壁を拡げねばならなかった。ドン・フェランテの平和政策のおかげでナポリ王国は繁栄した。

王の平和政策の基礎は政略結婚だった。庶出の娘マリーアをアマルフィ公アントニオ・ピッコローミニに嫁がせ、嫡子アルフォンソにはスフォルツァ家から妃を迎え、さらにもう一人の娘をマッティア・コルヴィンに与えてハンガリア王家とも姻戚関係を結んだ。三十六年の治政で王座が危うかったのはただ一度、「土豪反乱」の時だけである。

土豪というのは、ナポリ王国各地に蟠踞する封建貴族で、ロンゴバルド、ノルマン、ゲルマン、フランス、スペインなどの侵入者の後裔に当り、田舎の塔つきの城に住む。かれらのうち、よほど富裕な者は広大な所領を誇っているが、大部分は数ヘクタールに充たぬ零細地主で、飢えて奴隷状態に落ち込んだ農民を、牛馬の如くこき使う。この土豪たちは都会を軽蔑し、商業や美術をばかにして、ひたすら戦争を愛好し、不断に仲間同士で殺し合い、時には団結して国王と戦う。

かれらは傲慢で暴力的で反逆心に富み、マキアヴェリに言わせれば「いかなる文明にも全面的に反対する人びと」であり、絶えず紛争、反乱、暴力沙汰を起して王国を騒がせていた。現在なおも南部イタリアを苦しめている害悪の多くは、かれら土豪によって作り出されたものである。この野心的で謀叛好きで陰謀家めいた連中が、国家を解体寸前に追い込んでいたのだ。歴代の王は、かれらをおとなしくさせるため、さまざまの役務、とりわけ軍役と税を免除し、かれらの領内での裁判権すら認めていた。

かつて皇帝フリードリヒ二世が、土豪を攻めてその城を毀ち、再建を禁じた時、この無政府状態も鎮まるかに見えた。だが大帝の死とともに、土豪は再び頭を擡げ、アンジュー支配時代には擡げっ放しになった。アラゴン王家の支配に移っても、アルフォンソ王は土豪に多くの特権を認めて懐柔しなければならなかった。容疑者を「時間制限なしに」拷問する権利や、法定以上の刑を科す権利さえ、認めさせられたのだ。フェランテ王も税の一部の免除を認めていたが、一四八五年、土豪たちは結集して王家打倒の反乱を起した。

王国軍は土豪たちの軍勢を打ち破り、降伏させた。最初フェランテは反乱者に非常に寛大な態度を見せた。和解を祝賀するために反乱の首謀者たちを宮廷に招き、皆が時間通りに王宮に姿を現わすと、みずから立って大広間に案内したが、突如秘密の合図で扉が閉され、客は皆武装解除されて牢に放り込まれた。数日後、かれらの財産所領は没収され、全員裁判にかけられて死刑を宣告された。まず断頭台に引き出されたフランチェスコ・デ・ペトルチイスは、斬首の上八つ裂きになり、その左脚はマッダレーナ橋上に晒され、両肩はカサノヴァとキアイアに鉤で吊るされた。

一四九四年に王が亡くなるまで、ナポリ王国は土豪たちの謀叛に悩まされることがなかった。しかしこれも長期の休戦に過ぎず、フェランテの後継者の代になると、また騒擾が始まる。

24　教皇帰還後のローマ

前に述べたように、ローマにとって、「アヴィニョン捕囚」は一大災厄であった。

十五世紀初頭には、ローマ市の面積はアウレリアヌス帝時代の十分の一になり、人口は六万、ミラノ、ヴェネツィア、フィレンツェにも及ばぬ。市の城壁と見張り塔は崩れ落ちて危険な状態となり、道路は舗石が剝がれて悪臭湧く汚水の溜りに埋没し、上下水道は詰まって溢れ、安定した水の供給ができず、ローマ市民の多くがテーヴェレの河水を直接汲んで飲まなければならない。疫病と飢饉は戦争以上の災厄を町にもたらしていた。

崩壊と放置の状態は、民衆区や周縁部のみならず、中心部にさえ及んでいた。フォルムは泥水を湛えた大池と化し、大闘技場（コロッセオ）とマルケルス劇場は巨大なごみ捨て場となり、カンピドリオの丘には陋屋が散在するばかり、教会はまだ信徒に門を開いているとはいえ、その前の広場では放牧の牛や豚が遊び、ヴァティカンの諸宮殿は、かつての清楚典雅の面影を失っている。街路は犯罪の天国となり、日が暮れてから出歩く人は誰もいない。

オルシーニ、コロンナ、カエターニらの権門は私兵と城塞と私法を持ち、常に陰謀に耽って暴動を醸成し、窮民は一片のパンを得るためならいつでも広場で騒ぎを起す用意がある。牧畜と零細な商業にたよるこの町では、党派争いだけが景気のいいもうけの機会を生み出していた。自治都市革命のなかったローマは、商工業ブルジョアジーをまったく欠いていたから、フィレンツェやミラノと違って、広汎でダイナミックな経済のサイクルに乗り入れることができなかった。民衆は慈善で、貴族は地代と強奪で、聖職者は税金と高利貸と聖職売買で、食っていたのである。

教皇庁アヴィニョン移転とともに、多くの資金や財宝がフランスへ流入していった。グレゴリウス十一世がローマ帰還を決めた時、教会財政は破綻しており、ローマの町からの収入を当てにすることはできなかった。だがその代りに、教皇領諸国という大収入源がある。これは半島中部の広大な地域で、その約三十の都市には、教皇代官がいて統治に当っていたし、その上ナポリ王国その他にも、教会は数々の封建的特権を持っていたのである。それらの特権を、寄付や寄進の形で教会の実収にするために、しばしば破門という脅迫が用いられた。この手段も効果を発揮しない時は、傭兵軍団の力を借りることになる。神の代理人を貴族や民衆の暴力から守るための少数の親衛隊のほかに、教会にはどんな武力もなかったからである。それはともかく、ローマがイタリアの主要都市としての地位を回復し、ルネサンスの最大の中心地の一つとなることができたのは、ひとえに三人の教皇の努力と知恵の賜物である。ニコラウス五世、ピウス二世、シクストゥス四世、この三人がローマ中興の英主となった。

ニコラウス五世は本名トンマーゾ・パレントゥチェリ、ピサの外科医の子に生まれ、ボローニャ大学神学部を卒業、この地で知遇を得た大司教に随行してフィレンツェに移り、古典の学識を深める。ギリシア・ラテンの文献を貪るように読み漁り、文学や哲学の討論に加わり、書籍を買うために収入のほとんどを費った。その博識に感嘆したコジモは、かれをメディチ家の図書係に採用、高い給与を払った。

かれが枢機卿から教皇へと栄進の道をたどったのは、この学問的業績による。ヒューマニストたちはかれの教皇就任を大いに慶賀し、ニコラウス五世はかれらを大勢採用してヴァティカン宮をアカデミーと化す。ロレンツォ・ヴァラにトゥキディデスを、グアリーノにストラボンをラテン訳させ、ニッコロ・ペロッティに大枚五百ドゥカーティを払ってポリビウスを訳させる。いちばん運がよかったのはフィレルフォで、ホメーロスの訳でローマの美邸一軒と郊外の広大な地所を授かった。

教皇ニコラウスは、旅行の時は必ず文学者、芸術家、翻訳家、書記を伴い、ラテン文学やギリシア哲学を論じることにしていた。ペストが襲来した時も同様である。宮廷でも文学者たちが聖職者より上席を占める。教会の問題には哲学や文学ほど関心を示さず、聖書よりはカトゥルスやオヴィディウスを好み、日が暮れると書斎に閉じこもり、学者たちに訳させた翻訳書を読んで夜を明かし、それを緋のビロードで装幀させて、優雅な本棚にしまい込んでいた。

ルネサンス期の君主の常で、ニコラウス五世も大建築を好み、ローマ古代の建築相を復活するために大金を投じた。市壁を修理し、修道院、聖堂、宮殿を修復し、下水溝、橋梁、水道、道路を整備した。広場や宮殿の設計はレオン・バッティスタ・アルベルティに委ね、聖ジョヴァンニ・イン・ラテラーノ、サンタマリア・マッジョーレ、聖パオロ・フォーリ・レ・ムーラの三大教会の修復は、ベルナルド・ロッセリーノに命じた。また、アンドレア・デル・カスターニョとベアート・アンジェリコの二大画家には、ヴァティカン宮の壁画を依嘱した。一四五〇年の聖年祭には十万の巡礼がローマになだれ込んだが、教皇はサンピエトロ大聖堂への参詣路沿いの家屋を立ち退かせ、道幅を広くして対処した。

聖年祭の収入のほとんどが、都市美化に注がれた。金を作る段になると、ニコラウスも上品ぶってはいなかった。財政が苦しくなって来ると躊躇なく増税したから、ローマ市民はこの教皇に敵意を抱いた。ステファノ・ポルカーロという男の煽動で、何度か共和制再興の暴動が起ったが、ニコラウスはこの煽動者を捕えてまずボローニャへ流し、ついで斬首に処した。動揺の少なかったかれの治政では唯一の劇的な事件だった。

トルコ軍に占領されたコンスタンティノープルを奪回するため、ニコラウスは全欧の君主に団結を訴えたが、効果は挙がらず、痛風と心痛で世を去った。享年五十八歳。ある年代記は、かれの死を悼んで故人の遺徳を次のように讃えている。「故教皇は公正、賢明、高徳、寛仁、穏和、俊敏、謙遜、愛情深く、慈悲心に充ちておられた」。やたらと並んだ形容詞は、ひとつも当っていない。そして、これだけ形容詞を並べたのに、故教皇に値する正当な讃辞はひとつも出ていない。

その事業を継いだのがピウス二世、本名をエネア・シルヴィオ・ピッコローミニと言い、シエナの貧乏貴族の子、神学校には行かず、フィレンツェで人文学を修めた。二十七歳の時、枢機卿カプラニカの秘書となり、かれに随ってイタリア内外を広く旅し、難しい外交交渉の助手をつとめ、並々ならぬ手腕を発揮した。頭の切れる垢抜けした紳士で、なかなかの野心家でもあり、稼いだ金はことごとく費い果し、睡眠以外の時間を図書館と料亭と遊廓に平等に配分した。かれに熱を上げる女は多かったが、結婚を迫って来るような女は注意深く避けていた。結婚だの家庭だの、考えるだけでぞっとしたのである。愛人がたくさんおり、隠し子もたくさんできたが、子供の始末は父に押しつけることにしていた。子供の面倒を見る気も暇もなかったからだ。

遊蕩をこれだけしてもなお精力が余っていたのか、猥褻な詩やボッカチオ風の物語を書いている。かれの手に成るポルノ小説は、終生敵の攻撃材料となったが、かれが本当に前非を悔いたかどうかは疑問である。ほとんど常にラテン語で書いたが、抒情詩、エピグラム、対話篇、小説、評論、旅行記等あらゆるジャンルに手をそめ、優雅で楽しい著述家である。話術も文章に劣らず巧みでエスプリに富み、上流社会のサロンの寵児で、その警句と逆説は才智ある貴婦人連を恍惚とさせた。

一四五五年、後援者だった皇帝フリードリヒ三世の使者としてローマへ赴き、数週間で教皇庁を魅了し、勧められて聖職に入る。教会の伝記作者たちは、これ以後かれは純潔を守ったと書いているが、まだ四十の坂を越したばかりだったのである。教皇庁でも格別の外交手腕を発揮、ドイツとローマの聖職者を和解させた。その功によってシエナ大司教に任ぜられ、一四五六年には枢機卿となった。かれを引き立ててくれた教皇が死ぬと、枢機卿団は過去に目をつぶってかれを次期教皇に選出、一四五六年、ピウス二世を名のって即位。

まだ五十三歳の若さだったが、年よりは遥かに老けていた。蒼白く痩せて元気がなく、顔は深いしわに刻まれ、痛風と腎臓結石を患っていて、咳にも悩まされていた。「時折お話になっておられない時には、生きておられるようには見えなかった」とプラティーナが記している。若い頃の放蕩の報いが今来ているのであった。医師の治療も思わしくなく、食餌療法も瀉血も効き目が見えなかった。

暇があればヒューマニストたちを伴って田舎へ行き、小川のせせらぎのそばや、林の静かな樹蔭で、牧歌的な娯しみに浸った。ニコラウス五世と同様、かれも聖職者を好まず、神学よりも文学や哲学の論議を愛し、異教文学、ことにキケロに熱を上げていた。

ピウス二世は、あらゆる機会をとらえて一家眷族を引き立て、既存のポストだけでは足りなくて、新しい官職を作って身内を採用したから、ヴァティカンはまるでピッコローミニ家の植民地のようになった。しかしかれは、教皇として不真面目だったわけではない。トルコ軍のバルカン進攻を防ぎ止めようと真剣に考え、一四五九年マントヴァに全欧の君主を召集、反イスラム十字軍を布告しようとした。だが誰一人その提案に乗って来なかったから、剣はひとまず諦めて、ペンで異教徒を征服しようと試み、トルコ皇帝メフメト二世にこう書き送った。

「……もし貴下にしてキリスト教に改宗されんか、栄光においても権勢においても、貴下を凌ぐ君主はこの世に一人もあり得ぬ。さすれば予は貴下をギリシア及びオリエントの皇帝として承認することとなろう。貴下が暴力を用いて獲得し、不正の手段によって保持しているすべてのものが、かくて貴下の合法的な所有となろう……もし貴下にして予と手を結ぶならば、全オリエントがキリスト教に改宗し、ただ一つの意志、すなわち貴下の意志が、全世界に平和をもたらすであろう」。

メフメト二世は、一説によれば母がキリスト教徒であったと言うが、この誘いを黙殺し、教皇はヨーロッパの諸王諸侯に号令を下す。だが時勢はかれに幸いせず、教皇みずから艦隊を率いてアンコーナの港で待っていたのに、どの国も軍勢を送ろうとはしなかった。わずかにヴェネツィア共和国だけが、申し訳ばかりの小艦隊を派遣してきた。教皇はこの援軍を見たとたん、興奮のあまり死んでしまった。ユートピア的な十字軍の夢も、かれとともに葬られた。

ニコラウス、ピウス両教皇の事業を受け継いだのはシクストゥス四世、本名をフランチェスコ・デラ・ローヴェレと言い、リグリアの貧しい農民の子で、デラ・ローヴェレというのは、家庭教師をしていた家の姓を貰ったものである。経歴には不詳な点が多いが、パヴィーア、ボローニャ、パドヴァで哲学を修め、一時教職についていた。五十七歳で教皇に選ばれた時は、博識家、文学者として広くその名を知られていた。かれの在位期間には難しい問題が山積していたから、ニコラウスやピウスのように学問に打ち込むことはできなかった。トルコ征討も考えたが、現実に可能性がないので断念し、教皇領国の強化拡大に専念、無法な貴族と反逆好きなローマの民衆を抑えるために全精力を注ぐ。これには成功したが、臣民の憎しみを買い、鉄面皮な身内びいきとあいまって、かれの評判を落すことになった。

一族縁者を引きたて、官職や聖職禄をあてがうために、これほど露骨にあくどいことをした教皇は、後にボルジア家から出るアレクサンデル六世だけだろう。シクストゥスは一四七一年、二十五歳の甥ピエトロ・リアリオを枢機卿に任じ、四つの司教職を兼ねさせて、年間六万ドゥカーティにのぼる収入を保証した。また弟を教皇軍総司令、もう一人の甥をローマ市長に任命してもいる。

即位のときには教皇庁の財政はゆたかだったが、十三年間にすっかり費い果した。親戚縁者にばらまいたのと、戦争に費やしたほか、美術に大金を投じたのである。シクストゥスはローマの美化に心を用い、聖堂や公会堂のほか、聖霊病院を増改築し、大学を修理した。みずからの名を冠したシスティーナ礼拝堂をヴァティカンに建て、設計をドルチに、壁画をペルジーノ、シニョレリ、ピントリッキオ、ギルランダイオ、ボッティチェリ、ロッセッリ、ピエロ・ディ・コジモらに委ねた。

人文学の振興にも尽力し、すでに二千五百余点の多数を誇っていたヴァティカン図書館の蔵書を、さらに千余点増やした。ユリウス暦の改訂をレギオモンタヌスに命じたが、この事業は当の数学者が早逝したため未完に終っている。ジョヴァンニ・アルジロプーロをローマに招いてギリシア文学講座を開いたほか、文化や芸術を普及させるすべての事業を奨励後援した。ローマを古代の盛時に戻そうという壮大な夢の半ばに、一四八四年、マラリアのため逝去。

ローマの都市としての再興は、たしかにこの三教皇の力で成し遂げられた。しかし、カトリック教会は三教皇にそれほど恩義を感じる必要がない。かれらは教会を巨大な文化事業体に変えてしまい、霊魂や宗教の問題には関心を示さなかったからだ。かれらとともにルネサンスが聖堂の中へ入って行った。そして神は聖堂から出て行った。

25　跋扈する傭兵軍団

十四、五世紀イタリア主要都市の歴史をここまで概観して来たのだが、それらの都市の発展に付随した無数の小戦争については記述を省略した。これらの戦争は、大局的な意味がなく、一城一邑の争奪か、偶発的な国境紛争解決の、手段であったに過ぎないからだ。それよりもこの間に、自治都市と僭主国家とを問わず、イタリアで正規軍が消滅しつつあったことの方が重要なのである。正規軍、国軍の編成は、費用が高くつくのみならず、国民を日常の労働から引き離すことになる。そこで、傭兵軍団にたよることが一般的な傾向となったのだ。

封建制が解体し、都市が城塞を打ち負かした時、傭兵軍団が形成され始める。戦争のほかに何の芸もない多くの封建貴族は、都市に移住してブルジョア化するよりも、報酬を受けて戦争を請け負うことを好んだ。かれらの配下の土匪を中核に、前科者、無法者、それに十字軍や皇帝軍の残党が加わって、軍団が形成される。たちまち傭兵軍団は全ヨーロッパに拡がり、中でもイタリアとドイツで特に猖獗をきわめた。この二国では、中央権力が存在しないため、かれらの商売はよく繁昌した。

普通、傭兵軍団は、歩兵騎兵合わせて千名ていど、小隊に分れ、甲冑に身を固め、剣と槍を主武器とし、標語と旗印を持ち、隊長の名がそのまま軍団の名となった。修道士モリアーレの率いる軍団は、会計官と裁判官を隊内に置いたが、これは、戦利品の分け前をめぐって常に生じる紛争を処理するためである。平時には分捕り品がないから、傭兵軍団は都市を襲い、掠奪をほしいままにし、莫大な冥加金を当局が払うまで、暴行を止めない。ピサは傭兵軍が二年間市壁に近づかないという約束で、修道士モリアーレに一万六千フィオリーニ払わせられたし、フィレンツェも同様の趣旨で二万フィオリーニをふんだくられている。

傭兵軍団は不屈の掠奪精神に満ち、いかなる法の制限も受けず、あくなき金銭欲で行動したから、払いのよい都市や君主のために働き、もし敵側からそれ以上の好条件で誘われれば、躊躇なく裏切った。イギリス人の傭兵隊長ジョン・ホークウッドは、ピサ、ミラノ、教皇庁、フィレンツェから戦争を請け負い、敵と味方を何度も取り換え、最後には十四世紀イタリアの最強の軍団の長となった。かれの生涯は、当時のイタリアの惨状を、如実に示している。

ジョン・ホークウッド（イタリアではジョヴァンニ・アクートと呼ばれた）は一三二〇年、エセックスの一村落に生まれ、革なめし職人だった父の遺産を処分して馬と鎧と剣に換え、エドワード三世の軍に応募し、対フランス戦に出動した。

フランスではクレシーの戦に参加、英軍はこの戦闘で初めて大砲を用いる。十年後ポアティエの戦で功を挙げ、騎士に任ぜられた。ブレティニの和後約百名の部下を連れてイタリアに移り、ドイツ人の傭兵隊長アルブレヒト・ステルッツの率いる「白の軍団」に入る。

この軍団の傭兵たちが肥沃な北伊の平野を荒らさぬ日は、一日とてなかった。作物を踏みにじり、畜群を屠り、家財を掠奪し、女を犯す。これぞジョン・ホークウッドが夢にまで見た理想の生活である。ステルッツの信任を得て副長に登用され、「白の軍団」がピサと契約してフィレンツェと戦った時は、給与条件を交渉し、作戦指揮に当り、戦役が終ると、ピサ政府と折衝、戦利品すべてを軍団の所有に帰し、ピサ領内での自由行動権を認めさせた。部下の兵は皆かれを慕い、遂にステルッツを廃してかれを軍団の長に推し立てた。ピサ政府も大いにかれの機嫌を取った。

戦争が再開されると、ホークウッドは新たに兵を募り、勢力を増してフィレンツェ軍を圧する。戦局不利と見たフィレンツェ政府は、ホークウッドに使を送り、好条件を提示して寝返りを勧めた。傭兵隊長は即答を避け、全兵士を集めて意見を聴いた。全員が寝返りに賛成、ピサ側に残ったのはホークウッドとイギリス兵八百のみだったが、これは忠誠心のためではない。このころかれはピサの商人ジョヴァンニ・アニェッロから、三万フィオリーニという報酬で、助力をたのまれ、秘密裡に契約を結んでいたのだ。アニェッロは戦時下の混乱につけ込んで、ピサ共和国の権力を奪取しようとしていた。ホークウッドという強い助っ人を得て、クーデタはみごと成功、約束の報酬にはプレミアムがついた。

戦争商売にも秋風の吹く季節がやって来そうなので、大金を早く手に入れる必要があったのだ。果せるかな教皇ウルバヌス五世は、諸国の傭兵隊長に破門を宣し、団結してかれらを討伐するよう全欧の君主に呼びかけた。全君主がこの呼びかけに応じ、強力な連盟が結ばれたが、いざ行動に移る段になると、たいていの国が尻込みした。教皇自身も、トルコ軍進出の報を受けて、傭兵隊撲滅の十字軍を中止することに決めた。

この間、数千の兵を集めたホークウッドは、ミラノ公ベルナボ・ヴィスコンティと秘密裡に交渉を進めていた。ベルナボは好条件を提示して教皇と戦うことを要求していた。教皇を憎んでいたホークウッドは、この話に乗ることにした。

こうして兇猛無比の傭兵四千が教皇領諸国に地獄絵を現出させることとなる。ホークウッドは、聖堂や修道院を焼き滅ぼすこと、女子供も容赦せず全住民を殺戮することを命じる。放っておけばいつまでこの戦慄すべき蛮行を続けるか知れなかったが、ベルナボはこの殺人鬼をミラノに召還し、フィレンツェとピサの攻略を命じた。この戦争は、敵とした両共和国の資金が潤沢で、傭兵の大軍を準備していたため、さすがのホークウッドも敗北を喫し、ミラノ公は失望して支払いを減らしてしまった。これに怒った傭兵隊長は、不倶戴天の敵だったはずの教皇方に寝返り、教皇はかれをバニャガヴァッロ、コティニョーラ、コンセリチェの三郷の領主に封じた。

ここにかれは城を築き、塔を建て、教皇の警察官という役柄を、熱心に演じ始める。ファエンツァで反教皇の反乱が起ると、ホークウッドはこの町を掠奪にかけ、若い娘たち以外の全住民を町から追い払い、兵士たちとともに前代未聞の淫虐に耽った。ある日、二人の兵士が一人の若い修道女を奪い合っていると、かれはその哀れな女を自分の前に連れて来させ、物も言わず、剣を抜いていきなり一刀両断、「さあ、半分わけにせい」と言った。チェゼーナで反乱が起った時も、ホークウッドが鎮圧に駆けつけ、教皇の名において市民二千五百を殺戮、町を徹底的に破壊した。

だが、教皇庁との関係も冷却し始めていた。教皇は払いが悪く、兵士たちのあいだに不満がくすぶっていた。これに目をつけて、ミラノ公とフィレンツェ共和国は、この猛将を自国に獲得しようと動き始める。ミラノ公ベルナボ・ヴィスコンティは、娘のドンニーナを嫁にやろうと提案して来た。持参金も一万フィオリーニつけるというのである。ホークウッドはすでに六十の坂にさしかかっていたけれども、この縁談を快諾した。

頑強な巨軀はなお衰えを見せず、兜や帽子の蔭にこぼれる巻毛に白いものが見えるとしても、往時の機敏さと大胆さは失われていなかった。歯が数本抜け、皺が数と深さを増したとはいえ、顔付きもまだまだ若々しかった。一方、花嫁ドンニーナは絶世の美人、眼も髪も黒く、手は細くてかたちよく、表情は優しくて賢そうである。婚礼はミラノ公臨席のもと宮廷で盛大に挙行され、式の最後は古式ゆかしい騎馬試合で締めくくられたが、これはホークウッドがミラノ公の臣下になったしるしだと見なされた。

ところが一年後、早くも両者は仲違いし、ホークウッドはフィレンツェに引き抜かれて軍総司令となる。かれは小さな王笏を握り、お祭り気分に浮き立つフィレンツェの大路を練り、高鳴るラッパの響きと鐘の音に迎えられた。共和国政府は豪華な邸宅を与え、税を免除し、十年間かれを半島各地に転戦させた。

一三九〇年、第何次かの対ミラノ戦が始まった。これがホークウッド最後の戦闘となり、かつまたもっとも不首尾な戦となった。ヴィスコンティ軍二万六千の兵が、七千弱のかれの軍団を圧倒し去ったのである。それにもかかわらずフィレンツェ政府は、ホークウッドへの報酬を増額し、かれの一族に市民権を与えた。

この時すでに齢七十、そのうち五十余年を戦場で過している。さすがのかれも多少の平安を必要としていた。年ごろになった二人の娘を嫁がせると、生まれた村が恋しくてたまらなくなり、帰郷を決意した。かれは故国を決して忘れたことがなく、イングランドの噂を聞くと涙を流して感動したものだし、イギリス人の習性を捨てず、決してイタリア語を習い覚えようとはしなかった。

だが帰郷の想いはかなわず、用意万端ととのった時、脳卒中の発作に襲われて急死。フィレンツェ市は厳粛な弔意を示し、正義の旗手、総務を初め名流市民が喪服で葬列に加わり、大聖堂で鎮魂のミサが挙げられた。棺はしばらく中央身廊に置かれたのち、合唱隊席に移されたが、英王リチャード二世の要請により、将軍の遺骸は故国に送られることになった。パオロ・ウッチェッロが大聖堂の壁に有名なジョン・ホークウッド騎馬像を描いたのは、さらに数十年後のことである。

ホークウッドが死んだ時、のちにカルマニョーラの名で知られるフランチェスコ・ブッソーネはまだ四歳だった。かれは一三九四年、トリーノの南、ポー川右岸に位置する小邑カルマニョーラに、牧人の子として生まれた。がっしりした機敏な少年で、顔立ちは粗野だが、栗色の大きな瞳と、薔薇色に輝く双の頰が美しかった。家が貧しくて学校へは通えなかったが、かれも全然学校へ行く気がなかった。好きなのは武芸だけだった。初めて剣を抜いた時、相手の騎士をもう少しで殺すところまで行った。ファチーノ・カーネという傭兵隊長の軍団に入り、並外れた勇敢さと、斬り倒した敵の数の多さで注目を集める。

ミラノ公フィリッポマリーア・ヴィスコンティがその噂を耳にし、かれを宮廷に召し出して、城塞や都市の攻略に赴かせた。かれは部下から、その生地にちなんで、カルマニョーラと呼ばれるようになっていたが、赫々たる戦果を挙げ、カステルヌオーヴォ・スクリヴィア伯に任ぜられ、併せてヴェスポラーテの領主となった。フィリッポマリーア公はこのように広大な領地を与え、最大の寵臣としたから、カルマニョーラ将軍は、陰謀好きで野心に充ちたミラノの廷臣たちから、不気味な存在として怖れられ、かつよそ者、成上り者として憎まれることになった。先代ジャンガレアッツォ公の庶出の姫アントニア・ヴィスコンティとの婚儀がととのった時、この憎悪はさらに強まった。姫は再婚だったが、まだ若く美しく、かつ富裕だった。結婚式は大聖堂で華やかにとり行なわれた。

その後しばらくして、カルマニョーラはジェノヴァ司政長官に任ぜられる。表向きは栄進だったが、実はかれを軍の指揮から切り離すための陰謀である。これに気付いた傭兵隊長は、少数の護衛を連れてアッビアテグラッソ城に行き、公に謁見を求めたが、にべもなく拒否された。憤懣やる方なく、馬にまたがった時、城の物見塔の狭間からこちらを窺っているフィリッポマリーア公その人の姿がちらと見えた。カルマニョーラはますます疑念を深め、妻子のいるミラノへと馬を急がせたが、途中で公がすでに妻子を逮捕したと聞き、馬首を返して一散にミラノ公領の外へ逃亡した。

カルマニョーラはまずサヴォイア公アメデーオ八世をたよったが、フィリッポマリーアとの関係悪化を怖れたアメデーオに断わられ、ヴェネツィア共和国に話を持ちかける。北伊の覇権をミラノ公国と争っていたヴェネツィアは、カルマニョーラを鄭重に迎え、全陸軍の指揮を委ね、聖マルコの旗章を与え、二人の顧問をつけた。表向きはかれの補佐と身辺警護のためとされたが、もちろんかれの動静を内偵する任務をも帯びていた。

まもなくミラノとの戦争が始まった。ヴェネツィアはフィレンツェと組んで、ヴィスコンティ家の膨脹政策を叩こうとしたのである。カルマニョーラは騎兵一万六千、歩兵六千を率いてブレッシャを攻略、大運河を凱旋した。だが、フランチェスコ・フォスカリ総督が再出撃を命じた時、数ヵ月前の落馬による負傷の後遺症を理由に、延期を申し出る。医師の勧めで二週間ばかり温泉療養したが、回復ははかばかしくなかった。四月、元老院から進撃を命じられるが、馬の飼料とすべき草がまだよく茂っていないから、夏を待って出陣すると返答する。六月にようやく腰を上げて軍営を張るが、九月の声を聞くと匆々に陣をたたむ。さすがに総督も辛抱し兼ねて、かれの軍団に給与を払わないぞと脅かしたから、カルマニョーラは遂に意を決して、ミラノ軍と戦うこととなった。

一四二七年十月十一日、両軍はマクロディオで激突、カルマニョーラの大勝。一万のミラノ兵が捕虜となり、ヴィスコンティ家の軍旗も分捕られ、捕獲した武器はヴェネツィア軍営の前に山のように積み上げられた。捕虜はその夜のうちに釈放された。のちにマンゾーニが、出来のよくない悲劇の中で、これをカルマニョーラの寛仁大度を示す行為として褒め上げているが、一説によればそんなに大勢の捕虜を収容する施設がなかったのだと言い、また他の説によれば、ミラノ公に恩を売ろうとしたのだと言う。ともかくこの戦は、カルマニョーラの武運の絶頂であると同時に、その転落の始まりでもあった。

ヴェネツィアは大勝利の報に狂喜した。大評議会は殊勲の傭兵隊長に大運河沿いの美しい館を贈り、二年契約で軍最高司令になってほしいと申入れた。カルマニョーラはさんざ迷ったのちにこの申入れを承知した。三十七歳、落馬で痛めた背中のほかは、頑健そのものだったが、内面はすっかり変容していた。無口になり、友人を避け、稀にしか外出せず、悪所にも通わず、総督宮での華やかな舞踏会にも出席しなくなる。少し前から頻繁に送られて来るようになったミラノ公の密書を、何度も読み返していたのである。そこにはいとしい妻子の消息が述べてあり、またミラノ公国への復帰を許すとも書いてあった。結局かれは、この密書を元老院に提出したのだが、これは却って疑惑を深める結果となった。

その後何度かの戦闘で、ヴェネツィア側が惨敗を喫したので、疑惑は決定的になり、一四三二年三月、総督は治安十人委員会にカルマニョーラ将軍の行動を隠密裡に捜査するよう命じた。その結果、この裏切り者を、口実を設けてヴェネツィアに召還することにした。傭兵隊長は何の疑念も抱かずにブレッシアから帰還、貴族の代表団が鄭重に出迎え、総督宮まで送り届けた。総督宮に一歩踏み入れたとたん、衛兵がうむを言わさずかれを地下牢へ引き立て、不潔で狭苦しい房に押し込んだ。天井まで一メートルほどしかなく、立ち上ることも、横になることも不可能な、狭い牢であった。三日間、カルマニョーラは食事を拒否した。四日目、拷問室へ連れて行かれ、裸にして手首を天井から吊るされ、焼きごてを当てられた。すさまじい拷問の末、遂にかれは「自白」し、反逆罪で死刑を宣告される。

カルマニョーラはよろめく足取りで処刑台に上った。うしろ手に縛られ、猿ぐつわのような鉄の口かせがはめられ、顔面蒼白、髪は乱れ、身体はかさぶたとあざでいっぱいだった。牢にいる時も主人の側を離れなかった忠犬が、かれのうしろについて来ていた。広場を埋めた群集が、驚き呆れて声も立てずに見守る中に、聖歌の合唱が聞えて来た。死刑執行人が将軍を跪かせ、ついで頭を断頭台の上に置かせた。振り上げたまさかりは、三度カルマニョーラの首に振り下ろされた。遂に首は胴を離れ、血の池の中に転がり落ちる。甲高く鳴きながら駆け寄った愛犬が、主人の首を舐め始めた。その夜、遺体は粗末な棺に納められ、犠牲者の妻に渡された。

マキアヴェリは『君主論』でつぎのように論じている。「ヴェネツィア人は、カルマニョーラの指揮下にミラノ公を打ち破り、この傭兵隊長の能力を高く評価するようになったが、かれが戦争に熱意を失ったと知ると、はたと困った。かれを用いてはもはや戦争には勝てないが、かといってかれを解雇したのでは、せっかく得た領土をまた失う破目になる。従って、自国の安全をはかる最善の道は、かれを殺してしまうことだったのである」。

マキアヴェリもカルマニョーラの能力を高く評価しており、またかれの無罪を確信しているのだが、一方ではかれの殺害を、論理的で不可避な結果として是認しているのである。マキアヴェリもまたルネサンス人の常として、「国家理性」によって犯される殺人を、まったく正当なものと見なすわけである。

傭兵制の採用によって、市民は武器を持つことがなくなった。イタリア人は、厭戦的になっただけでなく、市民としての価値観さえ失ってしまった。人びとは、祖国とか名誉とか忠誠とかの価値を忘れ去り、道徳的に荒廃してしまった。理想の欠如、権力の私物化、金銭にたいする渇仰、背信行為などが、別に咎め立てるまでもない当り前のことになり、ホークウッドやカルマニョーラの裏切りは、イタリア人の目には何のスキャンダルでもなかった。祖国、名誉、忠誠といった徳目に合わせて人びとを鍛錬する、国民軍という場が欠けていたのだから、それも当然だった。

イタリアは「兵士」を持たなかったから、傭兵軍団の天国となった。だが兵士の育たない国では、「市民」もまた育たないのである。

26 コンスタンティノープル陥落

一四五三年五月末、コンスタンティノープルがトルコ皇帝軍の猛攻によって遂に陥落、この報せは全ヨーロッパを震憾させた。この事件の劇的性格は、全キリスト教徒に大きな衝撃を与えたが、その決定的・破局的な政治的意義を完全に把握した人はだれもいなかった。わずかにヴェネツィアの大使たちが報告の中に暗い警告を織り込んだだけで、この事件でもっとも高い代価を払うことになるイタリア人すら、その意義を理解してはいなかったのである。

西ローマ帝国と同じく東ローマ帝国も、滅びるべくして滅んだと言えよう。東ローマ帝国は、壮麗悲壮な没落の快感を味わいつつ、この二百年を生き延びていたのであった。没落が始まったのは一二〇四年、十字軍がコンスタンティノープルへ攻め込んでからである。十字軍は皇帝を追い、帝国をばらばらに解体して、相互に争い合う一群の小国に変えてしまった。

五十七年間の大混乱の末、一二六一年、パライオロゴス家が帝国を再興したが、長年の動乱はすでに癒やし得ぬ病根を養い育てていた。経済は崩壊し、基幹産業だった農業も、今日言うところの「技術革新」に適応できないままだった。大土地所有が原始的・非生産的な耕作システムと結びついて、農民層をルンペン・プロレタリア化した。貧しい農民たちは階級憎悪に燃えて反逆的になったが、それゆえに平等主義的な要求を掲げるデマゴーグのいい鴨になるのが常だった。一方、地主たちは、封建特権を危うくするような改革にはすべて反対し、現状を守り抜こうと固く決意していた。

こうした国内の階級闘争と並んで、それにまさるとも劣らぬ脅威となっていたのは、オスマン、セルヴィア、ブルガリアなど、辺境諸族がひき起す不断の騒乱だった。かれらは収穫期が近づくと、いなごの群れのようにがつがつと飢えて、ビザンチン帝国の農村地帯に侵攻し、穀物や家畜を強奪する。加えて、これらの諸族から帝国臣民を保護すべき国軍の将兵も、移動や転戦に際しては、蛮族に劣らぬ掠奪衝動に駆られる。皇帝はこの騒擾に対して懲罰を呼号したが、現実にはそれに必要な力がなく、手をつかねているしかなかった。

かつて帝国を繁栄に導き、東方世界に冠たる実力を誇ったビザンチン商業も、同様に破局に沈みつつある。九世紀以来着々と拡大を続けたイスラム勢力は、ギリシアの海上交通に大打撃を与えたが、ビザンチンの強力な商船団は、装備を近代化して新しい現実に即応し、百年たらずのあいだに古代の優位を回復した。真の衰亡は、やはり十字軍とともに始まる。ヴェネツィア、ジェノヴァ、ピサなど、イタリア半島の海洋共和国は、十一世紀以降、ギリシア海岸に続々と商業基地を設けていたが、十字軍の波に乗って、これら植民基地の基礎を強め、免税特権、自治権、治外法権等の無数の特権を獲得し、租界の中に自己の法廷と教会を持ち、国家の中の国家とも言うべき存在と化した。各商館長（バリーヴォ）は母国の名において租界を統治し、皇帝が文句をつけて来れば、躊躇なく反帝闘争を煽り立て、時には自分が反乱の先頭に立つ。皇帝は海洋諸共和国の反撃を怖れ、常に宥和策を取ったが、それが極度に排外心の強いギリシア系住民の怒りを呼び、逆方向からの反乱を惹き起す原因となった。

農業が疲弊し、商業が外国人に独占されると、帝国財政の破綻は不可避である。主要な財源は土地所有税と通商関税だが、前者を担うべき大地主層は、徴税吏を簡単に買収してしまうし、後者については、ヴェネツィアやジェノヴァの商人に免税特権を認めさせられていた。

パライオロゴス王家は、財政再建のため、軍の縮小再編に手をつけた。これが帝国の自滅をもたらすと考えるだけの余裕がなかったのであろう。土地に飢えていた辺境のスラブ系、トルコ系の諸族は、軍縮で警備が手薄になると、たちまち不穏な動きを始め、国境は至るところで踏み破られた。だが、贅を尽した歓楽に酔い痴れるコンスタンティノープル帝宮のサロンでは、国境のあいつぐ敗北もただ聞き流されるだけである。千一夜風の豪奢な宮廷生活をまかなうために、皇帝は乏しい国庫から金をつかみ出す。豪奢な生活という点だけは、ユスティニアヌス大帝、テオドラ皇妃の時代と変りがない。インフレーションとレセプションが同じテンポで進行する。帝宮内では毎日のように新築が行なわれ、古い棟にも新しい壁画や装飾がほどこされる。聖殿は、金、モザイク、壁掛け、緞子、宝石を縫いつけた絨緞などで、まるで夢の世界のようだった。皇帝皇妃の豪華な寛衣には、こぼれるほどに宝石が光っていた。貴顕廷臣もそれを真似て、ひたすら栄華を競っていた。

ある年代記の記述によると、一三四七年のヨハネス・パライオロゴスの結婚の時、披露宴には陶製か錫製の質素な食器が用いられ、新郎新婦の冠の飾りも安物の石か陶片で間に合わされたと言う。しかしこの記述は、当時の歴史家たちの大部分の証言しているところと矛盾する。かれらは口を揃えて、皇帝とその宮廷の奢侈を告発しているのである。

滅亡の前夜に、首都の情況がどうであったかについては、スペインの外交官ゴンサレス・デ・クラビーホの証言がある。「首都には完全に放棄された住宅、店舗、教会、修道院が無数にある」とかれは言う。この記述は、蛮族時代のローマを思い出させる。道路が溝に、広場が放牧場に、教会が軍営に変じていたのである。コンスタンティノープルの周縁部は悪臭漂うスラム街となり、鼠と虱と浮浪者の巣となっていた。町の人口は飢饉と疫病で激減し、十万余にまで落ち込んでいた。

社会は救いようのない解体過程をたどり、帝国の栄光の名残りをいくばくかでも留めているのは、哲学と美術だけだ。学校は、日ましに学生数が減ったにも拘らず、大部分は平常通り開校していて、博識の哲学者たちが、プラトンとアリストテレスのどちらかに熱烈に肩入れしつつ、講壇からギリシア哲学を説いていた。皇帝ヨハネス七世はアリストテレス派で、君主としてより哲学者として名声のあった人である。

ビザンチン美術も、なお豊かな生命力を失ってはいない。テーマとモティーフは相変らず宗教的で、聖書と聖者伝にもとづき、建築的・鑽仰的な基調を脱してはいないが、その蔭に一種の自然主義の感覚が浸透して、作品の重苦しさを柔らげ、壮麗で色彩ゆたかな壁画の受難や奇蹟の情景の間隙に、日常生活のスケッチが取り入れられた。だが、美術と哲学がいかにがんばろうと、好戦的なオスマン・トルコの抜き放つイスラムの剣に、対抗することは所詮不可能であった。

そのオスマン・トルコは、もと中央アジアから南下した種族で、山や野をいくつも越す苦難に満ちた大移動ののち、アナトリア高原に住みついた。テントか藁小屋に居住し、農耕も多少は知っていたが、生活の主軸は牧畜で、馬術にたけていた。小アジアに来た頃、ビザンチンの伝道者たちがキリスト教に改宗させようと努力したが成功せず、その後アラブ人の教主たちがやって来て、かれらをイスラム教に改宗させた。新月刀を捧げて祈るイスラムの方が、キリスト教よりもずっとかれらの気質に合っていた。

そのオスマン・トルコの族長オルカーンが、十三世紀後半、ギリシアの公妃に求婚し、結婚まで漕ぎつけた。一三五〇年ごろ、その子スレイマンは、時の皇帝カンタクゼノスに味方して、パライオロゴス家の討伐に参加した。以後もビザンチン帝室の不断の血なまぐさい内紛を利用して、トルコ人は急速にバルカン半島に進出を続ける。

この急激な北西への発展の主役はムラド一世である。かれがオスマン帝国の事実上の創始者であり、その時代のもっとも勇猛な将軍の一人でもあって、武勇と政治手腕を兼ね備えていた。かれは臣民を二種に差別し、トルコ人及びその他のイスラム教徒を一級市民、キリスト教徒を二級市民に格づけした。かれに反抗して敗れた都市の住民は、全員奴隷とされ、二級以下の存在とされた。一級市民にならなければ社会的に不利をこうむり、さまざまな差別を受けるので、イスラムに改宗する傾向が強まった。

多種多様の人種を内に抱えながら、オスマン帝国が強固な統一性を保つことができたのは、ムラドのこの宗教政策のおかげであった。考え方が柔軟で思慮の深いこの回教君主は、有名なジャニゼーロ制度の生みの親でもある。ジャニゼーロというのは一種の皇帝親衛兵で、幼時に徴募され、厳格な軍隊式教育を受け、主君に対する絶対忠誠思想を叩き込まれ、各種の武器の使用に熟達する。ジャニゼーロは数々の特権を認められ、俸給も普通の軍人より遥かに高い。十四世紀初頭にはまだ遊牧民の集団と区別のつかなかったトルコ軍の中で、このジャニゼーロが最初の組織的・専門的軍団を構成することとなる。

一四五一年、メフメト二世が即位した時、オスマン帝国はすでに地中海世界に威を振るう強国であり、その支配権は小アジアの大部分からバルカン半島に及び、コンスタンティノープルは完全に包囲された形となり、名義上はなお一帝国の首都であっても、その支配権は市壁の外には及んでいなかったのである。それはいわば、トルコ勢力の大海の中の一孤島にすぎなかった。

一四五三年、復活祭の前日、十四万のトルコ軍がコンスタンティノープルに向って、怒濤のように進撃して来るという報が入った。市民の一部は籠城を厭い飢饉を怖れて、周辺の田舎へ逃亡したが、大部分は決意を固めて防衛の準備にかかった。

四月二日、敵の先鋒部隊は怖るべき姿を地平に現わした。皇帝コンスタンティヌス十一世は騎兵隊に出撃を命令。ビザンチン騎兵は奮戦して敵軍を蹴散らしたが、やがて敵の本隊が迫ると、急いで城内に引き揚げ、跳ね橋を揚げ城門を固く閉して防戦に移る。金角湾にトルコ艦隊が碇泊するのを防ぐため、丸太に重い鉄鎖をつけて海に沈め、港の入り口を封鎖する。

四月五日、メフメト二世は、コンスタンティノープルから一マイル半の地点に本陣を置き、翌六日、さらに数百メートル陣を前進させた。皇帝コンスタンティヌスは、領内の全外国人に対し、首都防衛に決起せよと檄をとばし、これに応えてヴェネツィア、ジェノヴァの商人は、各商館長（バリーヴォ）の指揮下に武器をとり、割り当てられた陣地の防衛に参加、修道士は小隊長格として市壁沿いに配置され、司祭も戦死者への聖体拝授のために動員された。

防城司令官は大砲を敵陣に向けたが、トルコ軍の砲弾が味方の砲台となった塔の支壁に命中、一発打っただけで移動を余儀なくされる。ビザンチン軍の砲兵がけんめいに大砲を押したり引いたりしているあいだに、トルコ軍は陣をさらに数百メートル前進させ、メフメトは使者を送って降伏を勧め、休戦を提議する。皇帝が憤然とこれを一蹴したから、トルコ砲兵隊は一斉射撃に入り、市壁の数ヵ所が大破、大童(おおわらわ)でその穴をふさがなければならない。オスマンの大砲は六週間吠え続け、その徹底砲撃ののち、攻城槌、亀甲屏壁など各種の城攻めの道具が市壁の前に持ち出される。守備軍は石を投げ、瀝青(れきせい)や熱した油を流して烈しく抵抗。

五月二十八日、頃合よしと見てとったメフメト二世は、軍楽隊に命じて総攻撃の合図を響かせる。コンスタンティノープルの全教会の鐘が長く尾を引いて鳴り渡り、民衆は恐慌してサンタソフィア大聖堂の身廊や聖器室に避難。あらゆる聖遺物が引っぱり出され、聖者にとりなしを祈願する。長剣を提げた天使が異教徒を追い却け、市を解放するという予言を思い出す者もある。

残念ながらその予言は実現しなかった。絶望的な抵抗も空しく、地響き立てて市街を猛進して来るジャニゼーロ軍団の前に、遂にコンスタンティノープルは陥落した。今はこれまでと思い定めた皇帝は、帝衣を脱ぎ捨て、槍を小脇に抱え、臣下数名とともに、トルコの大軍のただ中に突貫。乱戦の中で討死したのかどうか、どの年代記も語っていないが、帝は多分、大帝国の滅亡を高貴な武勲で飾りつつ、混乱のさなかで斬り死にしたのであろう。

トルコ兵が充分に掠奪本能を発揮した数時間ののち、回教君主メフメトが威風堂々と入城、殺戮、暴行、掠奪は止んだ。首都は街路も広場も屍体で覆われ、屍体の多くにむごたらしい傷痕があった。修道院も襲撃され、そこにいた人は老若男女を問わず暴行凌辱された末、虐殺された。修道女は敵の手にかかるまいと、あるいは井戸に身を投げ、あるいは高い窓から飛び降り、あるいは毒を仰いで自決した。聖堂や僧院を荒らしまわったのち、トルコ兵は図書館に侵入、貴重この上ない何万冊もの書が、火に投じられ、海に捨てられた。

三日後、町はようやく平静にもどる。メフメト二世は一定数のキリスト教会をイスラム寺院に変えるよう命じ、イスラムの僧侶が壇上にのぼって、真の神はアラー、その予言者はマホメットと宣言した。これが済むと、回教君主は将軍たちを召集、戦利品の分配に移る。武器、トロフィ、宝石、金銀などの品物だけでなく、生き残りの皇族、貴族、官女などもその場に陳列された。メフメトはあまり美しくない女を寛大に釈放し、他の女は自分のハレムに入れた。

分配が済むと、町の秩序を整頓する作業にとりかかる。メフメトは神学者ゲンナディウスをキリスト教会の総主教に任命し、ビザンチンのキリスト教徒をかれに委ね、町の治安に責任を持たせた。一四五四年一月、新総主教はメフメト二世から法衣、法杖及び佩用十字架を渡され、贈与された白馬に乗って、聖使徒教会に赴き、総主教冠を戴く。一身の不可侵、税の免除、終身制、襲位制など、数々の特権がゲンナディウスに与えられたが、かれはそれに満足せず、司法面でもメフメトにかなり譲歩させ、宗派対立の裁定権、結婚、離婚、年少者の後見などの裁決権を、ギリシア正教会にかちとった。

宗教面の調整のつぎは経済再建である。メフメトはすでにオスマン帝国の首都をコンスタンティノープルに移していたが、ギリシア商人の通商貿易を奨励し、職人の工房を再開させ、アルメニア人、ユダヤ人、トルコ人の首都への移入を歓迎し、有能な建築家を動員して市街の復興と新帝宮の建築に当らせ、宮廷に広いハレムを付け加えた。数年のうちに町は活気を取りもどし、人口は四倍に増え、首都としての品格を獲得した。

コンスタンティノープル陥落は、ヨーロッパ史の曲り角となった。パライオロゴス家の皇帝たちは、ただユスティニアヌスの後継者だっただけでなく、カエサルやアウグストゥスの後継者でもあったのだから、その首都の陥落は、東方におけるローマの最後の砦、すなわち西欧の最後の砦が失われたことを意味する。

最大の傷手を受けたのは、何と言ってもカトリック教会であろう。何百年もイスラム教世界とたたかい、何度も十字軍を出してこの敵手を葬り去ろうとしたのに、今や誰の目にも疑いのない決定的敗北を喫したのだ。しかも敵は、カトリックの信仰厚いハンガリアにイスラムの剣を向け、十字軍の報復を完成しつつある。

オスマン・トルコの反攻は、経済面でもきびしかった。ヴェネツィア、ジェノヴァ二大海洋共和国は、十一世紀以来アドリア海からエーゲ海にかけての制海権を握り、商業を独占し、法外な利潤をあげて来たのだが、今やオスマン帝国の前に膝を屈せざるを得ない。それもこれもこの両共和国が、信義を無視し、きりのない強欲ぶりを発揮し、横車を押し続けて、弱体のビザンチン帝国を窮地に陥れた酬いである。

だが偉大なビザンチン文化の価値は、すっかり失われはしなかった。コンスタンティノープル陥落とともに、ギリシアの哲学者、文学者、美術家が大挙してイタリア、フランスに逃れ、滅びた祖国の学芸の珠玉を西欧に伝えた。人文主義ルネサンスの種子をイタリアの土壌に蒔いたのは、まさしくかれらだったのである。

27　アメリカ発見

コンスタンティノープル陥落によって東地中海の関門を閉されたヨーロッパは、目を西へ向けざるを得なくなった。

当時は、「ヘラクレスの柱」と呼ばれるジブラルタルが、既知の世界の極限で、その向うには海が無限に続くばかりだと、一般に信じられていた。この極限を越えて大洋に乗り出した者は、一人として帰らなかった。その海はどこまで続いているのだろうか？　その深淵に何が潜んでいるのだろうか？　こうした不安に充ちた疑問には、幻想的で奇怪な返事しか返って来なかった。学者たちは、これという確かな根拠もないのに、大洋、すなわち大西洋は航行不可能と主張していた。

九八六年、ノルマン人がこの数百年のタブーに勇敢に挑戦してグリーンランドに達し、さらに一〇〇〇年には、遂にアメリカ大陸に到達したが、たまたまそこが無人の荒地だったため、すぐにへさきを祖国のフィヨルドに向け直した。

この大冒険はサガの中に歌い込まれたが、ヨーロッパではほとんど信じる人はいなかった。だが、ノルマン人の偉業の約五百年後、スカンディナヴィア海岸に立ち寄ったジェノヴァ生まれの若い船乗りは、その話を聞いて想像力を燃え立たせた。

クリストフォロ・コロンボ（クリストファ・コロンブス）、一四五一年、ジェノヴァに生まれる。父は貧しい織物業者でユダヤ人、キリスト教に改宗して、スペインからジェノヴァへ移って来た人である。ジェノヴァでも仕事はうまく行かず、クリストフォロがまだ幼いころ、借金取りの追及を免れるためサヴォーナへ移住、旅館業を始めたが、暮し向きは苦しくて、息子を学校に上げることもできなかった。息子は成人すると、古い商船の見習い水夫となって、海へ乗り出して行く。

一四七一年、コロンボは船長に昇進。一四七六年、リスボンに向かって帆走している時、海賊に襲われ船は沈没、コロンボは板につかまって六時間漂い続け、奇蹟的に生還。翌年スカンディナヴィアを訪れ、ノルマン人の大洋横断の話を聞く。コロンボは、ヴァイキングの発見したのが新大陸だとは思わず、アジアの一部だと信じた。この西航路を発見すれば、トルコ人による封鎖は怖れるにたらぬ。

コロンボは、長い航海のあいだの退屈な時間を利用して、ピエール・ダーイの『世界図』、教皇ピウス二世の『博物誌』、プリニウス『自然史』のイタリア語訳、マルコ・ポーロの『東方見聞録』を読破している。中国や日本に関する奇想天外な記述は、かれの心を強く刺戟した。マルコ・ポーロは、アジア大陸の東端の島がリスボンの西五千マイルに当ると書いていたし、フィレンツェの医師パオロ・トスカネッリも、ポルトガル海岸から西へインドまでの最短航路が五千マイルだと言っていた。コロンボが大洋に挑戦する気を起したのは、その程度の距離なら行けると考えたからだ、というのが通説である。

リスボンに住んでいたコロンボは、ポルトガル王に書を捧呈して、アジアへの伝道のために西航路を開発する必要を力説、軽帆船三隻の下賜を願い出た。信心深い王は、地理学者の委員会にこの請願の審査を命じた。ヨーロッパの西、アジアまでの中間に、もうひとつの大陸があるなどと、当時は誰も夢想だにしていなかったが、ともかくもポルトガルからアジアの東端までの距離は五千マイルよりずっと大きいだろうというのが委員たちの考えで、その結果コロンボの請願は却下された。ジェノヴァとヴェネツィアにかけた期待もはずれた。そこでコロンボ船長は、スペイン王国のフェルナンド王とイサベル女王に最後の望みをかけた。王と女王は請願を専門委員会に審査させ、委員会はポルトガルの地理学者の見解を追認した。がっくり来たコロンボは、それでもなお諦めず、今度はフランス王シャルル八世に請願しようと考えた。ところが、このどたん場で友人のペレスが、イサベル女王に直接拝謁する手筈をととのえてくれたので、フランス行きを思いとどまる。改宗ユダヤ人の大臣ルイス・デ・サンタンデルも、女王に口添えしてコロンボを助け、もし公費がだめなら自分が私費で援助しようとまで言ったから、女王は遂に請願認可に踏み切った。

数日の間に二百万マラベーディの資金が手に入り、ピンタ号、ニーニャ号、サンタマリア号の軽帆船三隻が準備された。旗船はサンタマリア号で重量二百三十三トン、長さ三十五メートル。三隻とも石弾、石弓、砲、鉛弾を装備、葡萄酒、飲料水、食糧を船倉に充たす。どの船員にも毎日ビスケット三百五十グラム、肉または魚二百八十グラム、葡萄酒二リットルを与えなければならない、というのがこの時代の常識である。その上、野菜とチーズを若干、さらにカタイ（中国）、チパンゴ（日本）の現地民への土産品として、ガラス玉、鏡、帽子、ピン、針なども積み込んだ。

コロンボはもちろん旗船サンタマリア号に乗り、ピンタ号の指揮をマルティン・アロンソ・ピンソンに、ニーニャ号の指揮を当時のスペイン屈指の航海者ビセンテ・ヤネス・ピンソンに委ねた。

一四九二年八月三日、住民の熱狂的な歓送の中を、コロンボの船団はパロス港より出航。航海数日にしてピンタ号に故障が生じ、カナリア諸島まで曳行、修理している間に風向きが変り、一ヵ月の停泊ののち、やっと未知の大洋のただ中へと針路をとる。毎日、日没の時間になると、船員一同がブリッジに出て、アヴェマリアを唱え、テンポの遅い悲しげなカスティーリャ民謡、アンダルシア民謡を歌う。日とともに三隻の帆船は大西洋のただ中へ乗り出し、それにつれて船員の心は不安が高まり、激しく動揺を繰り返す。時には耐え切れず甲板にくずおれ、手を天に挙げて大地を呼び、あるいはまた陸地の幻覚に欺かれて水平線を指しつつ叫び、幻影が消えるとまた重苦しい苦悩の中にのめり込む。船長にとっても恐ろしい苦悶と緊張の日々だった。

ある日の夕方、一部の船員が引き返そうと主張し始めた。「私はカタイを目指して航海を始めたのだ。問答無用、目的地へ着くまでは針路は変えないぞ」とコロンボは答えた。かれらは穏かな話合いでは到底船長の決意を変えることはできないと考え、反乱を企てた。陰謀は未然に発覚し、ピンソンは反乱者を縛り首にせよとコロンボに迫った。「あなたがやらないのなら私がやりますよ」。これ以後サンタマリア号の水夫たちは従順に命令に従うようになった。

十月十一日、ピンタ号の水夫が、葦の葉、彫った棒切れ、木の板、一株の草を海面から拾い上げる。全員神に感謝の祈りを捧げ、船長はよく目を見張れと夜番の水夫を激励する。翌十二日午前二時、ピンタ号の一発の号砲が、三隻の全乗組員の眠りを破る。陸地を発見したのはロドリーゴ・デ・トリアーナという水夫で、最初の発見者にかけたフェルナンド王の賞金千マラベーディを手に入れることになった。

夜明け、三隻は植物のよく茂った緑の島の沖に錨をおろした。海岸は長く続く柔らかな砂地である。住んでいるのは見慣れぬ鳥と裸の男女だ。コロンボは短艇を下し、ピンソンと公証人と監督官を伴って岸に向かう。かれは国王旗を、他の二人は十字架を捧げ持ち、四人とも金銀の刺繡のある礼服を着用、羽根飾りのついた帽子をかぶっていた。

岸に上陸するとすぐ、コロンボは、国王陛下、女王陛下の名においてこの島を領有すると宣言、それから持参した袋を開き、周囲に集まって来た現地民に中味を分配、ガラス玉、鈴、赤い帽子など、安物ばかりである。島民が好奇心を示したのは、スペイン人の服装と剣に対してであった。

コロンボはこの島をグアナハニと呼んだ。この島がアジアの一部で、大汗の都からほど遠くないと、かれは信じ続けていた。二週間ばかり周辺の諸島を探険してまわり、スペインの君主や聖者の名をこの島々につける。見聞のすべてを航海日誌に書きとめているが、かれが驚いたのは、この地の風景の美しさ、気候の温暖さと、住民の温和さである。「きっと良い奴隷になるだろう」と、上陸後二日目に書く。「国王陛下、女王陛下のお望みのままに、かれらをスペインに連行することもできるし、島のどこかに囚えておくこともできる。五十人の武装した手勢があれば、島を完全に支配することができる」。

コロンボは島民、特に女を何人か捕えて洗礼を受けさせるように命じ、港の入り口に大きな十字架を立てて、遥かの沖合からでも見えるようにし、数日後、つぎのように日誌に記す。「私はキリスト教諸国、とくにスペインが、ここの住民を使って有益な事業を成し得ると思う。全ての住民をスペインに従わさねばならない。国王陛下は、カトリック教徒以外の誰かがこの島々に来て活動することをお許しにならぬように。それはキリスト教を拡大しその栄光を輝かす事業にとってもっとも肝要な事だからである。そして、たとえカトリック教徒でも、心の善くない者は、来島を禁じなければならない」。かれ自身は、自分が善良なカトリック教徒であることを信じて疑わなかったのである。

カリブ海諸島の探険はさらに続き、十月二十八日にはキューバ島に上陸。新しい土地を領有した時の常で、スペイン人がアヴェマリアを唱え始めると、周囲を取り巻く現地民がそれに唱和、中には指で十字を切るしぐさを真似る者すらあったので、コロンボとその部下たちはしごく上機嫌になった。島の族長が土地を指して「クバナカム」と言った。「内陸キューバ」という意味だったが、コロンボは「大汗(グランカン)」と聞き違え、ついに中国の都は近いと狂喜した。

かれは二人の使者を出して、大汗に会いに行かせた。数日後、二人が帰還し、大汗が見つからないこと、別種の島民が住んでいて、鼻から煙を吹き出していることを報告する。この島民もやはり裸で、褐色の肌をしており、その煙は鼻の穴に刺した巻葉から出る。かれらはこの葉っぱをお祭り騒ぎをしながら集める、と言う。私たちもその巻葉を鼻にさして火をつけ、試して見たが、何とも言えない快感があったと、使いに出した二人が報告している。この二人のスペイン人にとって、新大陸の発見より煙草の発見の方がよほど重要に思えたのであろう。コロンボもこの巻葉を自分の鼻で試したかどうかは分らぬが、その性格から見て、そんなことはやらなかったに違いない。固定観念の強い、ほとんど偏執狂に近い苦行者だった。中国を発見し、キリストの信徒とスペイン王の臣下を増やすという使命が、かれの固定観念と化していた。

ピンタ号の指揮者、マルティン・ピンソンは、そんな固定観念とは無縁の人物だったから、コロンボとの関係がうまく行かないのは当然である。かれの目的は金鉱探しだったから、他の二隻を置き去りにして、勝手に船を出し、金を掘り当てるのに夢中である。もっともコロンボも金は嫌いではない。十二月初旬、ハイチ島で金鉱を見付け、さらに探索を進めているうち、嵐にあってサンタマリア号が沈没。積荷は救助に来たニーニャ号が拾い揚げ、船員は泳いで岸に辿り着き、島民の手厚い看護に救われた。

一月十六日、ハイチ島に守備隊として若干名を残し、ニーニャ号とピンタ号にヨーロッパへ向けて出帆を命ずる。暴風雨に悩まされ、長く苦しい航海となった。アゾレス諸島に着くと、ピンソンはニーニャ号を離れた。コロンボより先にスペインに着き、事業の成功を国王と女王に報告するつもりなのだ。

船の損傷のため、コロンボはすぐにその後を追うことができない。一部の乗組員は上陸して、聖母マリアの聖地に参拝に行く。かつて洋上で嵐に襲われた時、聖母に捧げた誓いを実行するためである。ところが聖地に着いたとたん、ポルトガル兵に取り囲まれ、牢にぶち込まれてしまう。島の司令官がかれらを釈放したのは四日後である。ニーニャ号はようやく港を出たが、またもや暴風に襲われ、帆を裂いてしまう。

三月三日、ニーニャ号はポルトガルの岸に近づく。帆布はぼろ布のようになり、パロスの港まではまだ二百二十マイル以上あるから、コロンボはいったんリスボンに上陸、船を修理したのち、十五日、ニーニャ号は遂にパロスの港に錨をおろし、群集の歓呼に迎えられた。フェルナンド王とイサベル女王がバルセローナで待つとの伝言を、コロンボは有難く受けた。国王と女王はすでにピンソンの報告で、事業が上首尾だったことを知っていたが、この王家特有の律義さで、コロンボより先にピンソンに会おうとはしなかったのである。

クリストフォロ・コロンボは宮廷に参上、一群の現地民、金の箱、色鮮やかな鸚鵡を献じ、六ヵ月王宮に暮し、国王と女王から第二次航海の資金を手に入れ、十七隻千二百名の大船団を編成、装備糧食をととのえ、カリブ海の諸島に放って繁殖させるため、ヨーロッパ産の動物数種を連れて行くことになる。あの緑ゆたかな島々は、教皇回勅によって、「西インド諸島」と正式に呼ばれることになったばかりであった。

一四九三年九月二十五日、船団はセビーリャ港を出航、四十日たらずの航海の後、未知の島に着く。その日が日曜(ドミニカ)だったので、その島をドミニカと名付け、そこから小アンティル諸島の海域に入り、これを聖母諸島と名付け、さらにプエルトリコ島を発見、最後に前の航海の時守備要員を残しておいたハイチ島に向かった。意外にも守備隊は一名を除いて全滅していた。一部は島の女を奪ったため島民に襲われて命を落し、他は仲間げんかで殺し合ったのである。

新たに守備隊を編成してイサベル島に駐留させ、キューバ周航にとりかかったが、台風に襲われ、船団は再びイサベル島に吹きもどされた。驚いたことに、守備隊員のほとんどが死んでいる。奴隷にしようと島の若者数人を捕えて来たところ、島民側の復讐にあって夜襲を受け、大部分が殺されたという。

コロンボは二年半西インド諸島に滞在、奴隷狩りに耽り、一四九六年三月スペインに帰還。年代記の言うところでは、この時大西洋を渡った現地民五百のうち、二百が船中で死に、残り三百も旧世界の風土習慣に適応できず、数年間で全滅した。

一四九八年五月、コロンボ提督は、新しい陸地を発見すべく、またもや大西洋を横断、基地を増強し、植民者に対して、原住民を老若男女を問わず自由に狩り立て、奴隷とすることを許可する。この結果、激しい島民の反乱が起ったが、コロンボはこれを残酷に弾圧、島々に絞首台を林立させた。

航海者としては偉大だったコロンボも、司政官としては最悪、感情的で残忍で執念深い。スペインの協力者すらかれを嫌い、本国政府への報告で、提督を手きびしく批判するに至る。一五〇〇年、事態を憂慮した国王と女王は、王室監督官を指名して全権を与え、西インドへ派遣した。

監督官となったフランシスコ・デ・ボバディーリャは、与えられた「全権」を最大限に行使、コロンボ提督を逮捕して手錠と足鎖のまま監禁し、スペインへ送還する。本国でもなお六週間鎖に繋いで留置されたのち、王の前に連れ出された。フェルナンド王はかれが司政官として犯したあやまちを叱責したが、新世界でのかれの権益は保留しておいた。コロンボは王室監督官を逆に告発し、探険続行のため、新船団を下賜されるよう請願する。

一五〇二年五月、コロンボは第四次大西洋横断の航海に出発、ホンジュラス、ニカラグア、コスタリカ、ジャマイカを歴訪したが、ジャマイカ沖で台風にあい、大損害を受けて、一年余も航海不能の状態となった。サントドミンゴから救援船が着いた時、難破者たちは疲労困憊の極に達しており、コロンボは関節炎に悩まされて、一刻も早く帰国したいと思うばかりである。一五〇五年十一月、スペインに帰着。

まだ五十八歳だが、年よりずっと老けて見えた。髪は真白になり、陽にやけて眼窩のくぼんだ顔に、皺が深く刻まれていた。病いがかれを苦しめ、歩くのも大儀そうで、心は重く暗かった。スペインに錨をおろすとすぐ、コロンボは国王に拝謁を願った。セゴビアの宮廷でかれは、特権の再確認と、司政官への再任を請願するが、フェルナンド王はそれを容れず、その代りにカスティーリャの広大な領地を与えると言った。そんな大きな地所をどう扱ったらいいものかとんと分りませぬとコロンボは答えたが、まったくその通りだった。数ヵ月後、死がかれを襲い、かれの生涯の苦く孤独な黄昏に終止符を打った。

歴史上の偉人の列の中で、クリストフォロ・コロンボはまったく映えない存在だ。華やかさも優雅さもなく、魅力に乏しい人物だったことは動かせない事実である。他人の忘恩を怨んで死んだが、かれ自身の卑小さ、無味乾燥な性格、飽くことのない貪欲さが、かれの破滅を呼んだのである。だがそれにもかかわらず、かれの成し遂げた事業は歴史上最大の偉業の一つである。多くの学者が一四九二年をもって中世の終り、近代の始まりとしているが、決して根拠のない年代ではない。それは、ヨーロッパ世界の重心が地中海から大西洋へ決定的に移行したことを示しているからである。

イタリアの二大海洋共和国の大冒険はここに終り、スペイン、ポルトガル、イギリスが新たな大冒険を始める番である。新しい地理はイタリアを歴史の主役の座から引きおろすことになる。

解説〈上巻〉

澤井繁男

まず原著者のインドロ・モンタネッリ（一九〇九―二〇〇一年）とロベルト・ジェルヴァーゾ（一九三七―）が根っからのジャーナリストであることを述べておかなくてはなるまい。とりわけモンタネッリは二十世紀イタリアを代表するジャーナリストであり著述家でもある。邦訳書では、本書のほかに『ローマの歴史』（藤沢道郎訳、中公文庫、一九九六年）などがある。

二人は立場上、反アカデミズムを貫くと「序」に謳っている。こうして執筆姿勢を明確に打ち出すのはすがすがしいものだ。この見解は一般大衆向けに書き下ろすこととほぼ同意と言えよう。「イタリア・ルネサンス」についてはイタリアでこむずかしい専門書が何冊も出版されているので、著者たちはうんざりしているのだろう。日本でも同様のことが生じている。それゆえそうした風潮に風穴を開ける意味でも本書の出版はおおきな意義を持っている。事実、本書は中公文庫のロングセラーの一翼を担っているという。

上巻「黄金世紀のイタリア」は全二十七章仕立てだ。人物伝の筆法を執ると明言している。それは人間ほど喜怒哀楽に富む面白い生き物はいないからだろう。

全体を四つに分けて考察してみよう。だが1章は「ルネサンスとヒューマニズム」と題されている。いくらジャーナリスティックにルネサンスを扱うにせよ、ルネサンス文化を最高に特色づける「ヒューマニズム（人文主義）」を外して書き進めていくことの無茶をきちんとわきまえているようだ。しかし「人文主義者」を「古文献を必死に探索し、一心に研究した本の虫たち」と言い切っている文言には半畳を入れずにはおれない。これでは人文主義者がかわいそうだ。いくら反アカデミズムであっても、次のように書いてほしい――「古文献を探索し、一心に研究することで自己の精神を涵養して人格形成を行なう生活態度を取るひとたち」と。

2章から9章までは、都市の復興、半島内での貨幣経済の隆盛、中世イタリアの唯一の大産業であるカトリック教会の分裂と教皇の諸都市国家への思惑、新興富豪の社会的身分確保のための芸術作品への投資――これらが一丸となってルネサンス文化を創り上げてゆく有様が波瀾万丈に描かれる。「カトリック教会」を「大産業」としているところなど、まさに大衆向けを地で行っている趣が出ている。こうした直喩は頻繁に登場してきて内容把握の一助となっている。そして読者の理解を出来るだけ容易にするために各事例を年代を追って記している。中身が濃くて慎むことの知らぬ饒舌に読み手は時の経つのも忘れてしまう。

もっと詳しく見ていくと、2章で「最初のルネサンス人」と言われる神聖ローマ皇帝フリードリッヒ（フェデリーコ）二世の才覚に言及している。皇帝の宮廷があったシチリア島が舞台で、3章で「シチリアの晩鐘」という苛政を布いたフランス政権相手の住民の決起が描かれている。8章は教皇の「バビロニア捕囚」で、正統な聖職者と異端者の相関関係に触れていて著者の慧眼に接することが出来よう。

つまり、異端者の取る行為は教会の否定であって、福音書を基礎とする信仰の刷新である。カタリ派、ワルド派、パタリン派が著名な異端運動派だが、これらを弾圧したのは異端審問所であった。けれどもどんなに酷い拷問や死刑に処しても、組織は一時的に壊滅出来るが、「思想」は生き延びた。一方民衆から大きな支持を勝ち得た半ば異端に近い動きにたいしてカトリック側の防御手段は、その先達を「聖人」として祭り上げることだった。聖フランチェスコ、聖ドメニコ、聖トマスがその代表例である。彼らが聖人になったのは異端運動華やかざりし頃だ。彼ら三名の説は教皇から認可されて、その他の当初から異端の烙印をおされた前述の三つの派とは違って、その運動は弾圧されることはなかった。しかし、これら二つの異端者たちの拠って立つ基盤は同じものであり、結局、民衆へどれほどその教えが浸透したか、その程度の差如何で明暗がわかれたと言えよう。

また実に個性的な歴代のローマ教皇の暗躍ぶりを活写している——教皇は本書を貫く主役級の御仁たちである。どの章にも顔を出して果敢に悪だくみをしては世俗の都市国家や信者たちの反感を買う。ルネサンス文化の栄光を醸し出すニコラウス五世の登場ははるか末尾の24章である。そして7章でダンテについて詳しく語られている。詩人が急性のマラリアで死去したとは初めて知ったし、その性格がベートベンの交響曲のように骨太、さらに非社交的で、哲学者として見ると微苦笑を禁じ得ず、「世界を大いなる謎と観じ、その謎を解く鍵を神のみ持ち給うとする中世の世界観を、捨て得なかった」とある。このダンテを以てして近代の始まりだと、日本の高校までの世界史教育では教えてきている。だが、引用でもわかるように『神曲』の詩聖ダンテは中世の幕を閉じた逸材なのである。現在、ルネサンス文化の黎明を告げた人物はペトラルカと相場が決まっている。加えてルネサンス時代という時代設定は歴史学ではもう反故であって、中世末期から近世（初期近代（アーリー・モダン））までの年代がルネサンス的文化現象を帯びていたとみなされている。

次に、10章から15章までがひとくくりである。ペトラルカ、ボカッチョ、新興商人の活躍、アヴィニョンからの教皇のローマ帰還など、筆者が本務校である関西大学の一般教養科目「ルネサンス文化に親しむ」での講義開始時の内容と同一のものが扱われている。ペトラルカは音楽を愛し、リュートを上手に演奏した。「ペトラルカはダンテより遥かに教養が深く、文章もずっとうまかったけれども、ダンテのあの崇高な迫力、抒情的忘我、絶対を求めてやまぬ渇望、神聖な魂の燃焼がペトラルカには欠けていた」――こうして比較されると両者の差異が明白に伝わってくる。また、「ダンテが神学者を自任していたように、ペトラルカは古典文化の継承者、ラテン語の復活者をもってみずから任じていた」――この一文もありがたい。さらに次に掲げる想像上のエピソードもアカデミズム外の筆者ならではだ――「ダンテはペトラッコ（ペトラルカの父）の友人で、当時はまだアレッツォにいたから、産婦（エレッタ夫人）にお祝いの言葉を述べ、ゆりかごの嬰児（ペトラルカ）を見たかも知れない」と。

先ほどは直喩のスキルを見たが、以下に掲げる文章にはべつな技量がうかがえる――「かれ（ペトラルカ）は信仰と懐疑に同じくらいの重みをかけた。つまりはどちらにもあまり重きを置かなかったのである」――肯定を否定に言い換えただけだが、それだけの工夫で文意が際立つ。

ボカッチョは『デカメロン』で知られるように優れた散文家であるが、散文の台頭も美術と同じく必然だった。「（美術界では）中世を通じて支配的だったビザンチン様式の、動きのない悲しげな厳粛さには、永久におさらばが告げられた。文学の分野でも同様の革命が進行していた。詩的だが曖昧で難解な清新体の言語は具体的で即物的な文体にとって代られた。今や時代の趨勢は詩から散文に向かっていた」――世俗的な世間の誕生を意味している。その体現者であるボカッチョは、「ダンテのような社会的野心を抱かず、ペトラルカのような世渡り上手でもなかった。放蕩はしたが、悪人でも偽善者でもなく、憎めない無邪気さを感じさせた。健全で豪快で、情熱に血をたぎらせると理性をどこかに置き忘れてしまう」人柄だった。純真無垢な青年像をほうふつとさせる。

当時は江戸時代同様に、商人・商売は軽視された。中世盛期、金を持っているのは教会だけだった。だが、貨幣経済が発達するにしたがって、世俗の私的資本が蓄積され出した。すると教会側は聖アウグスティヌスなどの文言をさっそく用いて、「金銭の移動によって得られる利得はすべて不正であると決めつけ、利子収入を堕地獄の罪業に数え始めた。そのくせ聖職者は金貸しをやめなかったのである」。これにたいして銀行家に代表される世俗のひとたちは、「罪を犯すのは霊魂であり、従って高利の罪は個々の人間が犯すのである。ところが銀行は組織であって個人でないから霊魂がない。だから銀行は高利の罪を犯し得ない」と反駁した。この理屈がほんとうに通用したのかどうかは不明である。

三番目の枠組みは16章から23章までだ。16章を基に、自治都市、僭主国家、共和国、王国、公国、侯国、と各章に枝分かれしていく。17章――ミラノ公国（ヴィスコンティ家とスフォルツァ家）、18章――ヴェネツィア共和国（総督）、19章から21章まで――フィレンツェ共和国（メディチ家）、22章――フェラーラ侯国・公国（エステ家）、23章――ナポリ王国（アンジュー家とアラゴン家）。なぜかマントヴァ侯国・公国（ゴンザーガ家）が抜け落ちている。メディチ家が有名で、本書でも三章を割き詳細に書き込んでいる。ロレンツォ豪華公の死去とサヴォナローラの謎めいた関係や、芸術家たちの活躍、それにプラトン・アカデミーに集った知識人たち等々。ただ、最もルネサンス的都市と称されたのがエステ家の治めるフェラーラ侯国であることを原著者たちは忘れていない。目配りが行き届いている。ナポリ王国のジョヴァンア王女の淫乱ぶりには圧倒される。次々と性的相手をした男たちが精根尽き果ててぼろぼろになって死んでゆく、というのだから。

最後の四章は、ルネサンス文化を内側と外側から見た光景が各章を彩っている。当時の文化や荒廃し切ったローマを再建した三人の教皇（ニコラウス五世、ピウス二世、シクトゥス四世）の偉業。半島を跋扈した金で味方にも敵にもなる戦争請負人の傭兵隊長。その誕生理由は、都市化が進んで封建制が解体した結果、戦争しか能力のない封建貴族たちが、郊外から都市に移住してブルジョア化するよりも、報酬を得て戦争をするほうを選択したからだった。その次の二章はコンスタンティノープルの陥落とコロンブスによるアメリカの発見だ。コロンブスを著者は酷評している――「歴史上の偉人の列の中で、クリストフォロ・コロンボはまったく映えない存在だ」と。その理由はまだ壮年なのにたいそう老け込んでおり、彼の西インド諸島の発見によって、ヨーロッパ世界の重心が地中海から大西洋へと移動した、まさにその負の役を背負った不運によるからだろうか。著者の筆は明確な理由まで入り込んでいずわだかまりが残る結びとなっている。

（さわい・しげお／関西大学文学部教授）

『ルネサンスの歴史（上）』一九八一年十二月　中央公論社
一九八五年二月　中公文庫

本書には今日の人権意識に照らして不適切と思われる表現が使用されていますが、原書の文化的価値および刊行当時の時代背景、ならびに著者・訳者が故人であることを考慮し、原則としてそのままとしました。

中公文庫

ルネサンスの歴史(上)
――黄金世紀のイタリア

1985年2月10日　初版発行
2016年11月25日　改版発行

著　者　I・モンタネッリ
　　　　R・ジェルヴァーゾ
訳　者　藤沢道郎
発行者　大橋善光
発行所　中央公論新社
〒100-8152　東京都千代田区大手町1-7-1
電話　販売 03-5299-1730　編集 03-5299-1890
URL http://www.chuko.co.jp/

DTP　柳田麻里
印　刷　三晃印刷
製　本　小泉製本

Published by CHUOKORON-SHINSHA, INC.
Printed in Japan　ISBN978-4-12-206282-5 C1122
定価はカバーに表示してあります。落丁本・乱丁本はお手数ですが小社販売部宛お送り下さい。送料小社負担にてお取り替えいたします。

中公文庫既刊より

各書目の下段の数字はISBNコードです。978－4－12が省略してあります。

モ-5-4
ローマの歴史
I・モンタネッリ
藤沢道郎 訳

古代ローマの起源から終焉までを、キケロ、カエサル、ネロら多彩な人物像が人間臭い魅力を発揮するドラマとして描き切った、無類に面白い歴史読物。

202601-8

フ-3-1
イタリア・ルネサンスの文化（上）
ブルクハルト
柴田治三郎 訳

歴史における人間個々人の価値を確信する文化史家ブルクハルトが、人間個性を謳い上げたイタリア・ルネサンスの血なまぐさい実相を精細に描きだす。

200101-5

フ-3-2
イタリア・ルネサンスの文化（下）
ブルクハルト
柴田治三郎 訳

本書はルネサンス文化の最初の総括的な叙述であり、同時代のイタリアにおける国家・社会・芸術などの全貌を精細に描き、二十世紀文明を鋭く透察している。

200110-7

マ-2-3
新訳 君主論
マキアヴェリ
池田廉 訳

十五世紀末のイタリアで、豊かな外交経験に培われた歴史把握と冷徹な人間認識が、この名著に結実した。近年の研究成果をもとに詳細な訳註を付す。

204012-0

マ-10-3
世界史（上）
W・H・マクニール
増田義郎
佐々木昭夫 訳

世界の各地域を平等な目で眺め、相関関係を分析しながら歴史の歩みを独自の史観で描き出した、定評ある世界史。ユーラシアの文明誕生から紀元一五〇〇年までを彩る四大文明と周縁部。

204966-6

マ-10-4
世界史（下）
W・H・マクニール
増田義郎
佐々木昭夫 訳

俯瞰的な視座から世界の文明の流れをコンパクトにまとめ、歴史のダイナミズムを描き出した名著。西欧文明の興隆と変貌から、地球規模でのコスモポリタニズムまで。

204967-3

マ-10-1
疫病と世界史（上）
W・H・マクニール
佐々木昭夫 訳

疫病は世界の文明の興亡にどのような影響を与えてきたのか。紀元前五〇〇年から紀元一二〇〇年まで、人類の歴史を大きく動かした感染症の流行を見る。

204954-3

マ-10-2
疫病と世界史（下）
W・H・マクニール
佐々木昭夫 訳
これまで歴史家が着目してこなかった「疫病」に焦点をあて、独自の史観で古代から現代までの歴史を見直す好著。紀元一二〇〇年以降の疫病と世界史。
204955-0

マ-10-5
戦争の世界史（上）技術と軍隊と社会
W・H・マクニール
高橋 均 訳
軍事技術は人間社会にどのような影響を及ぼしてきたのか。大家が長年あたためてきた野心作。上巻は古代文明から仏革命と英産業革命が及ぼした影響まで。
205897-2

マ-10-6
戦争の世界史（下）技術と軍隊と社会
W・H・マクニール
高橋 均 訳
軍事技術の発展はやがて制御しきれない破壊力を生み、人類は怯えながら軍備を競う。下巻は戦争の産業化から冷戦時代、現代の難局と未来を予測する結論まで。
205898-9

コ-7-1
若い読者のための世界史（上）原始から現代まで
E・H・ゴンブリッチ
中山典夫 訳
歴史は「昔、むかし」あった物語である。さあ、いまからその昔話をはじめよう――若き美術史家ゴンブリッチが、やさしく語りかける、物語としての世界史。
205635-0

コ-7-2
若い読者のための世界史（下）原始から現代まで
E・H・ゴンブリッチ
中山典夫 訳
私たちが知るのはただ、歴史の川の流れが未知の海へ向かって流れていることである――美術史家が若い世代に手渡す、いきいきと躍動する物語としての世界史。
205636-7

フ-14-1
歴史入門
F・ブローデル
金塚貞文 訳
二十世紀を代表する歴史学の大家が、その歴史観を簡潔・明瞭に語り、歴史としての資本主義を独創的に意味付ける、アナール派歴史学の比類なき入門書。
205231-4

ホ-1-3
中世の秋（上）
ホイジンガ
堀越孝一 訳
二十世紀最高の歴史家が、中世人の意識をいろどる絶望と歓喜、残虐と敬虔との対極的な激情をとらえ中世文化の熟しきった華麗な全体像を精細に描く。
200372-9

ホ-1-4
中世の秋（下）
ホイジンガ
堀越孝一 訳
二十世紀最高の歴史家が、中世文化の熟しきった華麗な全体像を精細に描く。本巻では「信仰の感受性と想像力」「生活のなかの芸術」「美の感覚」などを収録。
200382-8

各書目の下段の数字はISBNコードです。978－4－12が省略してあります。

ハ-12-1
改訂版 ヨーロッパ史における戦争
マイケル・ハワード
奥村房夫
奥村大作 訳
中世から現代にいたるまでのヨーロッパの戦争を、社会・経済・技術の発展との相関関係においても概観した名著の増補改訂版。〈解説〉石津朋之
205318-2

タ-7-1
愚行の世界史(上)トロイアからベトナムまで
B・W・タックマン
大社淑子 訳
国王や政治家たちは、なぜ国民の利益と反する政策を推し進めてしまうのか。世界史上に名高い四つの事件を詳述し、失政の原因とメカニズムを探る。
205245-1

タ-7-2
愚行の世界史(下)トロイアからベトナムまで
B・W・タックマン
大社淑子 訳
歴史家タックマンが俎上にのせたのは、ルネサンス期教皇庁の堕落、アメリカ合衆国独立を招いた英国議会の奢り。そして最後にベトナム戦争をとりあげる。
205246-8

カ-6-1
塩の世界史(上)歴史を動かした小さな粒
M・カーランスキー
山本光伸 訳
人類は何千年もの間、塩を渇望し、戦い、求めてきた。古代の製塩技術、各国の保存食、戦時の貿易封鎖とともに発達した製塩業……壮大かつ詳細な塩の世界史。
205949-8

カ-6-2
塩の世界史(下)歴史を動かした小さな粒
M・カーランスキー
山本光伸 訳
悪名高き塩税、ガンディー塩の行進、製塩業の衰退と伝統的職人芸の復活。塩からい風味にユーモアをそえておくる、米国でベストセラーとなった塩の世界史。
205950-4

キ-6-1
戦略の歴史(上)
ジョン・キーガン
遠藤利國 訳
先史時代から現代まで、人類の戦争における武器と戦術の変遷と、戦闘集団が所属する文化との相関関係を分析。異色の軍事史家による戦争の世界史。
206082-1

キ-6-2
戦略の歴史(下)
ジョン・キーガン
遠藤利國 訳
石・肉・鉄・火という文明の主要な構成要件別に「兵器と戦術」の変遷を詳述。戦争の制約・要塞・軍団・兵站などについても分析した画期的な文明と戦争論。
206083-8

ミ-1-2
ジャンヌ・ダルク
J・ミシュレ
森井真
田代葆 訳
田舎娘の気高い無知はあらゆる知を沈黙させた——『フランス史』で著名な大歴史家が、オルレアンの少女の受難と死を深い共感をこめて描く不朽の名著。
201408-4

ミ-1-3
フランス革命史（上）
J・ミシュレ
桑原武夫／多田道太郎／樋口謹一 訳
近代なるものの源泉となった歴史的一大変革と流血を生き抜いた「人民」を主人公とするフランス革命史の決定版。上巻は一七九二年、ヴァルミの勝利まで。
204788-4

ミ-1-4
フランス革命史（下）
J・ミシュレ
桑原武夫／多田道太郎／樋口謹一 訳
下巻は一七九二年、国民公会の招集、王政廃止、共和国宣言から一七九四年のロベスピエール派の全員死刑までの激動の経緯を描く。〈解説〉小倉孝誠
204789-1

S-22-1
世界の歴史1 人類の起原と古代オリエント
大貫良夫／前川和也／渡辺和子／屋形禎亮
人類という生物の起原はどこにあるのか。文明はいかに生まれ発展したのか。メソポタミアやアッシリア、エジプトなど各地の遺跡や発掘資料から人類史の謎に迫る。
205145-4

S-22-2
世界の歴史2 中華文明の誕生
尾形 勇
平勢隆郎
古代史書を繙き直す試みが中国史を根底から覆す。甲骨文から始皇帝、項羽と劉邦、三国志の英傑まで、沸騰する中華文明の創世記を史料にもとづき活写。
205185-0

S-22-3
世界の歴史3 古代インドの文明と社会
山崎元一
ヒンドゥー教とカースト制度を重要な要素とするインド亜大陸。多様性と一貫性を内包した、インド文化圏の成り立ちを詳説する。
205170-6

S-22-4
世界の歴史4 オリエント世界の発展
小川英雄
山本由美子
ユダヤ教が拡がるイスラエル、日本まで伝播したペルシア文明、芸術の華開くヘレニズム世界。各王朝の盛衰を、考古学の成果をもとに活写する。
205253-6

S-22-5
世界の歴史5 ギリシアとローマ
桜井万里子
本村凌二
オリエントの辺境から出発し、ポリス民主政を成立させたギリシア、地中海の覇者となったローマ。人類の偉大な古典となった文明の盛衰。
205312-0

S-22-6
世界の歴史6 隋唐帝国と古代朝鮮
礪波 護
武田幸男
古代日本に大きな影響を与えた隋唐時代の中国、そして古代朝鮮の動向と宗教・文化の流れを描き、密接にかかわりあう東アジア世界を新たに捉え直す。
205000-6

各書目の下段の数字はISBNコードです。978－4－12が省略してあります。

S-22-7
世界の歴史7　宋と中央ユーラシア
伊原　弘
梅村　坦
宋代社会では華麗な都市文化が花開き、中央アジアの大草原では、後にモンゴルに発展する巨大なエネルギーが育まれていた。異質な文明が交錯した世界を活写。
204997-0

S-22-8
世界の歴史8　イスラーム世界の興隆
佐藤次高
ムハンマドにはじまるイスラームは、瞬く間にアジア、地中海世界を席捲した。様々な民族を受容して繁栄する王朝、活発な商業活動、華麗な都市文化を描く。
205079-2

S-22-9
世界の歴史9　大モンゴルの時代
杉山正明
北川誠一
ユーラシアの東西を席捲した史上最大・最強の大帝国モンゴルの、たぐいまれな統治システム、柔軟な経済政策などの知られざる実像を生き生きと描き出す。
205044-0

S-22-10
世界の歴史10　西ヨーロッパ世界の形成
佐藤彰一
池上俊一
ヨーロッパ社会が形成された中世は暗黒時代ではなかった。民族大移動、権威をたかめるキリスト教、そして十字軍遠征、百年戦争と、千年の歴史を活写。
205098-3

S-22-11
世界の歴史11　ビザンツとスラヴ
井上浩一
栗生沢猛夫
ビザンツ帝国が千年の歴史を刻むことができたのはなぜか。東欧とロシアにおけるスラヴ民族の歩みと、紛争のもととなる複雑な地域性はどう形成されたのか。
205157-7

S-22-12
世界の歴史12　明清と李朝の時代
岸本美緒
宮嶋博史
大帝国明と、それにとってかわった清。そして、朝鮮半島は李朝の時代をむかえる。「家」を主体にした近世の社会は、西洋との軋轢の中きしみ始める。
205054-9

S-22-13
世界の歴史13　東南アジアの伝統と発展
石澤良昭
生田　滋
古来西洋と東洋の交易の中継地として、特色豊かな数々の文化を発展させた東南アジア諸国。先史時代から二十世紀までの歴史を豊富な図版とともに詳説。
205221-5

S-22-14
世界の歴史14　ムガル帝国から英領インドへ
佐藤正哲
中里成章
水島　司
ヒンドゥーとムスリムの相克と融和を課題とした諸王朝の盛衰や、イギリスの進出、植民地政策下での葛藤など、激動のインドを臨場感豊かに描き出す。
205126-3

S-22-15
世界の歴史15 成熟のイスラーム社会
永田雄三
羽田正
十六、七世紀、世界の人々が行き交うイスタンブルとイスファハーンの繁栄。イスラーム世界に花咲いたオスマン帝国とイラン高原サファヴィー朝の全貌を示す。
205030-3

S-22-16
世界の歴史16 ルネサンスと地中海
樺山紘一
地中海から大西洋へ——二つの海をめぐって光と影が複雑に交錯する。ルネサンスと大航海、燦然と輝いた時代を彩る多様な人物と歴史を活写する。
204968-0

S-22-17
世界の歴史17 ヨーロッパ近世の開花
長谷川輝夫
大久保桂子
土肥恒之
宗教改革と三十年戦争の嵐が吹き荒れたヨーロッパ、そしてロシア。輝ける啓蒙文化を背景に、大国へと変貌してゆく各国の興隆を、鮮やかに描きだす。
205115-7

S-22-18
世界の歴史18 ラテンアメリカ文明の興亡
高橋均
網野徹哉
インカの神話的社会がスペイン人と遭遇し、交錯する文化と血が、独立と自由を激しく求めて現代へと至る。蠱惑の大陸、ラテンアメリカ一万年の歴史。
205237-6

S-22-19
世界の歴史19 中華帝国の危機
並木頼寿
井上裕正
香港はいかにして植民地となったのか。十九世紀、アヘン戦争前後から列強の覇権競争と国内動乱に直面しながら「近代」を探った「中華帝国」の人々の苦闘の歩み。
205102-7

S-22-20
世界の歴史20 近代イスラームの挑戦
山内昌之
十九世紀、西欧の帝国主義により、イスラーム世界は危機に陥る。明治維新とも無縁ではない改革運動と近代化への挑戦の道を、現代の民族問題と繫げて捉える。
204982-6

S-22-21
世界の歴史21 アメリカとフランスの革命
五十嵐武士
福井憲彦
世界に衝撃をあたえ、近代市民社会のゆく手を切り拓いた二つの革命は、どのように完遂されたのか。思想の推移、社会の激変、ゆれ動く民衆の姿を、新たな視点から克明に描写。
205019-8

S-22-22
世界の歴史22 近代ヨーロッパの情熱と苦悩
谷川稔／北原敦
鈴木健夫／村岡健次
流血の政治革命、国家統一の歓喜、陶酔をもたらす帝国主義、そして急速な工業化。自由主義の惑いのなか、十九世紀西欧が辿った輝ける近代化の光と闇。
205129-4

各書目の下段の数字はISBNコードです。978-4-12が省略してあります。

S-22-23
世界の歴史23 アメリカ合衆国の膨張
紀平英作
亀井俊介
南北戦争終結後、世界第一の工業国へと変貌した合衆国。政党政治の成熟、ダイナミックな文化の発展を経て、第一次世界大戦に至るまでを活写する。
205067-9

S-22-24
世界の歴史24 アフリカの民族と社会
福井勝義
赤阪賢
大塚和夫
三十六億年の歴史と、人類誕生の謎を秘めたアフリカ。人類学の成果を得て、躍動する大陸の先史時代から暗黒の時代を経た現在までを詳述する。
205289-5

S-22-25
世界の歴史25 アジアと欧米世界
加藤祐三
川北稔
人間の限りない欲望を背景にして人、物、金が世界を巡り、アジアと欧米は一つの世界システムを構成していく。海洋を舞台に、近代世界の転換期を描く。
205305-2

S-22-26
世界の歴史26 世界大戦と現代文化の開幕
木村靖二
柴宜弘
長沼秀世
世界恐慌の発信地アメリカ、ヒットラーが政権を握ったドイツ、スターリン率いるソ連を中心に、第二次世界大戦前の混迷する世界を描く。
205194-2

S-22-27
世界の歴史27 自立へ向かうアジア
狭間直樹
長崎暢子
反乱、革命、独立への叫び。帝国主義列強の軛から逃れ、二度の世界大戦を経て新しい国づくりに向かうアジアの夜明けを、中国、インドを中心に綴る。
205205-5

S-22-28
世界の歴史28 第二次世界大戦から米ソ対立へ
油井大三郎
古田元夫
第二次世界大戦の勃発、原爆投下、植民地独立、冷戦時代の幕開け、ベトナム戦争に介入したアメリカの敗北――激しく揺れ動く現代史の意味を問う。
205276-5

S-22-29
世界の歴史29 冷戦と経済繁栄
猪木武徳
高橋進
二十世紀後半、経済的繁栄の一方、資本主義と共産主義の対立、人口増加や環境破壊など、かつてない問題が生まれていた。冷戦の始まりからドイツ統一まで。
205324-3

S-22-30
世界の歴史30 新世紀の世界と日本
下斗米伸夫
北岡伸一
グローバリズムの潮流と紛争の続く地域問題の間で、新世紀はどこへ向かうのか？ 核削減や軍縮・環境問題・情報化などの課題も踏まえ、現代の新たな指標を探る。
205334-2